Deutsch-chinesische Syntaxunterschiede als Bedingungen
der Übersetzungspraxis am Beispiel literarischer Texte

Europäische Hochschulschriften
Publications Universitaires Européennes
European University Studies

Reihe I
Deutsche Sprache und Literatur
Série I   Series I
Langue et littérature allemandes
German Language and Literature

Bd./Vol. 1391

PETER LANG
Frankfurt am Main · Berlin · Bern · New York · Paris · Wien

Xiaodong Sun

Deutsch-chinesische Syntaxunterschiede als Bedingungen der Übersetzungspraxis am Beispiel literarischer Texte

PETER LANG
Frankfurt am Main · Berlin · Bern · New York · Paris · Wien

Die Deutsche Bibliothek - CIP-Einheitsaufnahme

Sun, Xiaodong:
Deutsch-chinesische Syntaxunterschiede als Bedingungen der
Übersetzungspraxis am Beispiel literarischer Texte / Xiaodong
Sun. - Frankfurt am Main ; Berlin ; Bern ; New York ; Paris ;
Wien : Lang, 1993
  (Europäische Hochschulschriften : Reihe 1, Deutsche
  Sprache und Literatur ; Bd. 1391)
  Zugl.: Frankfurt (Main), Univ., Diss., 1992
  ISBN 3-631-46075-9

NE: Europäische Hochschulschriften / 01

D 30
ISSN 0721-3301
ISBN 3-631-46075-9
© Verlag Peter Lang GmbH, Frankfurt am Main 1993
Alle Rechte vorbehalten.

Das Werk einschließlich aller seiner Teile ist urheberrechtlich
geschützt. Jede Verwertung außerhalb der engen Grenzen des
Urheberrechtsgesetzes ist ohne Zustimmung des Verlages
unzulässig und strafbar. Das gilt insbesondere für
Vervielfältigungen, Übersetzungen, Mikroverfilmungen und die
Einspeicherung und Verarbeitung in elektronischen Systemen.

Printed in Germany 1 2 3 5 6 7

Danksagung

Meine tiefempfundene Dankbarkeit gilt vor allem meinem Doktorvater, Herrn Prof. Dr. Horst Dieter Schlosser, der mir während des ganzen Promotionsprojektes mit viel Mühe, Geduld, Fürsorge und Anteilnahme beigestanden hat. Ohne seine unermüdliche Hilfe, seine Anregungen, Informationen und Ermutigungen sowie seine fachliche und menschliche Unterstützung wäre die vorliegende Arbeit nie zustande gekommen. Für mein Projekt waren insbesondere seine sprachwissenschaftlichen Seminare inhaltlich und methodologisch instruktiv.

Von grundlegender Bedeutung waren für mich die interessanten und anregenden Diskussionen mit Herrn Dr. Günter Braun, die mich zu dieser Arbeit inspiriert haben — hierfür bedanke ich mich besonders.

Meinen deutschen Freunden, Herrn und Frau Hellriegel sowie Herrn und Frau Racky-Reuscher möchte ich sehr herzlich für die vielen nützlichen Ratschläge danken.

Für seine Begutachtung des chinesischen Teils meiner Dissertation danke ich Herrn Dr. Peter Kupfer, der sich trotz eines engen Terminkalenders um meine Arbeit konstruktiv bemühte.

Bei meiner Frau, Li Jing, bedanke ich mich sehr dafür, daß sie mir nicht nur ständig den Mut gegeben hat, die Arbeit mit Erfolg zu Ende zu führen, sondern auch dafür, daß sie mir mit anhaltender Geduld und Opferbereitschaft beistand.

Nicht zuletzt möchte ich mich bei meiner Tochter, Sun, Jiaojiao dafür bedanken (und meinem schlechten Gewissen Ausdruck verleihen), daß sie sich wegen unserer beengten Wohnverhältnisse schon als kleines Kind daran gewöhnen mußte, Papa bei der Arbeit nicht zu stören.

Mein abschließendes Dankwort gilt all denen, die mich in irgendeiner Form bei meinem Dissertationsprojekt unterstützt haben.

Meinen Eltern gewidmet

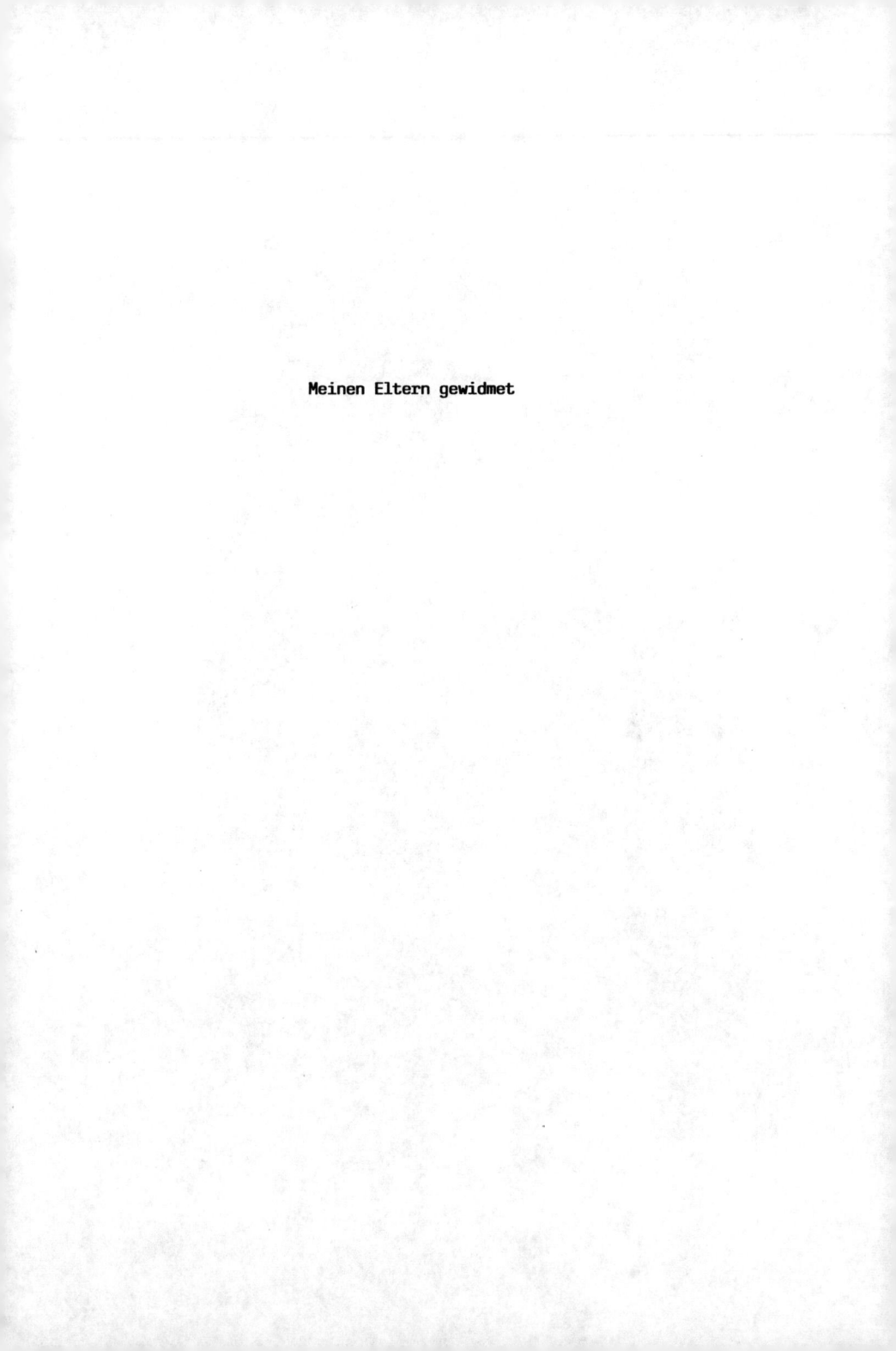

Inhaltsverzeichnis

0.	Einleitung	1
1.	Möglichkeit und Problematik einer kontrastiven Analyse deutscher und chinesischer Syntax	6
1.1.	Unterschiedliche Verhältnisse und Bestimmungs- bzw. Unterscheidungskriterien zwischen Spracheinheiten, Morphem, Wort, Wortgruppe, Syntagma und Satz im Deutschen und im Chinesischen	11
1.1.1.	Unterschiedliche Verhältnisse und Bestimmungs- bzw. Unterscheidungskriterien für die jeweiligen Spracheinheiten im Deutschen	11
1.1.2.	Unterschiedliche Verhältnisse und Bestimmungs- bzw. Unterscheidungskriterien für die jeweiligen Spracheinheiten im Chinesischen	15
2.	Wichtige grammatische Mittel zum Ausdruck syntaktischer Beziehungen im Deutschen und im Chinesischen	31
2.1.	Klassifikationskriterien der Wortarten im Deutschen und im Chinesischen	31
2.1.1.	Gemeinsamkeiten und Unterschiede im Hinblick auf das semantische Kriterium	32
2.1.2.	Gemeinsamkeiten und Unterschiede im Hinblick auf das morphologische Kriterium	36
2.1.3.	Gemeinsamkeiten und Unterschiede im Hinblick auf das syntaktische Kriterium	43
2.2.	Morphologische Kennzeichen als grammatisches Mittel im Deutschen und entsprechende grammatische Mittel im Chinesischen	52
2.3.	Rektion als grammatisches Mittel im Deutschen und entsprechende grammatische Mittel im Chinesischen	60
2.4.	Wortarten als grammatisches Mittel im Deutschen und im Chinesischen	62
2.5.	Wortstellung als grammatisches Mittel im Deutschen und im Chinesischen	64
2.6.	Intonation und ihre graphematischen Kennzeichen als grammatisches Mittel im Deutschen und im Chinesischen	65

3.	Deutscher und chinesischer Satzbau im Vergleich Ursachen für die unterschiedliche Länge bzw. Kürze des deutschen und des chinesischen Satzes - Analyse des deutschen und des chinesischen Satzbauplans	67
3.1.	Wichtige Voraussetzungen der hypotaktischen Satzkonstruktion im Deutschen und der parataktischen Satzkonstruktion im Chinesischen	72
3.1.1.	Die gemeinsamen bzw. unterschiedlichen Einteilungskriterien der koordinativen und subordinativen Verbindung des deutschen und des chinesischen Satzes	73
3.2.	Unterschiedliche grammatische Mittel im Deutschen und Chinesischen, die der Bildung der Hypotaxe im Deutschen und der Parataxe im Chinesischen zugrunde liegen	81
3.3.	Unterschiedliche Definitionen und Formen des deutschen und des chinesischen Nebensatzes, die unterschiedliche Satzkonstruktionen beider Sprachen beeinflussen	91
3.4.	Vergleich des deutschen Attributes und Attributsatzes mit ihren chinesischen Entsprechungen	105
4.	Vergleich der deutschen hypotaktischen und der chinesischen parataktischen Satzkonstruktion anhand von deutschen literarischen Texten und ihren chinesischen Übersetzungen	116
4.1.	Syntaktische Besonderheiten des Deutschen und des Chinesischen, die zur Unterscheidung der deutschen und der chinesischen Literatur beitragen	120
4.2.	Der deutsche Attributsatz und seine Übersetzungsmöglichkeiten im Chinesischen	156
4.2.1.	Deutsche Attributsätze, die ohne grammatische Inkorrektheit und inhaltlichen sowie stilistischen Verlust durch präpositive Attributsangaben des chinesischen Einfachsatzes ausgedrückt werden können	158
4.2.2.	Deutsche Attributsätze, die angesichts der morphologisch-syntaktischen Beschränkungen des Chinesischen statt durch präpositive Attributsangaben durch chinesische Einfachsätze bzw. syntaktisch selbständige Teilsätze ausgedrückt werden müssen	161

4.3.	Einige Überlegungen zu den syntaktisch bedingten semantischen Verschiebungen in chinesischen Übersetzungen	170
4.4.	Verdeutlichung der deutschen Hypotaxe und der chinesischen Parataxe anhand der Gegenüberstellung unterschiedlicher chinesischer Übersetzungen für denselben deutschen literarischen Text	175
5.	Zusammenfassung	194
	Anhang 1-5	201
	Literaturverzeichnis	221

Einleitung

In der vorliegenden Arbeit wird in erster Linie der Versuch unternommen, durch die kontrastive Analyse der deutschen und chinesischen Satzkonstruktionen die syntaktische Spezifik der beiden Sprachen darzustellen und aufgrund dessen Lösungen für manche damit eng verbundene Probleme der Übersetzung vom Deutschen ins Chinesische zu finden.

Wie allgemein bekannt ist, gehören das Deutsche und das Chinesische zu unterschiedlichen Sprachfamilien und unterscheiden sich typologisch stark voneinander. Die deutsche Sprache gehört der indoeuropäischen Sprachfamilie an und ist wesentlich eine synthetische Sprache, während Chinesisch eine Sprache der sino-tibetischen Sprachfamilie ist und im wesentlichen die Merkmale des analytischen Sprachtypus besitzt. [1)]

Was ist nun konkret darunter zu verstehen? Inwieweit unterscheidet sich eine synthetische Sprache wie das Deutsche von einer analytischen Sprache wie dem Chinesischen? Was sind die kennzeichnenden Merkmale der deutschen und der chinesischen Syntax? Was sind die typologisch bedingten Lernschwierigkeiten der Chinesen bei der Begegnung mit der deutschen Syntax? Diese Fragen stellen die Hauptthematik dar, mit der sich die vorliegende Arbeit auseinanderzusetzen beabsichtigt.

Bevor diese Fragen aufgegriffen werden, soll eine Anekdote über eines der wichtigen syntaktischen Phänomene der deutschen Sprache erwähnt werden: Auf einer Tagung sollte die Rede eines deutschen Delegierten von einem Dolmetscher silmultan in eine andere Sprache übersetzt werden. Als der Redner schon fast mit seinem ersten langen Satz fertig war, hatte der Dolmetscher noch nicht einmal den Mund aufgemacht. Ihm wurde logischerweise die Frage gestellt, warum er so lange mit dem Dolmetschen zögerte. Daraufhin antwortete er, er habe nur deswegen noch nicht mit dem Dolmetschen angefangen, weil er auf das in der Endstellung des Nebensatzes stehende Verb gewartet habe, ohne das er nicht

---

1) Vgl. Ma, Jia, (1984): Möglichkeiten, Probleme und Methoden des deutsch-chinesischen Grammatikvergleichs, in: Fluck, H.R., Li, Z.Z., Zhao, Q.C. "Kontrastive Linguistik Deutsch-Chinesisch", 1984, S. 23.

wüßte, was der Redner mit dem langen Satz ausdrücken wollte. Diese möglicherweise erfundene Geschichte klingt zwar übertrieben und unglaubhaft, aber sie weist ziemlich genau auf eines der wesentlichen syntaktischen Merkmale der deutschen Sprache, und zwar die typische Prädikatsklammer bzw. Prädikatsrahmenkonstruktion hin. Die synthetische Bauweise der deutschen Sprache läßt sich dabei recht deutlich erkennen. Sie unterscheidet nicht nur das Deutsche sehr vom typologisch weit entfernten Chinesischen, sondern auch in nicht geringem Maße von manchen typologisch näher liegenden und gar verwandten europäischen Sprachen. Die syntaktisch ziemlich strikt in sich geschlossene Rahmenkonstruktion des deutschen Satzes stellt somit eine der Hauptschwierigkeiten der Chinesen beim Deutschlernen dar. Neben den vielen Flexionsformen der deutschen Wörter, die die Chinesen in ihrer Muttersprache nicht kennen und die ihnen zumindest in der Anfangsphase des Lernens große Kopfzerbrechen bereiten, bildet die eigenartige Prädikatsklammer für die meisten deutschlernenden Chinesen eine schwer zu überwindende Barriere. Für sie ist z.b. kaum zu fassen, daß viele Menschen, die das Deutsche als Muttersprache sprechen, beim Konstruieren eines relativ langen Satzes in einem äußerst umfangreichen Satzrahmen das am Ende des Satzes stehende finite Verb bzw. Partizip nicht vergessen. Einer der häufigsten grammatischen Fehler, die vielen deutschlernenden Chinesen immer wieder unterlaufen, ist, daß sie beim Konstruieren einer langen und komplizierten Prädikatsklammer oft das am Ende des Satzrahmens stehende finite Verb bzw. Partizip vergessen. Sogar bei den kürzeren Konstruktionen machen die deutschlernenden Chinesen häufig solche Fehler, z.B. * "Ich habe ihn schon lange nicht mehr gesehen, weil er ständig auf Dienstreise _____ ".

Die Erkenntnis basiert auf langen Beobachtungen, die ich als Student und Lehrer beim Deutschlernen und Deutschlehren zur syntaktischen Ausbaumöglichkeit des deutschen Satzes gemacht habe.

Da die meisten Chinesen mit den relativ kurzen und einfachen Satzkonstruktionen ihrer Muttersprache vertraut sind, haben sie beim Umgang mit manchen komplizierten deutschen Satzkonstruktionen, insbesondere hypotaktischen Satzkonstruktionen große Verständnis- und Übersetzungsschwierigkeiten. Schwierig ist es z.B. vor allem, die vielfältigen syntaktischen und damit inhaltlichen Verhältnisse zwischen den einzelnen Teilsätzen verschiedenen Grades der jeweiligen deutschen Satzperioden präzise festzustellen. Hinzukommt noch, daß es im Chinesischen keine geeigneten grammatischen Mittel gibt, mit denen man die vielen deutschen Satzperioden ohne wesentliche strukturelle Umordnung bzw. Zerlegung durch analoge chinesische Satzkonstruktionen ausdrücken kann. So sind manche Übersetzer gezwungen, bestimmte deutsche Satzperioden einfach durch einen langen chinesischen einfachen bzw. zusammengesetzten Satz auszudrücken, was aber oft eine deutliche semantische Verschiebung und gar grammatische Inkorrektheit in den chinesischen Übersetzungen zur Folge hat.

Die deutsche Satzperiode vermittelt vielen deutschlernenden Chinesen den Eindruck, daß die deutschen Sätze länger und komplizierter als die ihrer Muttersprache sind. Beim Deutschunterricht in China messen die Lehrer und Studenten den Schwierigkeitsgrad eines deutschen Textes oft lediglich danach, wieviele Satzperioden in dem betreffenden Text vorhanden sind. Je höher die Anzahl der Satzperioden ist und je komplizierter die syntaktischen Verhältnisse der einzelnen Teilsätze zueinander sind, desto schwieriger ist der Text für die Lernenden. Das ist einer der Gründe dafür, warum die Zeitungslektüre, in der oft mehr komplizierte Satzkonstruktionen verwendet werden als in sonstigen Textsorten, im Unterricht in der Regel erst in höheren Studiengängen der chinesischen Fremdsprachenhochschulen und Universitäten geübt wird.

Diese durch die hypotaktische, insbesondere mehrfache hypotaktische Satzkonstruktion im Deutschen bedingte Lernschwierigkeit für die Chinesen beschränkt sich nicht nur auf den Deutschunterricht. Sie drückt sich noch stärker in der Übersetzungspraxis aus. Viele Übersetzer sind bei der Begegnung mit manchen deutschen "Bandwurmsätzen" ziemlich ratlos und wissen nicht, wie sie solche syntaktischen "Ungetüme" durch passende chinesische Satzkonstruktionen wiedergeben können, um die inhaltliche, semantische und stilistische Identität mit dem deutschen Orginaltext zu gewährleisten. Bewußt oder unbewußt wurden mehrere Methoden zur angemessenen Übersetzung der deutschen mehrfachen Hypotaxe ins Chinesische angewandt, bislang hat sich aber keine eindeutig bewährt. Beim Vergleich eines deutschen literarischen Textes und einer Vorlage der Mediensprache, in denen oft lange bis sehr lange Satzperioden als Stilmittel verwendet werden, mit deren chinesischen Übersetzungen, würde man unschwer feststellen, daß die meisten inhaltlichen, grammatischen und stilistischen Fehler der chinesischen Übersetzungen auf diejenigen deutschen Sätze zurückzuführen sind, in denen die vielen Teilsätze von Satzperioden in relativ komplizierten Verhältnissen miteinander verkettet sind.

Leider wird dieses syntaktische Problem, das für die Chinesen beim Deutschlernen ein großes Hindernis darstellt, bis heute von den chinesischen Germanisten und deutschen Sinologen nicht ernst genug genommen. In den bisher in der VR China verwendeten chinesischen Lehr- und Grammatikbüchern für den Deutschunterricht wird zwar die deutsche Satzperiode wegen ihrer besonderen Schwierigkeit in der Regel als grammatischer Schwerpunkt behandelt und vermittelt, aber eine theoretische Auseinandersetzung mit diesem syntaktischen Problem, insbesondere unter kontrastivem Aspekt, fehlt jedoch bislang. Man empfindet zwar die deutschen Sätze länger als die chinesischen, aber kaum jemand hat die Frage nach der Ursache gestellt. Das hängt sehr eng damit zusammen, daß viele der Meinung sind, daß ein "Sprachvergleich allenfalls den Blick für die Sprachspezifik schärfen, nicht aber dem Spracherwerb oder der Übersetzungstätigkeit zugute kommen könne." [1] Die Folge sei, daß die meisten chinesischen Deutschlehrer außerhalb des Unterrichts vorwiegend literarische Übersetzungen anfertigten, Unterrichtsmaterialien erstellten sowie Wörterbücher bzw. zweisprachige Glossare erarbeiteten, was allerdings ökonomisch motiviert sei. [2] Dabei messen sie aber der kontrastiven Syntaxuntersuchung der beiden Sprachen nicht genügend Aufmerksamkeit zu.

Darum beabsichtige ich, in der vorliegenden Arbeit zunächst die wesentlichen Ursachen für die unterschiedlichen Satzkonstruktionen des Deutschen und des Chinesischen herauszufinden und Gründe für die unterschiedliche Länge bzw. Kürze des deutschen und chinesischen Satzes zu ermitteln. Durch die Gegenüberstellung zahlreicher deutscher hypotaktischer Sätze, vor allem Satzperioden mit ihren zum Teil fehlerhaften chinesischen Übersetzungen soll darauf hingewiesen werden, daß der Sprachvergleich eben nicht nur den Blick für die Spezifika der untersuchten Sprachen

---

1) Fluck, H.R. (1987): Kontrastive Linguistik Deutsch/Chinesisch - Stand und Aufgaben, in: Muttersprache 97. (H.1). S. 55.
2) Vgl. Fluck, H.R. (1987), a.a. O., S.55.

schärfen kann, sondern darüber hinaus dazu dienen soll, den Spracherwerb und die Übersetzungstätigkeit zu erleichtern. "Die durch die kontrastive Analyse ermittelten Lernerleichterungen und Lernschwierigkeiten können bei der Erstellung von Lehrmaterialien, bei der Entwicklung von Unterrichtsmethoden, aber auch im individuellen Sprachlernprozeß durch Bewußtmachung und entsprechende gezielte Übungen berücksichtigt werden." [1] Von daher gesehen ist der Sprachvergleich durchaus von großer praktischer Bedeutung. Die vorliegende Arbeit möge den deutschlernenden Chinesen helfen, die wesentlichen syntaktischen Unterschiede der beiden Sprachen besser zu erkennen und deren Schwierigkeiten bei der Übersetzung der deutschen mehrfachen Hypotaxe ins Chinesische zu vermindern.

Ergänzend zum Hauptthema werden in den ersten zwei Kapiteln die verschiedenen im Deutschen und im Chinesischen analogen Spracheinheiten sowie die gleichen und unterschiedlichen Klassifikationskriterien für die Wortarten in groben Zügen miteinander verglichen, was meines Erachtens für eine kontrastive Syntaxanalyse der beiden Sprachen unentbehrlich ist. Der Grund dafür besteht zum einen darin, daß viele syntaxbezogene Probleme der beiden Sprachen, vor allem im Chinesischen, damit zusammenhängen, daß es keine eindeutige Grenzlinie zwischen den jeweiligen Spracheinheiten gibt und folglich manche Sätze syntaktisch unterschiedlich aufzufassen sind. Zum anderen soll durch Vergleich verdeutlicht werden, daß im Deutschen und im Chinesischen zur Wortart-Klassifikation zwar vergleichbare Kriterien verwendet werden, aber wegen der großen typologischen Unterschiede die angewandten Kriterien in beiden Sprachen sowohl qualitativ als auch quantitativ unterschiedlich zu bewerten sind.

Durch die unterschiedlichen Klassifikationskriterien für die Wortarten kann man auch relativ deutlich die syntaktische Spezifik der beiden Sprachen erkennen.

---

1) Qian, Wencai, (1985): Chinesisch-deutsche kontrastive Syntax, Hamburg, S. 16.

1. Möglichkeit und Problematik einer kontrastiven Analyse deutscher und chinesischer Syntax

Da wir in der vorliegenden Arbeit davon ausgehen, daß alle Sprachen der Welt von universalen Regeln geprägt sind, sind wir auch der festen Überzeugung, daß das Deutsche und das Chinesische trotz großer typologischer Unterschiede grundsätzlich miteinander zu vergleichen sind. Diese Vergleichsmöglichkeit basiert auf der Tatsache, daß die deutsche und die chinesische Sprache neben vielen strukturellen Unterschieden einen ähnlichen grammatischen Aufbau haben. Wenn man beispielsweise von den sprachinternen Besonderheiten bzw. von den spezifischen grammatischen Mitteln absieht, mit deren Hilfe verschiedene syntaktische Beziehungen in beiden Sprachen zum Ausdruck gebracht werden, so kann man rein formal ähnliche und sogar gleiche Spracheinheiten auf verschiedenen sprachlichen Ebenen im Deutschen und im Chinesischen feststellen. "In beiden Grammatiksystemen sind die sprachlichen Einheiten hierarchisch auf den Ebenen Morphem, Wort, Wortgruppe und Satz organisiert. Und die auf der gleichen Ebene stehenden sprachlichen Einheiten können nach bestimmten Kriterien in bestimmte Klassen aufgeteilt werden... Die Sprachebenen sind miteinander verbunden. Nach bestimmten Regeln und Modellen können Morpheme zu Wörtern, Wörter zu Wortgruppen, Wörter und Wortgruppen zu Sätzen zusammengesetzt werden." [1] Aufgrund dieser formalen Gemeinsamkeiten kann eine kontrastive Gegenüberstellung deutscher und chinesischer Grammatiksysteme durchgeführt werden.

Neben diesen formalen identischen Spracheinheiten, die ohne Zweifel auf einen Grammatikvergleich unterschiedlicher Sprachen positiv wirken, muß man jedoch auf die enormen Schwierigkeiten und Probleme hinweisen, denen man bei einer kontrastiven Analyse deutscher und chinesischer Syntax zwangsläufig begegnet. Die Schwierigkeiten und Probleme sind durch vielerlei Faktoren bedingt. Im wesentlichen sind sie aber auf die großen sprachtypologischen Unterschiede der beiden Sprachen zurückzuführen. Eine kontrastive Syntax Deutsch-Chinesisch unterscheidet sich beispielsweise von einem Vergleich zwischen europäischen Sprachen deutlich darin, daß man dabei mit strukturell ganz unterschiedlichen Grammatiksystemen zu tun hat. Das drückt sich z.B. darin aus, daß man

---

[1] Ma,Jia, (1984), a.a. O., S. 25.

angesichts der großen typologischen Unterschiede bei der Kontrastierung deutscher und chinesischer Grammatik kein einheitliches Beschreibungsmodell findet, womit die beiden Grammatiksysteme auf der gleichen Ebene beschrieben werden können. Der Grund dafür ist, daß die beiden Grammatiksysteme Deutsch und Chinesisch trotz der oben genannten formal identischen Spracheinheiten nicht in symmetrischen und analogen Verhältnissen zueinander stehen. Unter den gleichen Termini werden in beiden Sprachen oft ganz unterschiedliche Sprachkomponenten verstanden. Es gibt Spracheinheiten, die nur in einer der beiden Sprachen existieren. Im morphologischen Bereich gibt es z.B. im Deutschen die Wortart "Artikel", die im Chinesischen keine direkte Entsprechung findet. Umgekehrt wird die chinesische Wortart "Zähleinheitswort" im Deutschen durch andere Wortarten ausgedrückt. Im syntaktischen Bereich muß das chinesische Satzglied "Komplement" im Deutschen durch andere Mittel ausgedrückt werden. Selbst die formal identischen Spracheinheiten der beiden Sprachen können auch nicht immer parallel und ohne Bedeutungsunterschiede miteinander verglichen werden. Die Funktionsweise eines deutschen Subjektes unterscheidet sich z.B. in vielfacher Hinsicht von der des chinesischen Subjektes. Besonders zu erwähnen sind die sehr unterschiedlichen Verhältnisse zwischen der Morphologie und Syntax in beiden Sprachen. Daraus ergeben sich spezielle Probleme für eine kontrastive Syntax. Die deutsche Sprache hat im Vergleich zum Chinesischen ein relativ komplexes und von der Syntax unabhängiges Morphologiesystem. Man kann viele grammatische Kategorien im Deutschen allein mit Hilfe der Morphologie ausdrücken, ohne daß unbedingt syntaktische Komponenten mitberücksichtigt werden müssen. Im Gegensatz dazu ist der Funktionsbereich der chinesischen Morphologie wesentlich beschränkter. Seit langer Zeit ist es unter den chinesischen Grammatikern und ausländischen Sinologen ziemlich umstritten, ob im Chinesischen überhaupt eine Morphologie existiert, nach deren Kriterien die chinesischen Wörter in verschiedene Wortarten zu klassifizieren sind. Einige chinesische Grammatiker vertreten die Ansicht, daß im modernen Chinesisch die in den europäischen Sprachen übliche Morphologie nicht vorhanden ist und folglich die chinesischen Wörter nicht in jeweilige grammatische Wortarten zu klassifizieren sind.[1] Die

---

[1] Vgl. Wang, Songmao, (1983) 汉语语法研究参考资料
    Hanyu yufa yanjiu cankao ziliao (Informationsmaterialien zur Untersuchung der chinesischen Grammatik), Beijing.

meisten chinesischen Grammatiker und ausländischen Sinologen neigen
zwar zur Ansicht, daß es im modernen Chinesisch genau wie in allen
europäischen Sprachen eine Morphologie gibt, aber sie müssen die
chinesische Morphologie zwangsläufig wesentlich anders definieren als
die europäischer Sprachen. "Begriffe wie ´Morphologie`, ´Wort`,
´Wortart` unterliegen dort im allgemeinen einer breiteren Bedeutungs-
varianz als in der westlichen Linguistik üblich." "Die chinesische
Morphologie hat ihren Schwerpunkt mithin im Bereich der Wortbildung.
Unmittelbare Korrelationen zwischen morphologischen und syntaktischen
Strukturen sind im Chinesischen seltener als in den sogenannten flek-
tierenden Sprachen." [1]

Die Diskussion über die Existenz der chinesischen Morphologie hat
bis heute noch keine zufriedenstellende Lösung gefunden. In der vorliegenden Arbeit will ich mich nicht an der Auseinandersetzung über dieses
Thema beteiligen, sondern schließe mich denjenigen Grammatikern an,
die die Meinung vertreten, daß eine Morphologie im weitesten Sinne
auch im Chinesischen vorhanden ist. Gleichzeitig muß ich jedoch darauf hinweisen, daß sich die chinesische Morphologie wegen der Nichtflektierbarkeit der chinesischen Wörter sehr von der der deutschen
und der meisten europäischen Sprachen unterscheidet und nicht un-
differenziert mit der deutschen Morphologie gleichgestellt werden
kann.

Wie allgemein bekannt, besteht eine der wichtigsten Aufgaben der
deutschen Morphologie darin, die verschiedenartigsten deutschen Wörter
je nach ihren morphologischen Merkmalen in die jeweiligen Wortarten
zu klassifizieren. In vielen Fällen genügt es, die Wortart-Klassifikation einiger Wortarten wie z.B. "Substantiv", "Verb", "Adjektiv" usw.
allein mit Hilfe morphologischer Kriterien durchzuführen, obwohl auch
andere Klassifikationskriterien nach semantischen und syntaktischen
Gesichtspunkten vorhanden sind. Im Unterschied zur deutschen Morphologie erfüllt die chinesische Morphologie diese Aufgabe nicht. Es ist
im Chinesischen in der Regel nicht möglich, die Wörter ohne Berücksichtigung ihrer syntaktischen Funktionen in einem bestimmten Kontext

---

1) Kupfer, P. (1980): Morphemklassen und Wortstrukturen im modernen
   Chinesischen, in: Sprachwissenschaft 5, S. 53 u. 55.

lediglich durch die äußeren bzw. morphologischen Merkmale in bestimmte Wortarten zu klassifizieren. Der Grund dafür ist einfach: es gibt im Chinesischen zu wenig Wörter, deren Wortartcharakter allein durch die äußeren Merkmale zu erkennen ist. Außerdem werden die verschiedenen grammatischen Kategorien wie z.B. "Person", "Numerus", "Tempus", "Genus", "Modus" usw., die im Deutschen in vielfacher Weise durch die Morphologie ausgedrückt werden, im Chinesischen nicht von der Morphologie erfaßt. Um die oben genannten grammatischen Kategorien im Chinesischen wiederzugeben, werden meist sowohl lexikalische als auch syntaktische Mittel verwendet.

Angesichts der oben erwähnten reziproken Verhältnisse der beiden Grammatiksysteme Deutsch und Chinesisch scheint es mir unerläßlich, bevor ich zum syntaktischen Vergleich komme, die in beiden grammatischen Systemen üblichen Spracheinheiten wie z.B. "Morphem", "Wort", "Wortgruppe" und "Satz" in groben Zügen einander gegenüberzustellen, um dadurch die wesentlichen Gemeinsamkeiten bzw. Unterschiede, die der Definition bzw. Bestimmung dieser Spracheinheiten zugrunde liegen, herauszufinden.

Diese Notwendigkeit sehe ich einmal darin begründet, daß im modernen Chinesisch in vielen Fällen eindeutige Merkmale fehlen, womit die verschiedenen Spracheinheiten voneinander unterschieden werden können. Sehr oft weisen die unterschiedlichen Spracheinheiten völlig identische phonematische und graphematische Formen sowie gleiche Konstruktion auf. Ohne Kontext kann man nicht wissen, ob es sich dabei um ein Morphem, ein Wort, eine Wortgruppe oder gar einen Satz handelt. Das gilt auch in ähnlicher Weise für die chinesische Wortart-Bestimmung und Wortart-Unterscheidung. Es gibt im Chinesischen eine große Anzahl von Wörtern, die gleiche phonematische, graphematische und strukturelle Formen haben, aber unterschiedliche syntaktische Funktionen ausüben und damit zu verschiedenen Wortarten gehören. Eine Wortart-Identifikation ohne Berücksichtigung des syntaktischen Zusammenhangs ist im Chinesischen in der Regel nicht möglich. Ein Zentralproblem, das den oben genannten spezifischen Spracherscheinungen des Chinesischen zugrunde liegt, ist die grammatische Mehrdeutigkeit der chinesischen Wörter, insbesondere der sogenannten Vollwörter.[1] Das erschwert nicht nur die Unterscheidung

---

1) Vgl. Kupfer, P. (1979): Die Wortarten im modernen Chinesischen, Heidelberg. S. 505.

der jeweiligen Spracheinheiten, wie z.B. Morphem, Wort, Wortgruppe und Satz sowie die Klassifikation und Identifikation der Wortarten im Chinesischen erheblich, sondern bereitet infolgedessen auch bei der richtigen Bestimmung der verschiedenen chinesischen Satzglieder sehr große Schwierigkeiten. Dieses Zentralproblem, und zwar die grammatische Mehrdeutigkeit der chinesischen Wörter, die vielen strittigen Fragen hinsichtlich der chinesischen Morphologie bzw. Wortart-Klassifikation zugrunde liegt, wird jedoch von vielen chinesischen Grammatikern in ihren linguistischen Forschungen mehr oder weniger vernachlässigt. In den bisherigen linguistischen Untersuchungen im Chinesischen hat man meist die einzelnen sprachlichen Erscheinungen isoliert behandelt, ohne aber die vielfältigen Verhältnisse zwischen den verschiedenen sprachlichen Erscheinungen zusammenhängend zu analysieren. Das hat beispielsweise dazu geführt, daß man beim Streit um die chinesische Wortart-Klassifikation entweder zur totalen Leugnung der Existenz der chinesischen Wortarten kommt, oder daß man angesichts der vielen grammatischen Funktionen der chinesischen Wörter die Meinung vertritt, die chinesischen Vollwörter seien je nach ihren konkreten grammatischen Funktionen in bestimmten Kontexten zu klassifizieren, und zwar ohne Rücksicht darauf, ob es sich dabei um grammatische Funktionen oder um stilistisch begründete Funktionen der jeweiligen chinesischen Wörter handelt. Aufgrund dessen wird in einigen grammatischen Veröffentlichungen behauptet, daß die jeweiligen chinesischen Satzglieder von fast allen möglichen Wortarten dargestellt werden können, was aber in vielen Fällen der Wirklichkeit nicht entspricht. [1]

Ich bin der Ansicht, daß eine erfolgreiche Syntaxanalyse der jeweiligen Sprachen eine richtige morphologische Analyse voraussetzt, die allerdings in einigen Fällen auch durch eine Kontextanalyse ergänzt werden muß. Ohne daß man sich über die vielfältigen Verhältnisse der verschiedenen Spracheinheiten im morphologischen Bereich im klaren ist, kann man die syntaktische Analyse nicht durchführen. Wenn man das Problem der grammatischen Mehrdeutigkeit der jeweiligen chinesischen Spracheinheiten nicht löst, kann man viele syntaktische Erscheinungen im Chinesischen nicht befriedigend erklären; ein Vergleich deutscher

---

Qian, Wencai, (1985): a.a. O., S. 40-59.

und chinesischer Syntax stünde damit auf schwankendem Boden. Das ist auch der Anlaß dafür, warum ich am Anfang der vorliegenden Arbeit eine allgemeine Gegenüberstellung der jeweiligen deutschen und chinesischen Spracheinheiten vornehmen will. Da dieses Thema bereits in einigen kontrastiven Arbeiten zu beiden Sprachen abgehandelt wurde, [1] kann hier auf einen systematischen Vergleich der deutschen und chinesischen Wortbildungskriterien verzichtet werden. Ich konzentriere mich lediglich auf einige ausgewählte Probleme, an denen man die wesentlichen Gemeinsamkeiten und Unterschiede der deutschen und chinesischen Morpheme, Wörter und Wortgruppen erkennen kann.

1.1. Unterschiedliche Verhältnisse und Bestimmungs- bzw. Unterscheidungskriterien zwischen Spracheinheiten, Morphem, Wort, Wortgruppe, Syntagma und Satz im Deutschen und im Chinesischen

Obwohl das Deutsche und das Chinesische vier gleiche Spracheinheiten besitzen, die jeweils durch formal völlig identische Begriffe wie Morphem, Wort, Wortgruppe und Satz ausgedrückt werden, lassen sich zwischen den jeweiligen Spracheinheiten in beiden Sprachen ganz unterschiedliche Verhältnisse feststellen. Es liegen dementsprechend den jeweiligen Spracheinheiten in beiden Sprachen unterschiedliche Bestimmungs- und Unterscheidungskriterien zugrunde.

1.1.1. Unterschiedliche Verhältnisse und Bestimmungs- bzw. Unterscheidungskriterien für die jeweiligen Spracheinheiten im Deutschen

Die vier deutschen Spracheinheiten Morphem, Wort, Wortgruppe und Satz stehen in einem relativ deutlichen hierarchischen Verhältnis. Mit Hilfe des verhältnismäßig vollständigen Morphologiesystems kann man im Deutschen trotz einiger strittiger Punkte relativ einfach das Morphem vom Wort, das Wort von der Wortgruppe und schließlich Wort und Wortgruppe vom Satz unterscheiden. Sie werden von unterschiedlichen morphologischen, phonematischen und graphematischen Merkmalen gekennzeichnet.

Auf der Morphemebene wird im Deutschen zwischen dem Wurzelmorphem bzw. lexikalischen Morphem und dem Hilfsmorphem bzw. grammatischen Morphem

---

[1] Vgl. Fluck, H.R., Li, Z.Z., Zhao, Q.C. (1984), Kupfer, P., (1979) und Qian, Wencai, (1985).

unterschieden. Die Wurzelmorpheme konstituieren die lexikalische
Basis des Wortes, seinen semantischen Grundstock, der mit dem Referenten der gegenständlichen Bedeutung korreliert.[1] Gewisse Wurzelmorpheme, die potentiell frei sind, haben deshalb in gewissem Sinne
schon Wortcharakter und können als selbständige Wörter betrachtet
werden. Eine besondere Unterscheidung zwischen dem Wurzelmorphem und
dem Wort wäre überflüssig, weil die grammatische Identität zwischen
einem deutschen Wurzelmorphem und Wort selten zum Mißverständnis
führen. Die Wurzelmorpheme, die in jedem Fall mit den Wörtern identisch sind, sind im Deutschen nicht sehr zahlreich. Es handelt sich
meist um einfache Wurzelmorpheme, wie z.B. "hart", "schön", "gern",
"klug", "frei" usw., die als selbständige Wörter in der Regel den
Wortarten Adjektiv, Adverb sowie Partikel zugeordnet werden. Eine
Unterscheidung zwischen einem deutschen Substantivwort und einem mit
ihm formal identischen Wurzelmorphem wie z.B. "Zimmer", "Haus", "Schuh",
"Wasser", "Feuer" usw., wird in den meisten Fällen durch die Verwendung
bzw. Nichtverwendung des Artikelwortes gewährleistet. In der Regel
werden die deutschen Substantive in Verbindung mit den jeweiligen
dazu gehörenden Artikelwörtern verwendet. Die meisten Wurzelmorpheme
können zur Bildung von Wortkomposita verwendet werden. Mit Hilfe der
Wurzelmorpheme kann man nach bestimmten Wortbildungskriterien sehr
viele Wörter bilden. Da die Wurzelmorpheme die lexikalische Basis
konstituieren, weichen die meisten mit ihnen gebildeten Wörter trotz
unterschiedlichen Wortart-Charakters lexikalisch nicht wesentlich von
ihnen ab, z.B. "Kind", "kindisch", "kindlich", "Kindlein"; "klug",
"klüger", "Klugheit" usw. Ausnahmen wären nur diejenigen Wörter, die
aus stilistischen Gründen gebildet bzw. verwendet werden, z.B. "Löwenzahn", "Lampenfieber", "Nervensäge" usw. Der Wortart-Unterschied
der mit gleichen Wurzelmorphemen gebildeten Wörter wird meist durch
morphologische Merkmale gekennzeichnet, z.B. "Spiel", "spielerisch",
"spielend" usw.

Neben den Wurzelmorphemen gibt es im Deutschen eine Reihe von grammatischen bzw. wortbildenden Morphemen, die keine lexikalischen Bedeutungen haben und nie frei verwendet werden können. Ihre Funktionen

---

1) Vgl. Stepanowa, M.D., Fleischer, W. (1985): Grundzüge der deutschen
Wortbildung, Leipzig, S. 82.

bestehen ausschließlich in der Wortbildung. Sie geben in vielen Fällen an, zu welchen Wortarten die mit ihnen gebildeten Wörter gehören. Es handelt sich meist um die verschiedenen Affixe, wie z.B. die Präfixe ver-, zer-, be-, über-, und Suffixe -ig, -isch, -lich, -heit, -keit, -tum, -kunft usw. Die Anzahl der grammatischen Morpheme ist zwar sehr gering, die Häufigkeit ihrer Verwendung ist jedoch viel höher als die der Wurzelmorpheme. Zwischen dem grammatischen Morphem und dem Wort besteht kein Differenzierungsproblem.

Trotz zahlreicher Definitionen des Wortes und der Wortgruppe im Deutschen lassen sich die beiden Spracheinheiten relativ einfach voneinander unterscheiden. Die Einfachheit beruht zunächst auf den unterschiedlichen Definitionen. Während das Wort im Deutschen im allgemeinen als "der kleinste selbständige sprachliche Bedeutungsträger" [1] bezeichnet wird, wird die Wortgruppe als "die Verbindung von zwei oder mehreren (bedeutungshaltigen) Wörtern, die einen einheitlichen, aber gegliederten Begriff/Vorstellungsinhalt zum Ausdruck bringt" und "grammatisch-syntaktische Fügung vollwertiger Wörter" [2] definiert. Diese einfachen Definitionen der beiden Spracheinheiten werden durch eine Reihe weiterer sowohl morphologischer, phonologischer, graphematischer als auch syntaktischer Merkmale ergänzt.

Ein Wort unterscheidet sich von einer Wortgruppe neben seiner lexikalisch-semantischen Bedeutung darin, daß es auf morphologischer Ebene eine potentiell isolierbare morphologische Einheit, die bei Teilbarkeit zu einem Paradigma gehört, auf der phonologischen Ebene eine durch mögliche Pause isolierbare Einheit, auf der graphematischen Ebene eine durch Leerstellen im Schriftbild isolierte Einheit und schließlich auf der syntaktischen Ebene eine syntaktische Einheit, die eine entsprechende syntaktische Funktion erfüllt, darstellt.[3]

Ein deutsches Kompositum bzw. zusammengesetztes Wort weist zwar gewisse definitorische Ähnlichkeit mit der Wortgruppe dadurch auf, daß es meist aus zwei oder mehreren semantisch oder syntaktisch selbständigen

---

1) Lewandowski, Th.,(1973): Linguistisches Wörterbuch, Heidelberg, S. 808.
2) Lewandowski, Th.,(1973): a.a. O., S. 821.
3) Vgl. Lewandowski, Th., (1973), a.a. O., S.809.

Wörtern besteht und eine einheitliche semantische und syntaktische
Einheit bildet, aber die beiden Spracheinheiten unterscheiden sich
deutlich darin, ob sie trotz der semantischen und syntaktischen Identität einen gegliederten bzw. nicht gegliederten Begriff bilden. Ein
deutsches Kompositum kann zwar in zwei oder mehrere freie Formen zerlegt werden, die auch selbständige Wörter sein können, aber es besteht
kein 1:1-Verhältnis zwischen der Bedeutung des Kompositums und den
Bedeutungen der einzelnen zerlegten Formen dieses Kompositums. Die
Bedeutungen der einzelnen Bestandteile eines Kompositums sind bei
der Bildung eines neuen einheitlichen Begriffs zusammengeschmolzen.
In manchen Fällen kann man nur schwer den direkten Zusammenhang der
jeweiligen Bestandteile eines Kompositums erkennen. Im Gegensatz dazu
handelt sich bei einer substantivischen Wortgruppe zwar auch um ein
syntaktisches Gebilde, deren Bestandteile aber keinen einheitlichen,
sondern einen gegliederten Begriff bilden, z.B. "das Buch des Lehrers",
"der Bau des Theaters durch einen Bautrupp" usw.

Darüber hinaus werden das Wort und die Wortgruppe auch durch einige
morphologische, phonologische und graphematische Merkmale unterschieden.
Ein deutsches Kompositum weist neben seiner synthetischen Bedeutung
alle morphologischen Merkmale eines einfachen Wortes auf; bei einem
Kompositum haben die beiden bzw. mehrere freie Formen trotz oft unterschiedlicher Wortarten der Kompositumsglieder ein und dasselbe
Artikelwort, das vom Bestimmungselement des Kompositums bestimmt wird,
z.B. "die Tiefkühltruhe", "die Grenzschutzpolizei", "das Maschinenreparaturwerk", "der Feuerwehrtrupp" usw. Eine phonologische Pause
und die graphematische Trennung zwischen zwei bzw. mehreren Bestandteilen eines Kompositums sind nicht gestattet. Das gilt selbstverständlich auch für das adjektivische Kompositum wie z.B. "bildschön",
"schneeweiß" usw. Ausnahme wäre in diesem Fall dasjenige Kompositum,
das als ein synthetisches Wort noch nicht voll und ganz von den Sprachbenutzern anerkannt wird und als Hilfsmittel zwischen den einzelnen
Bestandteilen ein Bindestrich vorgesehen wird, z.B. "Dienst-Merkmal",
"Glasfaser-Autobahn" usw.

Die jeweiligen Bestandteile einer Wortgruppe werden dagegen deutlich
sowohl durch eine phonologische Pause als auch durch graphematische
Leerstellen getrennt. Es besteht zwischen ihnen zwar auch eine gram-

matische Subordination, aber ihre oft unterschiedlichen Wortarten sowie ihre verschiedenen syntaktischen Funktionen werden im Gegensatz zum Kompositum nicht verschmolzen, sondern bleiben deutlich erkennbar, z.B. "der Vater seiner Freundin", "die sich den Film ansehenden Zuschauer", "die von den Schülern gern gelesenen Bücher", "eine zu erfüllende Aufgabe" usw.

Normalerweise besteht kein Differenzierungsproblem zwischen einer deutschen Wortgruppe und einem vollständigen deutschen Satz. Obwohl die beiden Spracheinheiten einen bestimmten Sachverhalt ausdrücken können, unterscheiden sie sich deutlich darin, daß "der durch den Satz ausgedrückte Sachverhalt durch den im Verbum finitum enthaltenen Zeitbezug Aktualität besitzt, der durch die Wortgruppe ausgedrückte nicht." [1] Anders formuliert: in einem vollständigen Satz muß, abgesehen von den jeweiligen Satzellipsen oder Einwort-Sätzen, das Subjekt und eine finite Verbform vorhanden sein, während eine Wortgruppe keine oder höchstens eine infinite Verbform besitzt. Eine Wortgruppe bildet nur einen Teil des Satzes, aber stellt nie allein den Satz dar. Die sogenannte aktuelle bzw. potentielle Prädikation ist für die Unterscheidung von beiden Spracheinheiten relevant.

Die obige Darstellung läßt erkennen, daß eine exakte Unterscheidung zwischen den jeweiligen Spracheinheiten im Deutschen zwar nicht unproblematisch ist, aber sie wird durch verschiedenartige morphologische, phonologische und graphematische Merkmale dieser Spracheinheiten ermöglicht. Es besteht im Deutschen in der Regel kein Identifikationsproblem bzw. keine Gefahr, die jeweiligen Spracheinheiten hinsichtlich ihrer Zugehörigkeit zu einer grammatischen Kategorie zu verwechseln. Die grammatischen Mehrdeutigkeiten ein und derselben Spracheinheit werden meist durch morphologische Merkmale vermieden.

1.1.2. Unterschiedliche Verhältnisse und Bestimmungs- bzw. Unterscheidungskriterien für die jeweiligen Spracheinheiten im modernen Chinesisch

Rein formal gesehen besitzt das Chinesisch auch vier analoge Spracheinheiten wie im Deutschen, die ebenfalls hierarchisch geordnet sind. Es besteht aber keine Kompatibilität zwischen den jeweiligen Sprach-

---

[1] Sommerfeldt, K.-E., Stark, G., Nerius, D. (1985): Einführung in die Grammatik und Orthographie der deutschen Gegenwartssprache, Leipzig, S. 206

einheiten der beiden Sprachen. Angesichts des Fehlens an Flexionsformen und des Mangels an Mehrsilbigkeit der chinesischen Wörter werden im Chinesischen neben gewissen Gemeinsamkeiten mit dem Deutschen zum Teil völlig unterschiedliche Bestimmungs- und Unterscheidungskriterien für die jeweiligen Spracheinheiten verwendet.

Theoretisch gibt es vergleichbare Definitionen in bezug auf die Bestimmung bzw. Unterscheidung der Spracheinheiten zwischen dem Deutschen und dem Chinesischen. Trotz vieler Meinungsverschiedenheiten der Grammatiker läßt sich das chinesische Morphem ähnlich wie das im Deutschen allgemein folgendermaßen definieren: "Das Morphem ist die kleinste Spracheinheit, die eine bestimmte phonologische Form und lexikalische Bedeutung hat, aber nicht als Satzglied frei im Satz verwendet werden kann." [1] Die chinesischen Morpheme lassen sich ähnlich wie im Deutschen in einige Subklassen einteilen. Je nach unterschiedlichen Funktionsweisen werden sie im allgemeinen in drei Subklassen eingeteilt. Die erste Subklasse des chinesischen Morphems umfaßt alle diejenigen Morpheme, die sowohl allein die Wortfunktion tragen und damit frei wie das Wort im Satz verwendet werden können als auch in Verbindung mit anderen Morphemen zusammen Wörter bilden. Diese Art von chinesischen Morphemen ist mit den deutschen Wurzelmorphemen zu vergleichen. Sowohl derartige selbständige chinesische Morpheme als auch die deutschen Wurzelmorpheme können einerseits selbständige Wörter, andererseits Bestandteile der jeweiligen Wörter sein. Hier sind einige Beispiele: das einsilbige Morphem bzw. Wort 生 sheng in zweisilbigen Wörtern wie 生产 shengchan (die Produktion oder produzieren), 生活 shenghuo (das Leben oder leben), 生气 shengqi (die lebhafte Atmosphäre oder sich ärgern), 生长 shengzhang (das Wachstum oder wachsen), 生态 shengtai (die Ökologie), 生平 shengping (der Lebenslauf), 生物 shengwu (die Biologie), 生动 shengdong (lebendig). Das gilt auch für das Morphem bzw. Wort 白 bai in Wörtern wie 白菜 baicai (Chinakohl), 白丁 baiding (gewöhnlicher Mensch), 白卷 baijuan (unausgefüllter Prüfungsbogen), 白字 baizi (falsche Schriftzeichen), 白话 baihua (moderne Literatursprache oder leere Phrasen), das Morphem bzw. Wort 信 xin in Wörtern 信任 xinren (das Vertrauen oder vertrauen), 信奉 xinfeng (glauben oder sich zu einem Glauben bekennen), 信封 xinfeng (Briefumschlag), 信息 xinxi (Nachricht oder Information), 信徒 xintu

---

1) Shi, Xirao, Yang, Qinghui, (1984) 现代汉语 xiandai Hanyu (Modernes Chinesisch), Beijing, S. 180.

(der Gläubige), 信号 xinhao (das Signal), das Morphem bzw. Wort 发 fa in Wörtern 发言 fayan (die Rede oder reden), 发炎 fayan (die Entzündung oder entzünden), 发现 faxian (die Entdeckung oder entdecken), 发展 fazhan (die Entwicklung oder entwickeln), 发面 famian (der Hefeteig oder den Teig aufgehen lassen), 发生 fasheng (geschehen), 发火 fahuo (wütend werden), 发明 faming (die Erfindung oder erfinden), 发行 faxing (herausgeben), 发动 fadong (mobilisieren), 发表 fabiao (veröffentlichen), 发源 fayuan (entspringen) usw. Was diese Morpheme als selbständige Wörter bedeuten, wird teilweise im folgenden noch erklärt.

Wegen der beschränkten Silbenkombinationsmöglichkeiten im Chinesischen handelt es sich bei vielen solcher einsilbigen Sprachzeichen um homonyme Morpheme bzw. Wörter, die mehrere unterschiedliche Grundbedeutungen haben. Allerdings ist es nicht unumstritten, ob es sich bei allen diesen gleichlautenden und gleichgeschriebenen Sprachzeichen um eine Erscheinung der Homonymie oder Polysemie handelt. Es ist im Chinesischen mindestens genau so schwer wie im Deutschen, eine klare Grenzlinie zwischen der Homonymie und der Polysemie zu ziehen. Da solche chinesischen einsilbigen homonymen Morpheme mehrere Grundbedeutungen haben, können, je nachdem, mit welchen anderen Morphemen sie verbunden werden, Wörter mit völlig unterschiedlichen Bedeutungen gebildet werden.

Mit der zweiten Subklasse chinesischer Morpheme sind diejenigen gemeint, die zwar selbständig als Wörter im Satz verwendet werden können und syntaktische Funktionen ausüben, aber nie in Verbindung mit anderen Morphemen Wörter bilden. Es handelt sich dabei meist um die verschiedenen Partikel wie 呢 ne, 吗 ma, 吧 ba, 啊 a, 呀 ya, 哎 ai, die selbst keine eindeutigen lexikalischen Bedeutungen haben, aber den jeweiligen chinesischen Sätzen gewisse modifizierte Bedeutungen verleihen, z.B. die chinesischen Sätze 他看书。ta kan shu.(Er liest das Buch.), 他看书呢。ta kan shu ne.(Er liest gerade das Buch.), 他看书吗? ta kan shu ma? (Liest er das Buch?) werden nur durch verschiedene Partikel voneinander unterschieden. Da die Anzahl solcher Morpheme sehr gering ist und diese Morpheme kaum unterschiedliche Funktionen wie das Wort haben, werden sie meist zusammen mit Wörtern behandelt. Diese Art von chinesischen Morphemen hat keine analoge Morphemklasse im Deutschen. Die syntaktischen Funktionen, die diese Morpheme im Satz

ausüben, werden im Deutschen zum Teil ebenfalls durch syntaktische
Mittel, zum Teil aber durch lexikalische Mittel erfüllt.

Die dritte Subklasse beinhaltet die Morpheme, die mit anderen Morphemen
zusammen Wörter bilden können. Innerhalb von diesen sogenannten abhängigen bzw. gebundenen Morphemen werden wiederum, je nachdem, ob
sie gewisse lexikalisch-semantische Bedeutungen haben oder nicht,
zwei Arten von Morphemen unterschieden. Diejenigen, die bestimmte
lexikalische Bedeutungen haben, sind bei der Bildung neuer Wörter
nicht stellungsgebunden, d.h. sie können je nach unterschiedlichen
Wörtern vor oder nach dem anderen Morphem stehen, wie z.B. das Morphem
祖 zu in Wörtern 祖宗 zuzong (die Vorfahren), 祖国 zuguo (das Hei-
matland), 祖籍 zuji (die Herkunft), 鼻祖 bizu (der Gründer), das
Morphem 士 shi in Wörtern 护士 hushi (die Krankenschwester), 战士
zhanshi (der Soldat), 博士 boshi (der Doktor), 士兵 shibing (der
Soldat), 士大夫 shidafu (Gelehrte und Beamte im feudalen China) usw.[1]

Bei denjenigen abhängigen Morphemen, die keine eindeutigen lexikalischen
Bedeutungen haben, handelt es sich gewöhnlich um die stellungsgebundenen Morpheme, d.h. ihre Stellungen sind bei der Wortbildung
festgelegt. Die Besonderheit dieser stellungsgebundenen Morpheme ist,
daß sie in vielen Fällen den Wortartcharakter der mit ihnen gebildeten
Wörter kennzeichnen. Sie können auch viele Wörter wortartmäßig modifizieren oder verändern. Darum werden sie in der chinesischen Grammatik
nicht unumstritten als morphologische Merkmale der chinesischen Wörter
bezeichnet. Da ich im kommenden Abschnitt über die deutschen und chinesischen grammatischen Mittel noch auf dieses Thema eingehe, wird
vorläufig auf eine ausführliche Beschreibung verzichtet.

---

1) Solche wortbildenden Morpheme wurden zum Teil im klassischen Chinesisch als semantisch und syntaktisch völlig selbständige Wörter
verwendet. 士 shi hieß im klassischen Chinesisch z.B. unter anderem
"Mann" und "Soldat". Im Satz 命士少休 ming shi shao xiu (Den
Soldaten wurde befohlen, sich ein wenig auszuruhen.) wurde 士 shi
als ein selbständiges Wort verwendet. Derartige chinesische Morpheme
haben gewisse Ähnlichkeit mit den im modernen Deutsch nicht mehr
selbständigen Suffixen -keit, -heit, -tum, die auch in der Vergangenheit als selbständige Wörter benutzt wurden.

Es besteht zwischen derartigen chinesischen stellungsgebundenen Morphemen und den deutschen wortbildenden Morphemen eine gewisse Ähnlichkeit, weil sie beide die Funktion haben, die Wortarten der jeweils mit ihnen gebildeten deutschen und chinesischen Wörter zu kennzeichnen. Aber sie unterscheiden sich zunächst quantitativ sehr voneinander. Während die meisten deutschen Wörter der Wortarten "Substantiv", "Verb" und "Adjektiv" mehr oder weniger morphologische Merkmale aufweisen, gibt es im Chinesischen nur eine sehr geringe Anzahl von Wörtern, die ähnliche formale Merkmale zur Wortart-Kennzeichnung besitzen. Außerdem können viele solcher Morpheme in anderen Zusammenhängen mit ganz anderen lexikalischen Bedeutungen als selbständige Wörter verwendet werden, was bei den deutschen wortbildenden Morphemen nicht möglich ist.

Ähnlich wie im Deutschen ist der Begriff "Wort" am meisten umstritten. Es gibt verschiedene Definitionen für das "Wort". Die allgemein anerkannte Definition des chinesischen Wortes ähnelt sehr der des deutschen Wortes: "Das Wort ist die kleinste Einheit der Sprache, die eine bestimmte Bedeutung hat und frei verwendet werden kann." [1] Durch die Betonung von "frei verwendbar" und "unzerlegbar" wird theoretisch sowohl das deutsche als auch das chinesische Wort vom Morphem und von der Wortgruppe unterschieden. Dieses scheinbar einfache Unterscheidungskriterium kann in der chinesischen Sprachpraxis jedoch nicht ohne Widerspruch angewandt werden. Es ist viel schwieriger, eine Grenzlinie zwischen dem chinesischen Morphem, Wort, der Wortgruppe und dem Satz zu ziehen, als dies im Deutschen der Fall ist. Eines der wichtigsten Kriterien, mit denen man das chinesische einsilbige Morphem vom einsilbigen Wort unterscheiden kann, ist die freie Verwendbarkeit. Wir nehmen hier die einsilbigen Morpheme bzw. Wörter 生 sheng, 笔 bi, und 白 bai als Beispiel. 生 sheng in Wörtern

---

1) Shi, Xirao, Yang, Qinghui, (1984) a.a. O., S. 180

生产 shengchan (die Produktion oder produzieren), 生活 shenghuo
(das Leben oder leben), 生动 shengdong (lebendig) ist ein Morphem
bzw. Bestandteil eines Wortes, weil man nicht ohne weiteres das Morphem
生 sheng von anderen Morphemen dieser Wörter trennen kann. Die beiden
Bestandteile bilden zusammen einen vollständigen Sinn und fungieren
zusammen als eine syntaktische Einheit im Satz. Im Gegensatz dazu
wird 生 sheng in folgenden Sätzen nicht mehr als ein Morphem, sondern
als ein selbständiges Wort betrachtet: 她生了一个女儿 ta sheng le
yi genü'er (Sie hat eine Tochter geboren.), 这只母虎生了两只小虎
zhe zhi muhu sheng le liang zhi xiao hu (Die Tigerin hat zwei Tigerchen
geboren.) Der Grund dafür ist, daß 生 sheng in diesen zwei Sätzen als
selbständiges Satzglied verwendet wird. Das gleiche gilt auch für 笔 bi
als Morphem im Wort 笔直 bizhi (geradlinig) und als Wort im Satz 他用笔
写字 ta yong bi xie zi (Er schreibt mit dem Stift.), 雪 xue als Morphem im Wort 雪白 xuebai (schneeweiß) und als Wort im Satz 雪融化了
xue ronghua le (Der Schnee ist geschmolzen.). Fast alle chinesischen
einsilbigen Wörter können gleichzeitig als Morphem notwendige Bestandteile von zwei- bzw. mehrsilbigen Wörtern sein.

Ein vergleichbares Problem besteht zwar auch im Deutschen, aber man
kann es in vielen Fällen ohne Berücksichtigung der syntaktischen Verhältnisse lösen. Wenn beispielsweise das Wort "Schnee" als Morphem bzw.
als Bestandteil des Kompositums "schneeweiß" auftaucht, muß es a. klein
geschrieben werden, b. es darf zwischen den beiden Bestandteilen dieses
Kompositums keine phonologische Pause und graphematische Lücke entstehen,
c. die synthetische Bedeutung des Kompositums gleicht nicht den Bedeutungen der einzelnen Morpheme.

Problematischer ist es im Chinesischen jedoch mit der Unterscheidung
zwischen dem chinesischen zweisilbigen Wort und der zweisilbigen Wortgruppe und sogar dem zweisilbigen Satz. Rein theoretisch sollte man
das chinesische Wort nicht so schwer von der Wortgruppe unterscheiden
können, weil den beiden Spracheinheiten ähnlich wie im Deutschen ganz
unterschiedliche Definitionen zugrunde liegen. Im Unterschied zum
Wort wird die chinesische Wortgruppe im allgemeinen als eine Spracheinheit definiert, die aus zwei bzw. mehr als zwei Wörtern nach bestimmten grammatischen Regeln gebildet wird. Diese relativ klare Definition kann nur dann für die Identifikation bzw. Unterscheidung der
Wortgruppe von anderen Spracheinheiten, insbesondere vom Wort sinnvoll

sein, wenn man vorher gewisse feste und in jedem Fall gültige Kriterien zur Identifizierung des Wortes zur Verfügung hat. Da die meisten chinesischen einsilbigen Morpheme, mit denen die jeweiligen zwei- bzw. mehrsilbigen Wörter gebildet werden, in der Regel auch selbständige Wörter mit unterschiedlichen Grundbedeutungen sind und damit als Satzglieder verwendet werden können; und zumal keine eindeutigen formalen Merkmale zwischen vielen einsilbigen Morphemen und Wörtern bestehen, fehlt auch eine feste Basis für die richtige Identifikation des chinesischen zweisilbigen Wortes und der zweisilbigen Wortgruppe. Man kann beispielsweise in vielen Fällen ohne Kontext phonologisch und graphematisch völlig identische Wörter und Wortgruppen semantisch nicht voneinander unterscheiden, z.B. 管 guan je als Morphem im Wort 管家 guanjia (der Hausverwalter) und als Wort in der Wortgruppe 管家 guan jia (den Haushalt verwalten), 拉 la je als Morphem und Wort im Wort 拉手 lashou (der Griff) und in der Wortgruppe 拉手 la shou (die Hand ziehen).

Neben vielen solchen völlig gleichförmigen Wörtern und Wortgruppen gibt es im Chinesischen zahlreiche zweisilbige Wörter und Wortgruppen, deren unterschiedliche Spracheinheiten durch gleichförmige Morpheme und Wörter bestimmt werden, z.B. 黑 hei als Morphem in Wörtern 黑板 heiban (die Tafel), 黑人 heiren (anonymer Mensch), 黑话 heihua (Jargon oder Geheimsprache), 黑手 heishou (der Dunkelmann), 黑钱 heiqian (unehrliches Geld), 黑心 heixin (boshaftig, tückisch oder die Boshaftigkeit), 黑信 heixin (anonymer Schmähbrief) und 黑 hei als Wort in der Wortgruppe: 黑墙 hei qiang (die schwarze Mauer), 黑纸 hei zhi (das schwarze Papier), 黑布 hei bu (der schwarze Stoff), 黑线 hei xian (das schwarze Garn). Die völlig unterschiedlichen Bedeutungen der hier mit 黑 hei gebildeten Wörter sind eben damit zu erklären, daß dem Morphem 黑 hei eine identische Bedeutung von schwarz-anonym-unehrlich und ähnlichem zugrunde liegt.

Ähnlich ist es auch bei dem einsilbigen Sprachzeichen 白 bai, das mehr als zehn Grundbedeutungen hat, also mehrere homonyme bzw. polyseme Morpheme bzw. Wörter repräsentiert. Um die verschiedenen Bedeutungen von 白 bai ausdrücken zu können, muß 白 bai unterschiedlich kombiniert werden und unterschiedliche syntaktische Funktionen übernehmen. 白 bai wird beispielsweise in Wörtern wie 白菜 baicai

(Chinakohl), 白卷 baijuan (unausgefüllter Prüfungsbogen) 白字 baizi (falsches Schriftzeichen), 白搭 baida (umsonst, erfolglos), 白军 baijun (reaktionäre Armee) usw. als Morphem bezeichnet, nur weil es sich bei diesen Wörtern um eine synthetische Bedeutung der beiden Morpheme handelt. Eine willkürliche Trennung der beiden Morpheme bzw. Hinzufügung zusätzlicher Sprachelemente zwischen den beiden Morphemen führt entweder zur Änderung der ursprünglichen Bedeutung oder gar zur lexikalischen und syntaktischen Unverständlichkeit. Dagegen wird 白 bai in folgenden Wortgruppen 白旗 bai qi (weiße Fahne), 白布 bai bu (weißer Stoff), 白纸 bai zhi (weißes Papier), 白线 bai xian (weißes Garn) als selbständiges Wort angesehen. Der Grund dafür ist, daß es sich bei diesen Wortgruppen statt einer synthetischen Bedeutung der beiden Morpheme um zwei verschiedene Bedeutungen handelt. Zwischen zwei Wörtern dieser Wortgruppen können andere Sprachelemente hinzugefügt werden, d.h. man kann diese zweisilbigen Wortgruppen durch Hinzufügung zusätzlicher Sprachelemente entsprechend verlängern, ohne aber ihre Bedeutungen zu ändern, z.B. 白旗 bai qi kann durch 白的旗 bai de qi ersetzt werden, 白布 bai bu gleicht 白颜色的布 bai yanse de bu. Hier ist das Kriterium "synthetische Bedeutung" für die Unterscheidung der chinesischen zweisilbigen Wörter und zweisilbigen Wortgruppen relevant. Dieses einzige und für die üblichen Fälle gültige Kriterium wird jedoch oft dadurch in Frage gestellt, daß zwischen zwei Morphemen der Wörter mit der sogenannten Verb-Objekt-Konstruktion doch gewisse zusätzliche Sprachelemente eingefügt werden können, ohne aber ihren Wortcharakter zu ändern, z.B. 告别 gaobie (sich verabschieden), 负责 fuze (verantworten) usw. Man kann ohne weiteres zwischen zwei Morpheme dieser Wörter gewisse sprachliche Elemente einfügen, z.B. 对此他负不了责 dui ci ta fu bu liao ze (Er kann dafür keine Verantwortung tragen.). Diese streng genommen grammatikwidrigen Sätze werden so häufig verwendet, daß sie nicht mehr als grammatisch inkorrekt angesehen werden.

Die wesentliche Ursache für die grammatische Mehrdeutigkeit der chinesischen Spracheinheiten Wort und Wortgruppe liegt u.a. in den ähnlichen Konstruktionsweisen der beiden Spracheinheiten. Das chinesische zweisilbige Wort und die chinesische zweisilbige Wortgruppe weisen ähnliche Bildungstypen auf. Neben einigen wenigen Wortbildungstypen (darunter z.B. Derivation im Sinne der Wortbildung mit den wenigen

chinesischen Affixen) werden die meisten chinesischen zweisilbigen
Wörter aus zwei einzelnen Morphemen gebildet. Es bestehen verschiedenartige syntaktische Konstruktionen zwischen zwei Morphemen der
jeweiligen Wörter, z.B. Subjekt-Prädikat-Konstruktion wie bei 日出
richu (der Sonnenaufgang), 日落 riluo (der Sonnenuntergang), 心酸
xinsuan (traurig), 眼红 yanhong (neidisch) usw. Verb-Objekt-Konstruktion wie bei 顶针 dingzhen (der Fingerhut), 开心 kaixin
(erfreut sein), 接吻 jiewen (küssen), 吃力 chili (mühsam) usw.,
Verb-Komplement-Konstruktion wie bei 跳高 tiaogao (der Hochsprung),
推翻 tuifan (stürzen), 澄清 chengqing (klären), 打倒 dadao
(niederschlagen) usw., koordinierende Konstruktion wie bei 泥土 nitu
(die Erde), 道路 daolu (der Weg), 离别 libie (der Abschied), 开关
kaiguan (der Schalter), 上下 shangxia (ungefähr), 早晚 zaowan
(früher oder später), 手脚 shoujiao (die Freiheit), 国家 guojia
(der Staat) usw., subordinierende Konstruktion wie bei 铁路 tielu
(die Eisenbahn), 黑板 heiban (die Tafel), 红茶 hongcha (der schwarze
Tee), 黄油 huangyou (die Butter) usw.

Komplizierterweise werden die meisten chinesischen Wortgruppen außer
den präpositionalen Wortgruppen und den chinesischen spezifischen
Ortssubstantivgruppen auf ähnliche Weise wie die Wörter gebildet. Dadurch wird die Unterscheidung der chinesischen Wörter und Wortgruppen
sehr erschwert. Sehr oft kann man ohne Kontext nicht genau feststellen,
ob es sich dabei um ein Wort oder eine Wortgruppe handelt, weil sie
identische Konstruktionen aufweisen. Wie oben erwähnt, besteht die
Möglichkeit der Unterscheidung der gleichförmigen Wörter und Wortgruppen lediglich darin, daß man bei den jeweiligen Wortgruppen bestimmte andere Elemente hinzufügen kann, wie z.B. beim Wort 跳高
tiaogao im Satz 跳高是个很难掌握的体育项目 tiaogao shi yi ge
hen nan zhangwo de tiyu xiangmu (Der Hochsprung ist eine schwer zu
beherrschende Sportart.) und die gleichförmige Wortgruppe im Satz 他
跳得很高 ta tiao de hen gao (Er springt sehr hoch.). Im folgenden
werden einige durch identische Konstruktionsweisen gebildete chinesische zweisilbige Wörter und Wortgruppen zur Veranschaulichung nebeneinander gestellt:

1. Subjekt-Prädikat-Konstruktion:
    a) Wort: 花生   huasheng (Erdnuß)
                    心酸   xinsuan (traurig)
                    手续   shouxu (Formalität)
                    风凉   fengliang (ironisch)
    b) Wortgruppe: 花开   hua kai (die Blumen blühen auf)
                    心疼   xin teng (das Herz tut weh)
                    手巧   shou qiao (fingerfertig)
                    风凉   feng liang (der Wind ist kalt)

2. Verb-Objekt-Konstruktion:
    a) Wort: 管家   guanjia (der Hausverwalter)
                    顶针   dingzhen (der Fingerhut)
                    关心   guanxin (sich kümmern um ...)
                    挠头   naotou (heikel)
                    吹牛   chuiniu (große Worte machen)
                    开心   kaixin (erfreut sein)
    b) Wortgruppe: 管家   guan jia (den Haushalt verwalten)
                    顶门   ding men (die Tür stützen)
                    关门   guan men (die Tür schließen)
                    挠头   nao tou (den Kopf kratzen)
                    吹号   chui hao (Trompete blasen)
                    开门   kai men (die Tür öffnen)

3. Verb-Komplement-Konstruktion:
    a) Wort: 跳高   tiaogao (der Hochsprung)
                    跳远   tiaoyuan (der Weitsprung)
                    推迟   tuichi (verschieben)
    b) Wortgruppe: 跳高   tiao gao (hoch springen)
                    跳远   tiao yuan (weit springen)
                    推走   tui zou (wegschieben)

4. koordinierende Konstruktion:
    a) Wort: 泥土   nitu (die Erde)
                    天地   tiandi (der Bereich)
                    春秋   chunqiu (die Geschichte)
                    大小   daxiao (die Größe)
                    开关   kaiguan (der Schalter)
    b) Wortgruppe: 泥土   ni tu (der Schlamm und die Erde)
                    天地   tian di (der Himmel und die Erde)

春秋 chun qiu (der Frühling und der Herbst)
大小 da xiao (groß und klein)
开关 kai guan (einschalten und ausschalten)

5. subordinierende Konstruktion:
   a) Wort:
   铁路 tielu (die Eisenbahn)
   白菜 baicai (der Chinakohl)
   红茶 hongcha (der schwarze Tee)
   黄油 huangyou (die Butter)
   黑板 heiban (die Tafel)

   b) Wortgruppe:
   铁床 tie chuang (das Metallbett)
   白布 bai bu (der weiße Stoff)
   红花 hong hua (die rote Blume)
   黄蜡 huang la (die gelbe Kerze)
   黑墙 hei qiang (die schwarze Mauer)

Die einzige Möglichkeit, die oben angeführten strukturell analogen Wörter und Wortgruppen als Spracheinheiten voneinander zu unterscheiden, besteht nur darin, festzustellen, ob zwischen zwei Bestandteilen der jeweiligen Wörter bzw. Wortgruppen andere Elemente eingefügt werden können oder nicht; wenn ja, handelt es sich dabei um eine chinesische Wortgruppe, wenn nicht, ist es ein Wort. In vielen Fällen ist die Unterscheidung ganz auf den Kontext angewiesen. Ohne Kontext kann man oft nicht genau feststellen, ob es sich dabei um ein Kompositum oder um eine Phrase bzw. eine Wortgruppe handelt.

Die grammatische Mehrdeutigkeit ist im Chinesischen nicht nur auf die unterschiedlichen Spracheinheiten beschränkt, sie ist durchaus bei der Konstruktion ein und derselben Spracheinheit leicht festzustellen. Das führt dazu, daß man oft die syntaktischen Beziehungen zwischen den Bestandteilen der jeweiligen chinesischen Wortgruppen nicht feststellen kann. Die hauptsächlichen grammatischen Mittel zur Wort- bzw. Wortgruppenbildung im Chinesischen sind die sogenannten Funktionswörter bzw. grammatischen Wörter sowie Morphem- bzw. Wortstellung. Sehr oft werden die unterschiedlichen syntaktischen Beziehungen zwischen den jeweiligen Wortgruppen durch Funktionswörter verdeutlicht. Durch die Konjunktion 和 he und die strukturelle Partikel 的 de werden beispielsweise die folgenden Wortgruppen deutlich voneinander unterschieden 孩子和爸爸 haizi he baba (das Kind und der Vater), 孩子的爸爸 haizi de baba (der Vater des Kindes), 老师和学生 laoshi he xuesheng (der Lehrer und der Schüler), 老师的学生 laoshi de xuesheng (der Schüler des Lehrers). Aber dadurch, daß in vielen Fällen die jeweiligen Funktionswörter entweder aus ökonomischen oder stilistischen Gründen in solchen Wortgruppen eliminiert sind, entsteht häufig die grammatische Mehrdeutigkeit ein und derselben Wortgruppe, z.B. bei 孩子爸爸 haizi baba. Wenn es sich um den Satz 孩子爸爸上班去了 haizi baba shangban qu le handelt, wird darunter in der Regel eine subordinierende Beziehung verstanden, und der Satz wird inhaltlich als "Der Vater des Kindes ist zur Arbeit gegangen." aufgefaßt. Dagegen wird die syntaktische Beziehung zwischen 孩子 haizi und 爸爸 baba im Satz 孩子爸爸身体都好 haizi baba shenti dou hao als koordinierend bezeichnet, und der Satz wird inhaltlich entsprechend als "Beiden, dem Kind und dem Vater geht es gesundheitlich gut." verstanden. Die inhaltliche Eindeutigkeit wird hier durch das Adverb 都 dou (beide) gewährleistet. Das gilt auch für ähnliche mehrdeutige Wortgruppen wie 花生糖 huasheng tang (Erdnuß und Bonbons oder Bonbons aus Erdnuß), 牛奶面包 niunai mianbao (Milch und Brot oder Milchbrot), 电影歌曲 dianying gequ (der Film und das Lied oder das Filmlied), 商品广告 shangpin guanggao (das Produkt und der Prospekt oder Prospekt des Produktes), 铁路警察 tielu jingcha (die Eisenbahn und die Polizei oder die Eisenbahnpolizei) usw. Je nachdem, welche Funktionswörter eingefügt werden, entstehen unterschiedliche syntaktische Beziehungen zwischen den einzelnen Bestandteilen der jeweiligen Wortgruppen.

Die oben genannte grammatische Mehrdeutigkeit der Wortgruppe, die durch das Fehlen der Funktionswörter verursacht worden ist, kann im Deutschen nicht auftauchen, weil die syntaktischen Beziehungen zwischen den einzelnen Wörtern der jeweiligen Wortgruppen sowohl durch morphologische als auch graphematische Merkmale verdeutlicht werden. Man setzt im Deutschen entweder die beiden Wörter wie "Eier" und "Nudel" zu einem Kompositum "Eiernudel" oder man fügt bestimmte Konjunktionen wie "und" oder "oder" hinzu wie "Eier und Nudel" oder "Eier oder Nudel". Ein bloßes Nebeneinanderstehen von "Eier" und "Nudel" mit phonologischer bzw. graphematischer Lücke ist beim deutschen Kompositum nicht möglich, z.B. * "Eier Nudel".

Eine weitere grammatische Mehrdeutigkeit, die durch identische Konstruktionen hervorgerufen wird, besteht zwischen der chinesischen spezifischen Subjekt-Prädikat-Wortgruppe und dem gleichförmigen einfachen Satz. Angesichts des Mangels an bestimmten grammatischen Mitteln muß man die jeweiligen Sachverhalte, die im Deutschen gewöhnlich durch bestimmte Infinitivgruppen oder Nebensätze ausgedrückt werden, im Chinesischen nur durch die sogenannte Subjekt-Prädikat-Wortgruppe ausdrücken, die sich aber der Konstruktion nach überhaupt nicht von dem gleichförmigen Satz unterscheiden. Die folgenden Sprachkonstruktionen können ohne Kontext sowohl als Wortgruppe wie auch als einfache Sätze betrachtet werden:

他帮助你 ta bangzhu ni (er hilft dir oder daß er dir hilft)
老师批评他 laoshi piping ta (der Lehrer tadelt ihn oder daß der Lehrer ihn tadelt)
我喜欢这本书 wo xihuan zhe ben shu (ich mag dieses Buch oder daß ich dieses Buch mag)

Nur wenn man den Kontext ändert, bzw. die Konstruktionen durch weitere Elemente ergänzt und verlängert, kann man erst erkennen, ob es sich dabei um einen vollständigen Satz oder um eine Wortgruppe bzw. ein bestimmtes Satzglied handelt, z.B.:

他帮你我很高兴。 ta bangzhu ni wo hen gaoxing
(Ich bin sehr froh, daß er dir hilft.)
老师批评他是对的。 laoshi piping ta shi dui de
(Es ist richtig, daß der Lehrer ihn tadelt.)
他知道我喜欢这本书。 ta zhidao wo xihuan zhe ben shu
(Er weiß, daß ich dieses Buch mag.) [1]

Für die Identifikation bzw. Unterscheidung der beiden Spracheinheiten ist hier wieder der Kontext entscheidend.

Die grammatische Mehrdeutigkeit der unterschiedlichen Spracheinheiten führt manchmal auch zur großen Schwierigkeit bei der syntaktischen Analyse des chinesischen Satzes. Zunächst kann man wegen des Fehlens an morphologischen Merkmalen der chinesischen Wörter ziemlich schwer die unterschiedlichen hierarchischen Stufen der chinesischen Satzstruktur erkennen. Es gibt beispielsweise im Chinesischen eine Reihe von mehrgliedrigen Wortgruppen, die zwar die gleiche Oberflächenstruktur aufweisen, deren Tiefenstrukturen aber unterschiedlich aufzufassen sind.

---

1) Zur Identifikation von Wortgruppe und Satz vgl. Anhang 1.

Das entscheidende Problem dabei ist, daß man oft nicht weiß, wie
man durch eine binäre Teilung die Tiefenstrukturen der jeweiligen
chinesischen Wortgruppen hierarchisch analysieren kann. Je nach
unterschiedlichen Analyseverfahren lassen sich unter ein und derselben Struktur unterschiedliche Bedeutungen verstehen. Die Oberflächenstruktur der chinesischen Wortgruppe 想念孩子的母亲
xiangnian haizi de muqin hat zwei Tiefenstrukturen und kann inhaltlich entsprechend unterschiedlich verstanden werden. Diese Wortgruppe
besteht aus drei verschiedenen Elementen, nämlich aus dem Verb 想念
xiangnian (denken), den Substantiven 孩子 haizi (das Kind) und 母亲
muqin (die Mutter) sowie aus der strukturellen Partikel 的 de. Je
nachdem, wie man diese Wortgruppe hierarchisch analysiert, und zwar
welches von den drei Elementen man als Bezugswort bestimmt, erhält man
ganz unterschiedliche syntaktische Beziehungen zwischen diesen Elementen. Wenn man eine binäre Teilung zwischen 想念孩子的 xiangnian haizi de und 母亲 muqin vornimmt, entsteht zwischen zwei Teilen
dieser Wortgruppe eine subordinierende Beziehung. 母亲 muqin ist
damit das Bezugswort für die ganze Wortgruppe. 想念孩子的
xiangnian haizi de wird zusammen als Attribut zu 母亲 muqin angesehen.
Somit wird die Wortgruppe inhaltlich entsprechend wie folgt übersetzt:
"die an das Kind denkende Mutter" oder "die Mutter, die an das Kind
denkt". Wenn man dagegen eine Trennung zwischen 想念 xiangnian und
孩子的母亲 haizi de muqin vornimmt, so entsteht zwischen den
beiden Teilen derselben Wortgruppe wieder eine Verb-Objekt-Beziehung.
Statt 母亲 muqin ist hier das Verb 想念 xiangnian das Bezugswort
der ganzen Wortgruppe, während 孩子的母亲 haizi de muqin zusammen
als Objekt fungiert. Wenn man noch eine weitere Trennung zwischen 孩子的
haizi de und 母亲 muqin vornimmt, so ist die syntaktische Beziehung
als subordinierend zu bezeichnen. 孩子的 haizi de ist Attribut zu
母亲 muqin. Die ganze Wortgruppe ist dementsprechend folgendermaßen
zu übersetzen:"an die Mutter des Kindes denken". Bei der ersten Teilung
ist 母亲 muqin Agens, das die Handlung 想念 xiangnian ausführt, während es bei der zweiten Teilung Patiens bzw. Objekt der Handlung 想念
xiangnian darstellt. Das gilt auch für viele ähnliche chinesische Wortgruppen wie 等待他的朋友 dengdai ta de pengyou (der Freund, der
auf ihn wartet, oder auf seinen Freund warten), 保卫祖国的人民 baowei zuguo de renmin (das Volk, das das Vaterland verteidigt, oder das

Volk des Vaterlandes verteidigen), 询问学生的老师 xunwen xuesheng de laoshi (der Lehrer, der den Schüler fragt, oder den Lehrer des Schülers fragen) usw. Diese Wortgruppen sind insofern mehrdeutig, als es sich bei den Wörtern 朋友 pengyou (der Freund), 人民 renmin (das Volk), 老师 laoshi (der Lehrer) in der Regel um ein handlungsfähiges Lebewesen handelt. Wenn man sie durch Wörter wie 消息 xiaoxi (die Nachricht), 边境 bianjing (die Grenze), 地址 dizhi (die Adresse) ersetzt, wird die Mehrdeutigkeit aufgehoben, weil die mit diesen Wörtern gemeinten Dinge nicht handlungsfähig sind. Es handelt sich bei solchen Wortgruppen um die Mehrdeutigkeit, die sowohl syntaktisch als auch lexikalisch bedingt ist.

Die syntaktische Ursache der Mehrdeutigkeit dieser Wortgruppen liegt in den sich überkreuzenden Beziehungen zwischen den einzelnen Teilen dieser Wortgruppen. Das Verb 想念 xiangnian in der Wortgruppe 想念孩子的母亲 xiangnian haizi de muqin kann sich sowohl auf das Wort 孩子 haizi als auch auf das Wort 母亲 muqin beziehen. Die Eindeutigkeit der inhaltlich entsprechenden Wortgruppe im Deutschen wird in den meisten Fällen allein durch morphologische Merkmale gewährleistet, z.B. "die an das Kind denkende Mutter oder an die Mutter des Kindes denken". Die konkreten Bedeutungen solcher chinesischen mehrdeutigen Wortgruppen können nur durch Hinzufügung weiterer Sprachelemente oder in bestimmten Sätzen verdeutlicht werden.

Eine vergleichbare grammatische Mehrdeutigkeit besteht auch in einigen wenigen chinesischen einfachen Sätzen. Man kann z.B. unter der gleichen Oberflächenstruktur des Satzes 老师表扬他是对的 laoshi biaoyang ta shi dui de zwei unterschiedliche Tiefenstrukturen verstehen, und zwar a) "Der Lehrer lobt, daß er recht hat.", b) "Es ist richtig, daß der Lehrer ihn lobt.". Die Mehrdeutigkeit ist wieder auf die sich überkreuzenden Beziehungen zwischen den einzelnen Teilen des Satzes zurückzuführen. Wenn man eine strukturelle Trennung zwischen 老师表扬 laoshi biaoyang (der Lehrer lobt) und 他是对的 ta shi dui de (er hat recht) macht, handelt es sich dann um zwei chinesische Subjekt-Prädikat-Wortgruppen, die zusammen einen Satz konstruieren, wobei die zweite Subjekt-Prädikat-Wortgruppe das Objekt vom Verb "loben" darstellt. Wird die Trennung jedoch zwischen 老师表扬他 laoshi biaoyang ta (der Lehrer lobt ihn) und 是对的 shi dui de (ist richtig), vorgenommen, so handelt es sich im ersten Teil immer um eine Subjekt-Prädikat-Wortgruppe, die das Subjekt des Satzes darstellt, während 是这的 shi dui de als Prädikat zum ganzen Satz fungiert.

Da die grammatische Mehrdeutigkeit der unterschiedlichen Spracheinheiten im Chinesischen hauptsächlich auf identischen Konstruktionsweisen basiert, gilt es als äußerst unzuverlässig, daß man allein aufgrund der sprachlichen Konstruktionen die jeweiligen Spracheinheiten und die mit ihnen ausgedrückten Bedeutungen feststellt. Statt dessen muß man mehr Wert auf die syntaktischen Beziehungen zwischen den Bestandteilen der jeweiligen Spracheinheiten legen.

2. Wichtige grammatische Mittel zum Ausdruck syntaktischer Beziehungen im Deutschen und im Chinesischen

2.1. Klassifikationskriterien der Wortarten im Deutschen und im Chinesischen

Entsprechend den großen sprachtypologischen Unterschieden zwischen dem Deutschen und dem Chinesischen werden in beiden Sprachen unterschiedliche grammatische Mittel verwendet. Für die Wortart-Klassifikation des Deutschen und des Chinesischen gibt es aber durchaus ähnliche bzw. vergleichbare Kriterien. Trotz der unterschiedlichen Funktionsweisen und Verwendungsmöglichkeiten der Einzelkriterien bei der Wortart-Klassifikation kann man grundsätzlich drei Kriterien für beide Sprachen verwenden: das semantische, das morphologische und das syntaktische Kriterium. Gleichzeitig ist aber zu betonen, daß die drei genannten Kriterien für die Wortart-Klassifikation beider Sprachen von unterschiedlichem Gewicht sind. Im Deutschen bildet jedes der drei Kriterien - trotz gewisser Unzulänglichkeiten - ein selbständiges System, mit dem deutsche Grammatiker und ausländische Germanisten zu arbeiten versuchen. Die meisten chinesischen Grammatiker stimmen - nach langjährigem Streit - darin überein, die chinesischen Wortarten überwiegend nach der Kombinierbarkeit der Wörter zu bestimmen. Die Kombinierbarkeit der Wörter gehört für viele Experten zum morphologischen System, andere jedoch ordnen sie dem syntaktischen zu.
Wegen des synthetischen Charakters der deutschen Sprache können syntaktische Beziehungen in vielfacher Weise durch wortinterne Flexion zum Ausdruck gebracht werden. Im Chinesischen ist dies nur in beschränktem Maße möglich. Im Chinesischen gibt es nur eine sehr geringe Anzahl von Wörtern, die wortinterne morphologische Kennzeichen besitzen. [1]

Diese Feststellung soll nicht besagen, daß mit jedem der drei Kriterien

---

[1] Die morphologischen Kennzeichen der chinesischen Wörter dürfen allerdings nur im übertragenen Sinne verstanden werden.

im Deutschen alle Probleme der Wortart-Klassifikation gelöst werden können. Das Gegenteil ist der Fall. Obwohl viele deutsche Grammatiker in der jüngsten Zeit versuchen, die deutschen Wörter lediglich nach einem einzigen Kriterium zu klassifizieren, kam man zu keinem befriedigenden Ergebnis. [1] Angesichts der Unzulänglichkeit des einzelnen Kriteriums hat die Mehrheit der deutschen Grammatiker und der ausländischen Germanisten zwangsläufig alle drei Kriterien bei der deutschen Wortart-Klassifikation verwendet. Unterschiedliche Ergebnisse waren dabei naturgemäß unvermeidbar. Es ist nicht die Aufgabe dieser Arbeit, zu beurteilen, ob die Verwendung eines einzigen Kriteriums oder mehrerer Kriterien von Vorteil ist. Für eine Kontrast-Analyse ist es jedoch sinnvoll zu wissen, inwiefern die einzelnen Kriterien bei der Wortart-Klassifikation anwendbar sind.

Hier seien die einzelnen vergleichbaren Kriterien zur Wortart-Klassifikation in beiden Sprachen in groben Zügen einander gegenübergestellt. Die Gegenüberstellung möge die unterschiedlichen Funktionsweisen und Verwendungsmöglichkeiten der Kriterien in beiden Sprachen erhellen.

2.1.1. Gemeinsamkeiten und Unterschiede im Hinblick auf das semantische Kriterium

Man kann sowohl im Deutschen als auch im Chinesischen Wörter nach dem semantischen Kriterium klassifizieren. In beiden Sprachen "findet die Welt der Dinge ihren sprachlichen Niederschlag in den Dingwörtern (Substantiven), finden die Eigenschaften in den Eigenschaftswörtern (Adjektiven), die Tätigkeiten in den Tätigkeitswörtern (Verben), die örtlich-zeitlich-logischen Beziehungen in den Umstandswörtern (Adverbien), den Verhältniswörtern (Präpositionen) und Bindewörtern (Konjunktionen)." [2] Demnach kann man die deutschen und chinesischen Wörter,

---

1) Hier wäre eine Fülle von Literatur zu nennen; der Abkürzung halber verweise ich auf die Stichwörter "Wortart", "Wortklasse" und "Wortartwechsel" in "P. Althaus/H. Henne/H.E. Wiegand (Hrsg.): Lexikon der Germanistischen Linguistik", Tübingen. Ferne u.a. auf "C. Knobloch,: Wortarten und Satzglieder. Theoretische Überlegungen zu einem alten Problem, in: Germanistik - Internationales Referatenorgan mit bibliographischen Hinweisen, 31. Jg. 1990/3, Niemeyer.

2) Stepanowa, M.D., Helbig, G. (1981): Wortarten und das Problem der Valenz in der deutschen Gegenwartssprache, Leipzig. S. 24.

welche die vielfältigen Erscheinungsformen der Außenwelt sprachlich nachbilden,[1] je nach ihren unterschiedlichen semantischen kategorialen Bedeutungen in verschiedene Wortarten einteilen. Inhaltlich analoge Wörter im Deutschen und im Chinesischen sind in gleicher Weise zu bestimmen: "der Berg" 山 shan, "der Fluß" 河 he, "der Tisch" 桌子 zhuozi sind Dingwörter, "gut" 好 hao, "groß" 大 da, "schön" 美丽 meili sind Eigenschaftswörter, "arbeiten" 工作 gongzuo, "lernen" 学习 xuexi, "üben" 练习 lianxi sind Tätigkeitswörter in beiden Sprachen. Mehr und mehr kommt die Wissenschaft zu der Erkenntnis, daß eine derartige Wortart-Klassifikation nach dem semantischen Kriterium bzw. nach der Gleichsetzung der Realität mit den sprachlichen Formen problematisch und inadäquat ist, weil in beiden Sprachen eine direkte eindeutige Verbindung von Realität und sprachlichen Formen - abgesehen von sehr einfachen Beispielen wie oben zitiert - eben doch nicht existiert. "Wortarten ergeben sich nicht mehr unmittelbar und direkt aus der Sachbedeutung der Wörter, sondern aus der verallgemeinerten Bedeutung, wie sie im Prozeß des menschlichen Denkens entsteht."[2] Nicht nur im Deutschen, sondern auch im Chinesischen bezeichnen die ´Tätigkeitswörter` keineswegs nur Tätigkeiten, ´Dingwörter` keineswegs nur Dinge, ´Eigenschaftswörter`keineswegs nur Eigenschaften. Die Dingwörter sind auch Wörter, die vom Denken als ´Dinge` oder ´Größe` gefaßt oder abgebildet werden, die Adjektive sind auch nicht mehr einfach Wörter, die Eigenschaften bezeichnen, sondern Wörter, die bestimmte Sachverhalte als Eigenschaften fassen bzw. darstellen.[3]

Mit dieser Erkenntnis wird ein wichtiger Aspekt des semantischen Kriteriums hervorgehoben; sie erweitert die Verwendungsmöglichkeit des semantischen Kriteriums zur Wortart-Klassifikation erheblich, weil damit die Wortarten nicht mehr mit den außersprachlichen Beziehungen (im Sinne des semantischen Kriteriums A), wohl aber weitgehend mit den Kategorien des menschlichen Denkens gleichgesetzt werden.[4] Man kann z.B. auf dieser Basis eine Menge deutscher und chinesischer Wörter, die

---

1) Vgl. Stepanowa, M.D., Helbig, G. (1981), a.a. O., S. 24.
2) Stepanowa, M.D., Helbig, G. (1981), a.a. O., S. 45.
3) Vgl. Stepanowa, M.D., Helbig, G. (1981), a.a. O., S. 45.
4) Vgl. Stepanowa, M.D., Helbig, G. (1981), a.a. O., S. 46.

lexikalisch-semantisch sich stark voneinander unterscheiden, anhand
ihrer kategorial abstrakten Bedeutungen, welche die semantische Bedeutung der Wörter überlagern, in jeweils gemeinsame Wortarten einteilen. Hier sind einige Beispiele:

Substantive:

| der Mut | - 勇气 yongqi | der Kampf | - 斗争 douzheng |
| der Wunsch | - 愿望 yuanwang | die Liebe | - 爱情 aiqing |

Verben:

| schreiben | - 写 xie | lernen | - 学习 xuexi |
| arbeiten | - 工作 gongzuo | singen | - 唱歌 changge [1] |

Adjektive:

groß - 大 da   rot - 红 hong   damalig - 以前 yiqian

Im Unterschied zu den entsprechenden deutschen Wörtern werden die oben
angeführten chinesischen Wörter nur deswegen bestimmten Wortarten zugeordnet und jeweils als Substantiv, Verb und Adjektiv bezeichnet, weil
sie gleiche abstrahierte Bedeutungen ausdrücken. Die einzelnen Wörter
selbst haben jedoch keinerlei morphologische Merkmale zur Unterscheidung
bzw. Identifikation der Wortarten. Ohne Kontext kann man oft nicht klar
feststellen, ob es sich dabei um ein Substantiv, ein Verb oder gar ein
Adjektiv handelt. Im Gegensatz dazu werden die entsprechenden deutschen
Wörter, die aufgrund ihrer abstrahierten semantischen Bedeutungen jeweils
als Substantive, Verben und Adjektive bestimmt werden, eindeutig durch
unterschiedliche morphologische Merkmale gekennzeichnet.

Trotz des neuen Aspektes des semantischen Kriteriums, und zwar der
Abstrahierung der semantischen Bedeutungen der jeweiligen deutschen
und chinesischen Wörter erweist sich dieses Kriterium in beiden Sprachen
als unzulänglich. Erstens bleibt es unklar, aufgrund welcher Erkenntnis
und nach welchen Gesichtspunkten die verschiedenartigen Klassifizie-
rungen durchgeführt werden. Viele deutsche und chinesische Wörter sind
rein semantisch oft zwei- oder mehrdeutig zu definieren. man kann nicht
widerspruchlos die kategoriale Zugehörigkeit vieler deutscher und chinesischer Wörter rein semantisch feststellen. Zweitens kann man nicht

---

[1] Im modernen Chinesischen kann 唱歌 changge sowohl als ein zweisilbiges Wort (Verb=singen) wie auch als eine zweisilbige Wortgruppe
(=Lied singen) betrachtet werden.

mit dem semantischen Kriterium alle deutschen und chinesischen Wörter restlos in die ihnen entsprechenden Wortarten einteilen. Man kann zwar in beiden Sprachen die Wörter, die mehr oder weniger lexikalisch-semantische Bedeutungen haben, auf der Abstraktionsebene je nach ihrer verallgemeinerten kategorialen Bedeutungen in verschiedene Wortarten einteilen, aber das betrifft im Grunde genommen nur einige Wortarten, wie Substantiv, Verb und Adjektiv. Wörter dagegen, die in beiden Sprachen kaum faßbare lexikalisch-semantische Bedeutungen haben, sondern nur grammatische Funktionen ausüben, wie z.B. Präpositionen und Konjunktionen, können vom semantischen Kriterium nicht differenzierter klassifiziert werden. Im Deutschen und im Chinesischen werden sie jeweils vom semantischen Kriterium in der etwas größeren Kategorie zusammengefaßt, und zwar in den deutschen "Relationswörtern" [1] und in den chinesischen "Leerwörtern". [2] Es ist kaum noch möglich, mit Hilfe des semantischen Kriteriums die Wörter innerhalb der deutschen Relationswörter und der chinesischen Leerwörter wortartmäßig präzise zu bestimmen und voneinander zu unterscheiden. Beispielsweise haben die deutschen und chinesischen Präpositionen und die gleichförmigen Konjunktionen wie "während" oder 因为 yinwei (weil oder wegen) gleiche semantische Bedeutung, unterscheiden sich aber in ihren unterschiedlichen syntaktischen Funktionen. Selbst diejenigen deutschen und chinesischen Wörter, die verallgemeinerte kategoriale Bedeutungen haben, sind rein semantisch nicht immer wortartmäßig einfach zu bestimmen, weil solche "kategorialen Bedeutungen indirekt Gegebenheiten der objektiven Realität widerspiegeln und deren Erscheinungen doch in verschiedenen Wortarten Widerspiegelung finden können." [3]

Daß das semantische Kriterium zur Wortart-Klassifikation im Deutschen und im Chinesischen trotz der oben genannten Gemeinsamkeiten unterschiedliche Verwendungsmöglichkeiten hat, ist darauf zurückzuführen, daß die Wortarten, die aufgrund der Funktion der Wörter in einem Satz gewonnen werden, im Deutschen und im Chinesischen morphologisch unterschiedlich fixiert sind. Im Deutschen wird der Wortart-Charakter

---

1) Vgl. Sommerfeldt, K.-E, Starke, G., Nerius, D., (1985), a.a. O., S. 48.
2) Vgl. Kupfer, P. (1979), a.a. O., S. 505.
3) Sommerfeldt, K.-E, Starke, G., Nerius, D., (1985), a.a. O., S. 44.

einiger mit Hilfe der Abstraktion gewonnenen Wortarten auch durch
entsprechende morphologische Merkmale gekennzeichnet. Die abstrahierte
kategoriale Bedeutung vieler deutscher Wörter läßt sich allein an
ihren morphologischen Merkmalen erkennen. Dagegen kann man die abstrahierte kategoriale Bedeutung der chinesischen Wörter wortartmäßig an keinerlei morphologischen Merkmalen erkennen. Das hat dazu
geführt, daß man im Chinesischen nach dem semantischen Kriterium oft
nicht weiß, welchen Wortarten die jeweiligen Wörter zuzuordnen sind.
Unter ein und demselben Wort wird oft Verschiedenes verstanden. Man
kann z.B. im Chinesischen eine Reihe von Wörtern, die bestimmte Tätigkeiten, Handlungen, Vorgänge oder Eigenschaften bezeichnen, sowohl in
ihren ursprünglichen semantischen Bedeutungen als auch in ihren abstrahierten Bedeutungen verstehen. Wörter wie 讨论 taolun (die Diskussion oder diskutieren), 发展 fazhan (die Entwicklung oder entwickeln), 困难 kunnan (die Schwierigkeit oder schwierig) lassen
sich wortartmäßig deswegen zweideutig verstehen, weil sie keine formalen Merkmale zur Wortart-Unterscheidung aufweisen.

Damit fehlt der chinesischen Wortart-Klassifikation nur nach dem semantischen Kriterium eine feste Basis. Die Verwendungsmöglichkeit
dieses Kriteriums wird folglich wesentlich beschränkt. Unter den heutigen chinesischen Grammatikern findet man kaum noch jemanden, der
versucht, rein nach dem semantischen Kriterium die Wortart-Klassifikation im Chinesischen durchzuführen.

2.1.2. Gemeinsamkeiten und Unterschiede im Hinblick auf das morphologische Kriterium

In bezug auf die Wortart-Klassifikation mit Hilfe des morphologischen
Kriteriums weisen das Deutsche und das Chinesische große Unterschiede
auf. Wegen der synthetischen Bauweise der deutschen Wörter kann man
im Deutschen einige Wortarten allein aufgrund ihrer wortinternen morphologischen Merkmale in verschiedene Wortarten einteilen. So lassen
sich z.B. alle Wörter, die konjugierbar sind, in die Wortart "Verb"
einteilen. Der Begriff "Deklination" bzw. "Deklinierbarkeit" gilt
zwar sowohl für die Wortart "Substantiv" als auch für die Wortarten
"Adjektiv" und "Pronomen", aber sie unterscheiden sich wiederum darin,
daß ein deutsches Substantiv neben seiner lexikalisch-semantischen Bedeutung, Dinge, Sachen, Lebewesen, Vorgänge, Zustände oder Sachverhalte,

die vom Denken als Dinge oder Größe aufzufassen und abzubilden sind, zu bezeichnen, artikelfähig ist und groß geschrieben werden muß. Die beiden anderen Wortarten "Adjektiv" und "Pronomen" können zwar beide auf ähnliche Weise dekliniert werden, aber das Adjektiv unterscheidet sich neben seiner semantischen Bedeutung ´Eigenschaftsbezeichnung` durch seine spezifisch morphologische Eigenschaft ´Komparation` deutlich vom Substantiv und Pronomen, während sich das Pronomen trotz seiner ähnlichen syntaktischen Funktion wie das Substantiv von diesem dadurch unterscheidet, daß es weder artikelfähig ist noch groß geschrieben werden darf.

Dieses auf den Flexionsformen beruhende Kriterium gilt im Deutschen als relativ zuverlässig. Es ist besonders wirksam für die Wortart-Unterscheidung bzw. Wortart-Identifikation vieler semantisch vergleichbarer Wörter, die durch das semantische Kriterium wortartmäßig oft nicht leicht voneinander zu trennen sind, z.B. ´der Schlaf`, ´schlafen`, ´das Spiel`, ´spielen`, ´die Treue`, ´treu`, ´der Fleiß`, ´fleißig` usw. Die Wortart-Modifizierung dieser semantisch ähnlichen Wörter wird deutlich durch morphologisch unterschiedliche Kennzeichen markiert. Im Vergleich zum semantischen Kriterium liegt der Vorteil des deutschen morphologischen Kriteriums darin, daß "einerseits klar und unbestreitbar ist, was unter diesem morphologischen Kriterium zu verstehen ist und wie es angewandt wird, daß andererseits die meisten Wortarten zweifelsfrei (und ohne subjektive Fehlerquellen) nach diesem Kriterium differenziert werden können." [1] "Eine vollständige Charakteristik einer Wortart läßt sich jedoch nicht allein auf einer verallgemeinerten grammatischen Bedeutung aufbauen. Eine Wortart muß darüber hinaus auch durch bestimmte formal-grammatische Merkmale gekennzeichnet sein. Ein solches Zusammenwirken von Bedeutung und Form ist für das Funktionieren einer Wortart im sprachlichen Kommunikationsprozeß notwendig." [2] In diesem Sinne ergänzen die Kategorialbedeutung und die morphologische Prägung der Wörter bei der deutschen Wortart-Klassifikation einander in relativ zufriedenstellendem Maße. Die morphologischen Kennzeichen der Wörter stellen eine noch festere Basis für die Wortart-Klassifikation als die

---

1) Stepanowa, M.D., Helbig, H., (1981), a.a. O., S. 44.
2) Sommerfeldt, K.-E, Starke, G., Nerius, D., (1985), a.a. O., S. 46.

semantische kategoriale Bedeutung dar.

Problematischer beim deutschen morphologischen Kriterium, dessen Vorteil auf der Flektierbarkeit der Wörter beruht, ist eben die Existenz einer Reihe von deutschen Wörtern, die nicht flektierbar sind und damit über keine Flexionsformen verfügen, wie z.B. alle deutschen Adverbien, Präpositionen, Konjunktionen, Partikel, Modalwörter usw. Bei der Klassifikation dieser Wörter versagt das morphologische Kriterium und stößt an seinen unüberschreitbare Grenze.

Im Vergleich zum Deutschen fehlt das Zusammenwirken von Bedeutung und Form im Chinesischen. Normalerweise kann man im Chinesischen die durch Abstrahierung der semantischen Bedeutungen der Wörter gewonnenen Wortarten durch keine ihnen entsprechenden morphologischen Merkmale untermauern. Wörter einiger Wortarten lassen sich zwar ähnlich wie im Deutschen wortartmäßig modifizieren, z.B. die Substantivierung des Verbs, des Adjektivs oder anderer Wortarten. Aber die Wortart-Modifizierung ist im Chinesischen im Unterschied zum Deutschen in der Regel durch keine morphologischen Merkmale gekennzeichnet.

Die analytische Bauweise der chinesischen Wörter ist so extrem, daß man in den meisten Fällen an einzelnen Sprachelementen nicht einmal erkennen kann, zu welchen Wortarten sie gehören. Deswegen kann eine Wortart-Klassifikation nach morphologischen Merkmalen im Chinesischen nur im übertragenen Sinne verstanden werden. Im weiteren bzw. im weitesten Sinne gibt es im Chinesischen auch einige wortbildende Elemente, die von den chinesischen Grammatikern, nicht ohne Meinungsverschiedenheiten, als Affixe bezeichnet werden und mit deren Hilfe man gewisse chinesische Wörter modifizieren kann. Es handelt sich dabei unter anderem um die wortbildenden Suffixe wie z.B. 头 tou, 子 zi, 儿 er, 者 zhe, 性 xing, 家 jia, 员 yuan, 化 hua, 生 sheng, 迷 mi, 丁 ding usw. [1] Als Suffixe haben sie ihre Haupt-

---

1) Zur Wortartenbestimmung von 子 zi und 儿 er vgl. Anhang 2.

funktion darin, die Wortart der mit ihnen gebildeten Wörter zu kennzeichnen. Da aber die Wörter im Chinesischen, die solche Suffixe als Wortart-Kennzeichen haben, am gesamten chinesischen Wortschatzbereich nur einen äußerst geringen Anteil haben und sich in der Regel nur auf das Substantiv beziehen, kann man damit die Klassifizierungsprobleme der chinesischen Wortarten nicht lösen.

Eine andere relativ häufig verwendete Methode zur Wortart-Klassifikation im Chinesischen beruht auf den wortexternen Veränderungsmerkmalen der chinesischen Wörter im übertragenen Sinne: Es gibt im modernen Chinesischen viele Wörter, deren Wortart-Charakter man neben anderen Überprüfungsmethoden durch unterschiedliche Verdopplungsformen dieser Wörter erkennen kann. Wie allgemein bekannt ist, werden eine große Anzahl von chinesischen Verben und Adjektiven aus zwei einzelnen Morphemen gebildet. Da sie keine formal erkennbaren Merkmale besitzen, wie sie für die deutschen Verben und Adjektive kennzeichnend sind, kann man oft ein zweisilbiges Verb und ein zweisilbiges Adjektiv nicht ohne weiteres voneinander unterscheiden. So kann man sich in vielen Fällen bei der Unterscheidung des zweisilbigen Verbs vom zweisilbigen Adjektiv unterschiedlicher Verdopplungsformen der Wörter bedienen. Ein chinesisches zweisilbiges Verb läßt sich nur nach der sogenannten ABAB-Form und ein zweisilbiges Adjektiv nur nach der AABB-Form verdoppeln. Um dies verständlicher darzustellen, nehmen wir das chinesische zweisilbige Verb 整理 zhengli (ordnen, aufräumen) und das zweisilbige Adjektiv 整齐 zhengqi (ordentlich) als Beispiel. Es bestehen keine direkten äußerlichen Merkmale, wonach man die beiden Wörter wortartmäßig voneinander unterscheiden kann. Um aber ihren Wortart-Charakter zu identifizieren, kann man sie zunächst durch unterschiedliche Verdopplungsformen überprüfen. Man merkt dann, daß sich die beiden Wörter unterschiedlichen Formen unterordnen. Das Wort 整理 zhengli kann nur nach der ABAB-Form verdoppelt werden, während das Wort 整齐 zhengqi nur die Form AABB annimmt. Durch diese unterschiedlichen Verdopplungsmöglichkeiten kann man im Chinesischen eine Reihe von zweisilbigen Verben und Adjektiven voneinander unterscheiden, z.B.:

Verben:

讨论 taolun (diskutieren), 批评 piping (kritisieren)
帮助 bangzhu (helfen) 休息 xiuxi (sich ausruhen)

Adjektive:

漂亮 piaoliang (schön, hübsch)   干净 ganjing (sauber)
暖和 nuanhuo (warm)   高兴 gaoxing (fröhlich)

Eine derartige chinesische Wortart-Klassifikation nach dem morphologischen Kriterium gilt als mangelhaft. Der Mangel ist dreifach bedingt:

1. Bei weitem nicht alle chinesischen zweisilbigen Verben und Adjektive lassen sich auf die oben dargestellte Weise verdoppeln. Verben wie 产生 chansheng (entstehen), 消失 xiaoshi (verschwinden), 取得 qude (erzielen), 战胜 zhansheng (besiegen); Adjektive wie 努力 nuli (fleißig), 迅速 xunsu (rasch), 庄严 zhuangyan (feierlich), usw. lassen sich weder in der Form ABAB, noch in der Form AABB verdoppeln.

2. Es gibt im Chinesischen viele zweisilbige Wörter, die durch beide Formen verdoppelt werden und damit verschiedenen Wortarten zugeordnet werden können, z.B. 热闹 renao als Verb 热闹热闹 renaorenao heißt etwa ´sich amüsieren`, als Adjektiv 热热闹闹 rerenaonao heißt etwa ´lebhaft`; das Wort 精神 jingshen als Verb 精神精神 jingshenjingshen heißt etwa ´sich aufmuntern`, als Adjektiv 精精神神 jingjingshenshen ´elegant`.

3. Der wesentliche Mangel dieser Verdopplungsmethode besteht darin, daß sie ein ausreichendes Sprachgefühl voraussetzt. Für die ausländischen Chinesisch-Lernenden, die noch nicht genügend Sprachgefühl haben und nicht in der Lage sind, zu entscheiden, welche der beiden Formen für die Verdopplung der chinesischen Wörter in Frage kommt, ist diese Methode des chinesischen morphologischen Kriteriums nicht von praktischem Verwendungswert.

Ein weiteres Prinzip zur Wortart-Klassifikation im Chinesischen nach dem morphologischen Kriterium ebenfalls im weiten Sinne, das mittlerweile von den meisten chinesischen Grammatikern trotz unterschiedlicher Meinungen darüber, ob es überhaupt als morphologisches oder syntaktisches Kriterium aufzufassen ist, als relativ wirksam erkannt und bei ihrer Wortart-Klassifikation häufiger verwendet wird, liegt in der Kombinierbarkeit der Wörter. Konkret ist damit gemeint, daß es im Chinesischen ähnlich wie im Deutschen Wörter gibt, die nur mit bestimmten Wörtern, nicht aber mit bestimmten anderen Wörtern zu einer größeren Spracheinheit kombiniert werden können. Sowohl im Deutschen

als auch im Chinesischen können z.B. die Substantive nicht direkt
von den jeweiligen, den Grad und das Ausmaß der Eigenschaften bezeichnenden Adverbien näher bestimmt werden:

falsch: *很桌子和椅子* hen zhuozi he yizi(*sehr Tisch und Stuhl)
尤其消息 youqi xiaoyi(*außerordentlich Nachricht)

Da aber die meisten deutschen Wörter, die ähnliche oder gleiche lexikalisch-semantische Bedeutungen haben, mehr oder weniger durch morphologische Merkmale gekennzeichnet sind, sind sie in ihrer Wortart-
Zugehörigkeit nicht so einfach miteinander zu verwechseln. Im Chinesischen sind die Wortarten vieler semantisch ähnlicher Wörter wegen
des Fehlens an morphologischen Merkmalen oft nicht voneinander zu
unterscheiden. Das führt dazu, daß Wörter mit ähnlicher oder gleicher
semantischer Bedeutung, die verschiedenen Wortarten angehören, auch ab und zu
von den Chinesen falsch verwendet werden. Beispielsweise sind die chinesischen Wörter 友谊 youyi (die Freundschaft) und 友好 youhao
(freundlich), 亲切 qinqie (liebevoll), 亲热 qinre (warmherzig),
美术 meishu (die bildende Kunst), 艺术 yishu (die Kunst oder
künstlerisch) von ihren lexikalisch-semantischen Bedeutungen her ähnlich,
aber sie werden von den chinesischen Grammatikern je nach ihren unterschiedlichen Kombinationsmöglichkeiten in verschiedene Wortarten eingeteilt. Durch die Überprüfung der Kombinierbarkeit bzw. Nichtkombi-
nierbarkeit kann man die Wörter 友谊 youyi und 美术 meishu zunächst
der Wortart Substantiv zuordnen, weil sie die für das chinesische Substantiv typischen Merkmale besitzen: 1. Kombinierbarkeit mit dem chinesischen
Zahl- und Zähleinheitswort, z.B. 一种友谊 yi zhong youyi (eine Art
Freundschaft), 一种美术 yi zhong meishu (eine Art bildende Kunst).
2. Kombinierbarkeit mit anderen Substantiven, z.B. 友谊商店 youyi
shangdian (der Freundschaftsladen), 美术作品 meishu zuopin (das
bildende Kunstwerk). 3. Nicht-Kombinierbarkeit mit Adverbien und dem
Negationswort 不 bu (nicht). Falsch ist z.B.*很友谊* hen youyi
(*sehr Freundschaft)* 不美术* * bu meishu (*nicht bildende Kunst).
Dagegen lassen sich die Wörter 亲切 qinqie, 亲热 qinre, 艺术 yishu
zunächst der Wortart Adjektiv zuordnen, weil sie für das chinesische
Adjektiv kennzeichnende Merkmale besitzen: 1. sie können direkt durch
die Adverbien 很 hen (sehr), 非常 feichang (außerordentlich) sowie
das Negationswort 不 bu näher bestimmt werden, z.B. 很亲切 hen qinqie (sehr liebevoll), 很亲热 hen qinre (sehr warmherzig), 不艺术 bu

yishu (nicht kunstvoll). 2. sie können als Attribut durch die
strukturelle Partikel 的 de mit dem Substantiv kombiniert werden,
z.B. 亲切的问候 qinqie de wenhou (liebevolle Grüße), 亲热的
谈话 qinre de tanhua (warmherziges Gespräch), 艺术的装饰
yishu de zhuangshi (kunstvolle Dekoration). 3. Als chinesisches
Adjektiv können sie ohne das kopulative Verb 是 shi (sein) direkt
als Prädikat fungieren.

Außerdem können die Wörter 亲热 qinre und 艺术 yishu je nach
anderen Kombinationsmöglichkeiten der Wortart Verb und der Wortart
Substantiv zugeordnet werden, weil sie in diesem Fall wiederum die
Merkmale eines chinesischen Substantivs und eines chinesischen Verbs
besitzen. Als Verb kann das Wort 亲热 qinre zunächst durch gewisse Aspekt-Partikel wie 着 zhe, 了 le und 过 guo bestimmt
werden, die im Chinesischen eine bestimmte Zeit und einen bestimmten
Aspekt widerspiegeln.[1] Ferner kann die Verbeigenschaft des Wortes
durch die vorhin erwähnte ABAB-Verdopplungsform überprüft werden.
Zuletzt kann das Wort 亲热 qinre als Verb wie alle chinesischen
Verben allein die Prädikatfunktion ausüben. Das Wort 艺术 yishu
kann insofern als Substantiv bezeichnet werden, als es a. von einem
Zähleinheitswort bestimmt werden und b. direkt mit einem anderen
Substantiv kombiniert werden und c. als Substantiv die Satzgliedfunktion von Subjekt, Objekt sowie die Satzgliedteil-Funktion eines
Attributes ausüben kann.

Damit haben wir die ähnlichen und unterschiedlichen Funktionsweisen
und Verwendungsmöglichkeiten des deutschen und des chinesischen
morphologischen Kriteriums zur Wortart-Klassifikation in einfacher
Weise gegenübergestellt. Man kann daran feststellen, daß das morphologische Kriterium im Deutschen und im Chinesischen unterschiedliche Qualität hat. Diese deutlich unterschiedliche Qualität der

---

[1] Zu 着 zhe, 了 le und 过 guo als Aspekt-Partikel vgl. Anhang 3.

deutschen und der chinesischen Morphologie ist eine der wichtigsten
Ursachen für die unterschiedliche Flexibilität deutscher und chinesischer Wörter, verschiedenen Wortarten zuzugehören und damit auch
unterschiedliche Funktionen auszuüben. Unter der relativ strengen
Einschränkung der deutschen Morphologie sind die deutschen Wörter
wesentlich weniger flexibel, verschiedenen Wortarten zuzugehören als
die chinesischen. Während die Flexibilität der Wortart-Zugehörigkeit
unter dem morphologischen Gesichtspunkt im Deutschen in der Regel nur
wenige Wortarten betrifft, die keine eindeutigen lexikalisch-semantischen Bedeutungen haben, sondern nur grammatische Funktionen ausüben,
und damit nur ein Randproblem darstellt, handelt es sich bei der Flexibilität der Wortart-Zugehörigkeit im Chinesischen um ein Zentralproblem.

2.1.3. Gemeinsamkeiten und Unterschiede im Hinblick auf das syntaktische Kriterium

Die deutsche und die chinesische Syntax sind verschieden; unterschiedlich ist daher auch die Verwendungsmöglichkeit des syntaktischen Kriteriums zur Wortart-Klassifikation. Im Deutschen wird unter dem syntaktischen Kriterium nicht nur die syntaktische Funktion der Wörter
betrachtet; viel mehr werden auch Position und Distribution der Wörter
innerhalb des Satzes sowie die sie umgebenden Satzteile in Augenschein
genommen. Zumindest ist es ratsam, so zu verfahren. Anders ist es im
Chinesischen: hier beschränkt sich das syntaktische Kriterium hauptsächlich auf die Analyse der syntaktischen Funktion bzw. auf Satzglied-
Stellung und -Wert.

Manche deutsche Grammatiker, so unter anderem auch Helbig und Buscha [1]
versuchen, die deutschen Wortarten rein syntaktisch zu bestimmen, weil
sie der Auffassung sind, "daß nicht alle Wortarten einen direkten Wirk-
lichkeitsbezug oder eine Formveränderlichkeit aufweisen, daß nicht
alle Wortarten eine direkte Beziehung zum außersprachlichen Denotat
(Sachbezogenheit) und auch nicht bestimmte morphologische Kennzeichen
(Formbezogenheit) haben, daß sie aber alle von ihrer syntaktischen Funktion fixierbar sind, weil alle Wortarten bestimmte Stellenwerte im

---

Vgl. Helbig, G., Buscha, J. (1986): Deutsche Grammatik. Ein Handbuch
für den Ausländerunterricht, 9. unveränderte Auflage, Leipzig.

Relationsgefüge des Satzes einnehmen (müssen), ..." [1] Sie gehen dabei von den Umgebungen aus, in denen bestimmte Wörter auftreten können, und haben auf dieser Basis einen Substitutionsrahmen ausgearbeitet. "Die möglichen Umgebungen eines Wortes lassen sich durch einen Substitutionstest feststellen, indem geprüft wird, welche Wörter in einem bestimmten Satzrahmen auftreten." [2] Durch den von Helbig und Buscha ausgearbeiteten Substitutionsrahmen kann man im Deutschen z.B. die folgenden Wortarten deutlich voneinander unterscheiden:

(1) Der ... arbeitet fleißig.   (Substantiv)
(2) Der Lehrer ... fleißig.   (Verb)
(3) Er sieht einen ... Arbeiter.   (Adjektiv)
(4) Der Lehrer arbeitet ...   (Adverb)   [3]

(1) Das ... war gut.(Essen)   (Substantiv)
(2) Ich sehe den ... (Freund)   ..
(3) Sie sprechen von der ... (Reise) ..
(4) Der Mann ist ... (dort)   (Adverb)
(5) Der Mann arbeitet ... (dort)   ..
(6) Der Mann ... (dort) arbeitet
    den ganzen Tag.   ..
(7) ... des Essens las er die Zeitung.   (während = Präposition)
(8) ... er aß, las er die Zeitung.   (während = Konjunktion) [4]

Die Wörter, die in einen dieser Rahmen eingesetzt werden können, gehören jeweils zu einer bestimmten Wortart. Der Substitutionstest hebt die Unterschiede der Wortarten deutlich heraus. In Verbindung mit dem Substitutionstest gilt das syntaktische Kriterium im Vergleich zu den beiden anderen als das umfassendere, denn es umfaßt sowohl Wortarten mit relativ eindeutigen lexikalisch-semantischen Bedeutungen und morphologischen Merkmalen als auch Wortarten, die kaum oder nicht über

---

1) Stepanowa, M.D., Helbig, G. (1981), a.a. O., S. 34.
2) Bergenholtz, H., Mugdan, J. (1979): Einführung in die Morphologie, Stuttgart Berlin Köln Mainz. S. 133.
3) Helbig, G. Buscha, J. (1986), a.a. O., S. 19.
4) Sommerfeldt, K.-E, Starke, G., Nerius, D.(1985), a.a. O., S. 51.

solche Merkmale verfügen. Dennoch gleicht der Substitutionstest
nicht jenen Mangel des syntaktischen Kriteriums aus, der darin besteht, daß nicht mit ihm allein bestimmte Wortarten voneinander unterschieden werden können, die in der Oberflächenstruktur identische Po-
sitionen haben und deren Unterschied erst durch die Transformation in
der Tiefenstruktur erkennbar wird. Fraglich bleibt auch, ob der - eben
doch nur relativ wirksame - Substitutionstest von Helbig und Buscha
allein syntaktisch zu definieren ist. Meines Erachtens hat er ebenso
eine morphologische Komponente: Nehmen wir das deutsche Artikelwort
als Beispiel. Es wird im allgemeinen als ein morphologisches Kennzeichen
des deutschen Substantivs im weiteren Sinne betrachtet. Der bestimmte
oder unbestimmte Artikel läßt in den meisten Fällen ohne Berücksichtigung anderer Satzelemente den Wortart-Charakter des anschließenden
Wortes erkennen, er markiert das Substantiv. Diese Identifikation des
Substantivs kann ohne syntaktischen Kontext durchgeführt werden. In
den ersten der oben aufgeführten vier Rahmen (Der ... arbeitet fleißig)
kann nur ein Substantiv oder ein substantiviertes Wort eingesetzt werden
- gekennzeichnet durch einen bestimmten oder unbestimmten Artikel. Ent-
sprechendes gilt auch für den dritten Rahmen (Er sieht einen ... Arbeiter). Rein distributionell gesehen, darf zwischen einem deutschen
bestimmten oder unbestimmten Artikel und dem dazu gehörigen Substantiv
höchstens ein Adjektiv, aber keine andere Wortart eingesetzt werden,
das als vorangestelltes Attribut fungiert. Daß im dritten Rahmen statt
eines weiteren Substantivs, das in diesem Fall mit dem Substantiv "Arbeiter" zusammen ein Kompositum bilden könnte, ein Adjektiv eingesetzt wird,
hängt eben damit zusammen, daß ein deutsches Substantiv groß geschrieben
werden muß und zwischen zwei Bestandteilen eines deutschen Kompositums
keine graphematische Lücke entstehen darf. Die Besetzung des dritten
Rahmens mit einem deutschen Adjektiv kann meiner Meinung nach ebenfalls
ohne syntaktischen Kontext durchgeführt werden. Rein syntaktisch zu
begründen sind für mich höchstens die Rahmen zwei und vier (Der Lehrer
... fleißig) und (Der Lehrer arbeitet ...). Im zweiten Rahmem kann
deswegen nur ein Verb bzw. ein kopulatives Verb eingesetzt werden, weil
im Deutschen die Stellung des finiten Verbs strikt geregelt ist. Es
kann in einem Aussagesatz wie dem zweiten nur die zweite Stelle des
Satzes einnehmen. Hinzukommt noch, daß das Prädikat im Deutschen nur

vom Verb dargestellt werden kann. Streng genommen wäre es auch nicht unbedingt notwendig, andere Satzelemente zu berücksichtigen, um an dieser Stelle ein Verb einzusetzen. Da aber das finite Verb das Gerüst des Satzes bildet, läßt es sich syntaktisch begründen. Es bereitet freilich einige Probleme, daß der vierte Rahmen auf jeden Fall mit einem Adverb zu besetzen ist. Zunächst hat man mit paradoxen Ergebnissen zu tun, die man mit unterschiedlichen Klassifikationskriterien erhält. Man kann z.B. diesen Rahmen mit einer Reihe von Adjektiven besetzen, die man mit dem morphologischen Kriterium aufgrund der Komparierbarkeit gewonnen hat. Nach dem Prinzip des morphologischen Kriteriums werden alle Adverbien zu den nicht flektierbaren Wörtern gezählt. Viele Adjektive, die nach dem morphologischen Kriterium gewonnen sind und im vierten Rahmen eingesetzt werden können, sind jedoch flektierbar, obwohl die Flexion der Wörter hier nicht gefordert wird (Vergleiche aber:"Ich lerne fleißig, aber er lernt fleißiger als ich", "Der Verkäufer, freundlich und nett, zeigt mir ein Paar Schuhe."). Wenn man aufgrund dieses Substitutionstestes alle Wörter, die in den vierten Rahmen hineinpassen, zum Adverb rechnet, dann wird der Bereich des deutschen Adverbs wesentlich erweitert. Der morphologische Unterschied zwischen dem deutschen Adjektiv und dem Adverb wird dadurch aufgehoben. Aus diesem Grund finde ich es angebracht, den von Helbig und Buscha ausgearbeiteten Substitutionsrahmen sowohl syntaktisch als auch morphologisch zu definieren, weil beide Komponenten darin zusammentreffen. Das morphologische Kriterium entscheidet mit über die Besetzung des ersten und des dritten Rahmens: im ersten Rahmen kann beispielsweise kein Pronomen eingesetzt werden, das in dieser Position die gleiche syntaktische Funktion ausübt; und im dritten Rahmen kann kein Substantiv die Lücke füllen. Die Mitwirkung der morphologischen Komponenten kann auch dadurch bewiesen werden, daß diese Substitutionsrahmen nicht ohne weiteres auf Sprachen wie das Chinesische übertragen werden können, deren Wörter eine starke analytische Bauweise haben.

Man kann zwar in ähnlicher Weise diesen Substitutionsrahmen auch für die Unterscheidung bzw. Identifikation chinesischer Wortarten verwenden, aber man wird merken, daß er bei weitem nicht so effizient funktioniert wie im Deutschen. Der erste Substitutionsrahmen (Der ...

arbeitet fleißig) kann auch für die Identifikation des chinesischen
Substantivs verwendet werden, wenn das Zahl- und Zähleinheitswort
als morphologisches Kennzeichen des chinesischen Substantivs betrachtet
wird, z.B. 一支铅笔 yi zhi qianbi (ein Bleistift), 一个学校
yi ge xuexiao (eine Schule) usw. In der Regel dürfen direkt hinter den
chinesischen Zahl-und Zähleinheitswörtern nur Substantive stehen.
Aber eine derartige Identifikation des chinesischen Substantivs durch
das vorangestellte Zahl-und Zähleinheitswort wird üblicherweise mehr
morphologisch als syntaktisch begründet, [1] weil sie ohne Berücksichtigung der syntaktischen Funktionen anderer Satzglieder unternommen
werden kann. Daß im dritten Rahmen (Er sieht einen ... Arbeiter) im
Deutschen nur ein Adjektiv, nicht aber ein Substantiv eingesetzt
werden darf, hängt von den unterschiedlichen Formen des deutschen
Adjektivs und Substantivs ab. Zunächst muß ein deutsches Adjektiv
im Unterschied zum Substantiv klein geschrieben werden. Außerdem muß
zwischen einem Adjektiv, das als vorangestelltes Attribut dient, und
dem zu ihm gehörigen Substantiv eine graphematische Lücke sein, während
eine graphematische Lücke in einem deutschen Kompositum nicht gestattet
wird. So würde der analoge chinesische Substitutionsrahmen wegen des
Fehlens an morphologischen Kennzeichen der chinesischen Wörter zwei
Substitutionsmöglichkeiten aufweisen, z.B. 他看到一个...工人 ta
kan dao yi ge ... gongren (Er sieht einen ... Arbeiter). Man kann in
diesen Rahmen sowohl viele chinesische Adjektive wie 年轻 nianqing
(jung), 老 lao (alt), 勤奋 qinfen (tüchtig) usw. als auch zahlreiche
chinesische Substantive wie 钢铁 gangtie (Stahl und Eisen), 纺织
fangzhi (Textil), 石油 shiyou (Erdöl) usw. einsetzen, weil man den
Wortart-Unterschied zwischen einem chinesischen Substantiv und Adjektiv
an der Bauweise der chinesischen Wörter eben nicht ohne weiteres erkennen kann. Im Deutschen wird dagegen diese Unterscheidung durch verschiedene morphologische Formen des deutschen Adjektivs und Substantivs
ermöglicht.

Die Mitwirkung der morphologischen Komponente bei der Wortart-Klassifikation aufgrund des Substitutionsrahmens ist noch durch folgende
Beispielsätze zu bestätigen, in denen man ohne Berücksichtigung der

---

1) Zu Zahl-und Zähleinheitswörter als morphologische Kennzeichen vgl.
   Anhang 4.

morphologischen Merkmale allein durch die Position bzw. Distribution der Wörter nicht präzise feststellen kann, welche Wortarten in die jeweiligen Rahmen eingesetzt werden können:

(1) Das Wasser ist
    (sauber (Adjektiv)
    (vorbereitet (Partizip)
    (hier (Adverb)
    (Flüssigkeit (Substantiv)

(2) Der Student lernt
    (fleißig (Adjektiv oder Adverb)
    (hier (Adverb)
    (Deutsch (Substantiv)

(3) Wir fragen
    (den Lehrer (Substantiv)
    (ihn (Pronomen)
    (nicht (Negationswort)
    (neugierig (Adjektiv oder Adverb)

Daraus läßt sich schlußfolgern, daß dieser Substitutionstest ohne Mitwirkung morphologischer Komponenten nicht konsequent durchführbar ist. Das kann man auch daran erkennen, daß solche Substitutionsrahmen zwar auch im Chinesischen auf ähnliche Weise hergestellt werden können, aber die meisten Rahmen mehrere Einsatzmöglichkeiten zulassen, d.h., sie können mit Wörtern unterschiedlicher Wortarten besetzt werden, z.B.:

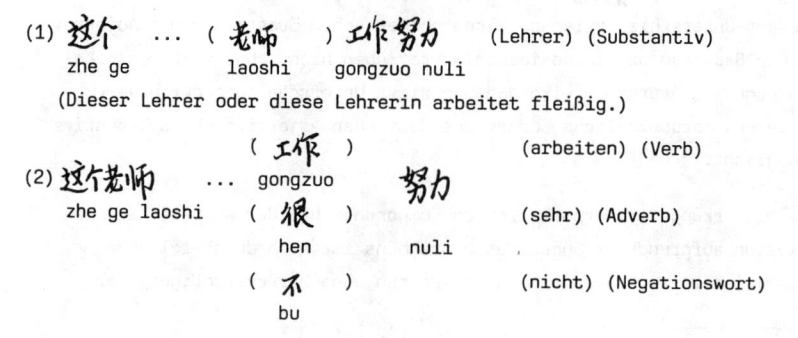

(1) 这个 ... (老师) 工作努力   (Lehrer) (Substantiv)
    zhe ge   laoshi   gongzuo nuli
(Dieser Lehrer oder diese Lehrerin arbeitet fleißig.)

(2) 这个老师 ... (工作) 努力   (arbeiten) (Verb)
    zhe ge laoshi   gongzuo   nuli
    (很)   (sehr) (Adverb)
    hen
    (不)   (nicht) (Negationswort)
    bu

```
                                        (arbeitet)
       (Dieser Lehrer oder diese Lehrerin (sehr)       fleißig.)
                                        (nicht)

                        ( 年轻 )        (jung) (Adjektiv)
                         nianqing
(3) 他看到一位 ...  ( 德国 ) 老师    (Deutsch) (Substantiv)
    ta kan dao yi wei    Deguo   laoshi
                        ( 我们的 )       (unser) (Pronomen)
                         women de
                        (junge(n))
   (Er sieht eine(n))   (Deutsch)   Lehrer(in).)
                        (unsere(n))

                        ( 过, 着, 了 )   (Aspekt-Partikel)
                         guo, zhe, le
(4) 这个老师工作 ... ( 努力    )   (fleißig) (Adjektiv oder Adverb)
    zhe ge laoshi gongzuo  nuli
                        ( 吗     )      (Fragepartikel)
                         ma
                        ( 怎么样 )      (wie) (Fragenpronomen)
                         zenmeyang
```

(Diese(r) Lehrer(in) arbeitet oder hat gearbeitet.)
(Diese(r) Lehrer(in) arbeitet fleißig.)
(Arbeitet diese(r) Lehrer(in)?)
(Wie arbeitet diese(r) Lehrer(in)?)

Anders als im Deutschen geben diese Substitutionsrahmen keinen eindeutigen Hinweis auf die Wortart-Zugehörigkeit der chinesischen Wörter. Außerdem wird die Frage, ob Wörter gewisser Wortarten mit Wörtern gewisser anderen Wortarten kombiniert werden können, im Chinesischen vom morphologischen Kriterium im übertragenen Sinne behandelt.

Der Kernpunkt des chinesischen syntaktischen Kriteriums zur Wortartklassifikation besteht darin, aufgrund der Satzgliedstellung und Satzgliedfunktion Wortarten vieler semantisch ähnlicher, formal identischer Wörter zu identifizieren. Im Satz 学习是无止境的   xuexi shi wu zhijing de (Das Lernen ist unendlich = Man lernt nie aus) gilt das Wort 学习 xuexi als Substantiv, weil es im Satz die Stellung des Subjektes einnimmt, das im Chinesischen in der Regel durch Nominalphrasen dargestellt wird. Dagegen wird das Wort 学习 xuexi im Satz 中国学习西方的先进技术 Zhongguo xuexi xifang de xianjin jishu (China lernt die moderne Technik vom Westen.) als ein Verb bezeichnet, weil es sich der Stellung nach hinter dem Subjekt befindet, und diese Stellung wird im Chinesischen meist vom Prädikat besetzt. Das Prädikat regiert seinerseits ein Objekt. Ähnlich gilt z.B. auch für das chinesische Wort 困难 kunnan in folgenden drei Sätzen.

(1) 困难吓不倒我们。 — Die Schwierigkeiten können uns
    kunnan xia bu dao women   nicht einschüchtern.

(2) 我们不怕困难。 — Wir scheuen keine Schwierigkeiten.
    women bu pa kunnan.

(3) 这个工作十分困难。 — Diese Arbeit ist sehr schwer.
    zhe ge gongzuo shifen kunnan.

In den ersten zwei Sätzen gilt das Wort 困难 kunnan als Substantiv, weil es im Satz jeweils Subjekt bzw. Objekt darstellt. Im dritten Satz wird es wegen seiner syntaktischen Funktion als Prädikat als Adjektiv angesehen. Auf ähnliche Weise werden auch viele chinesische gleichförmige Verben und Präpositionen wortartmäßig voneinander unterschieden, z.B. die Wörter 在 zai, 叫 jiao und 给 gei in folgenden Sätzen:

他在北京。 — (Er ist in Peking.) (Verb)
ta zai Beijing.

他在北京学习。 — (Er studiert in Peking.) (Präposition)
ta zai Beijing xuexi.

他叫我老李。 — (Er nennt mich "Alter Li".) (Verb)
ta jiao wo Lao Li.

他叫老师批评了。 — (Er wurde vom Lehrer getadelt.) (Präposition)
tao jiao laoshi piping le.

他给我一本书。 — (Er gibt mir ein Buch.) (Verb)
ta gei wo yi ben shu.

他给人家打了。 — (Er wurde von den anderen geschlagen.) (Präposition)
ta gei renjia da le.

Je nachdem, ob diese Wörter im Satz ein Prädikat oder eine Präpositionalgruppe bilden, werden sie entweder dem Verb oder der Präposition zugeordnet. Ein ähnliches Problem gibt es im Deutschen nur bei der Unterscheidung mancher gleichförmiger Adjektive und Adverbien sowie gleichförmiger Präpositionen und Konjunktionen, z.B. bei dem Wort ´schnell` in "Er läuft sehr schnell." und "Das ist ein schnelles Auto." und bei dem Wort ´während` in dem Satz "Während des Studiums muß er selber Geld verdienen." und in dem Satz "Während er studiert, muß er selber Geld verdienen."

Die Gegenüberstellung verdeutlicht, daß das syntaktische Kriterium zur Wortart-Klassifikation in beiden Sprachen verwendet wird, wenn auch mit unterschiedlichen Anwendungs- und Funktionsmöglichkeiten.

2.2. Morphologische Kennzeichen als grammatische Mittel im Deutschen und entsprechende grammatische Mittel im Chinesischen

Die grammatischen Funktionen der deutschen Morphologie beschränken sich keineswegs nur auf die Wortart-Klassifikation. Vielmehr liegt ihre Funktion darin, mithilfe unterschiedlicher morphologischer Formen bestimmte grammatische Kategorien zum Ausdruck zu bringen. So werden z.B. durch vielfältige Konjugationsformen des Verbs unterschiedliche grammatische Kategorien zum Ausdruck gebracht, die zum Teil dem Verb eigen, zum Teil mehreren Wortarten gemeinsam sind, wie ´Person`, ´Numerus`, ´Tempus`, ´Genus verbi` und ´Modus`. ´Person` und ´Numerus` des Verbs sind durch die Beziehungen des Verbs zum Subjekt bedingt.[1] Sie müssen mit dem Subjekt in Kongruenz stehen, d.h., das Subjekt und die finite Verbform müssen in Person und Numerus übereinstimmen (ich singe, du singst, er singt ...).

Das chinesische Verb kennt die grammatischen Kategorien Person und Numerus nicht. An der chinesischen Verbform allein kann man nicht im geringsten erkennen, in welcher Personalform es steht, weil die Form des chinesischen Verbs bei allen Personalformen dieselbe bleibt. Von daher besteht auch keine grammatische Kongruenz zwischen dem chinesischen Subjekt und dem Prädikat.

Die grammatische Kategorie Tempus kann im Deutschen auch durch reine Konjugationsformen des Verbs ausgedrückt werden, z. B.:

Er studiert in London. (Gegenwart)

Er studierte in London
oder: Er hat in London studiert. (Vergangenheit)

---

1) Vgl. Sommerfeldt, K.-E., Starke, G., Nerius, D., a.a. O., S. 66.

Er wird in London studieren.   (Zukunft)

Die Temporalität, die durch reine Konjugationsformen des Verbs ausgedrückt wird, kann selbstverständlich durch gewisse temporale Adverbien ergänzt und verdeutlicht werden.

Die grammatische Kategorie Tempus des Verbs ist im Chinesischen nicht vorhanden. Zum Ausdruck der Temporalität, die im Deutschen neben vielen Temporal-Adverbien in vielfacher Weise durch die morphologischen Kennzeichen des Verbs ausgedrückt werden kann, werden im Chinesischen hauptsächlich verschiedene Temporal-Angaben und einige sogenannte Aspekt-Partikeln wie 着 zhe, 了 le und 过 guo verwendet, z.B.:

他唱着一首歌。   (Er singt ein Lied.)
ta chang zhe yi shou ge.

他唱了一首歌。   (Er hat ein Lied gesungen.)
ta chang le yi shou ge.

他唱过一首歌。   (Er hat früher irgendwann ein
ta chang guo yi shou ge.   Lied gesungen.)

他现在在伦敦学习英语。   (Er studiert zur Zeit in London
ta xianzai zai Lundun   Englisch.)
xuexi Yingyu.

他以前在伦敦学习英语。   (Er hat früher in London
ta yiqian zai Lundun   Englisch studiert.)
xuexi Yingyu.

他今后将在伦敦学习英语。 (Er wird später in London
ta jinhou jiang zai Lundun Englisch studieren.)
xuexi Yingyu.

Beim Ausdruck der Temporalität im Chinesischen muß man besonders auf das Verhältnis zwischen der Zeit und dem Aspekt sowie zwischen der relativen und der absoluten Zeit achten.

Die grammatischen Kategorien ´Genus verbí und ´Modus´ können im Deutschen ebenfalls durch Konjugationsformen des Verbs ausgedrückt werden, z.B.:

Die Mutter lobt das Kind.	(Aktiv)
Das Kind wird von der Mutter gelobt.	(Passiv)
Er ist in Amerika.	(Indikativ)
Er sei in Amerika.	(Konjunktiv I als indirekte Rede)
Wäre er doch in Amerika!	(Konjunktiv II als irrealer Wunsch)
Wenn du hier gewesen wärest, hättest du ihn gesehen.	(Konjunktiv II als irrealer Konditionalsatz)
Komm schnell zurück!	(Imperativ)

Neben den morphologischen Möglichkeiten kann man sich beim Ausdruck des Modus bzw. der Modalität auch lexikalischer Mittel bedienen. Um beispielsweise eine Vermutung, eine Aussage bzw. einen Wunsch, eine Aufforderung usw. auszudrücken, kann man eine Reihe von Modalwörtern wie "sicher", "sicherlich", "gewiß", "zweifellos", "hoffentlich", "keineswegs", "beinah" usw. sowie Modalverben wie "müssen", "sollen", "wollen", "dürfen" usw. verwenden. Syntaktisch läßt sich im Deutschen die Modalität durch die Satzformen wie "haben" und "sein" plus Infinitiv mit "zu" ausdrücken, z.B.:

Ich habe die Aufgabe sofort zu erledigen.

Die Aufgabe ist sofort zu erledigen.

Wegen des Nichtvorhandenseins der grammatischen Kategorie 'Modus' des Verbs wird die Modalität im Chinesischen in der Regel durch Modalwörter, darunter z.B. Modalpartikeln, Modalangaben sowie Modalverben ausgedrückt. Um die oben angeführten Beispielsätze, deren Modalität hauptsächlich durch unterschiedliche morphologische Formen desselben Verbs zu erkennen ist, im Chinesischen inhaltentsprechend wiederzugeben, muß man sich ausschließlich lexikalischer Mittel bedienen, z.B.:

他在美国。
ta zai Meiguo.   (Er ist in Amerika.)

我听说，(据说)他在美国。
wo tingshuo, (jushuo) ta zai Meiguo.   (Ich habe gehört, (man sagt) daß er in Amerika ist.)

他要是在美国多好啊！　　　　(Wie schön wäre es, wenn er in
ta yaoshi zai Meiguo duohao a!　　Amerika wäre!)

如果你昨天在这儿的话，　　　(Wenn du gestern hier gewesen
你就能看到他了。　　　　　　wärest, hättest du ihn gesehen.)
ruguo ni zuotian zai zher de
hua, ni jiu neng kan dao ta le.

你快些回来！　　　　　　　　(Komm schnell zurück!)
ni kuai xie huilai!

Die Realität und Irrealität des Sachverhaltes in einem chinesischen
Satz läßt sich nicht ohne weiteres erkennen. Sie werden meist durch
Hinzufügung anderer Satzelemente, insbesondere durch Zeitangaben ver-
deutlicht:

我要是能通过考试就好了。　　(Es wäre schön, wenn ich die
wo yaoshi neng tongguo kaoshi 　Prüfung bestehen könnte.)
jiu hao le.

我当时要是能通过考试就好了。(Es wäre schön, wenn ich damals
wo dangshi yaoshi neng tongguo 　die Prüfung bestanden hätte.)
kaoshi jiu hao le.

Der Sachverhalt des ersten Satzes kann je nach dem Kontext real oder
irreal sein, während die Irrealität des Sachverhaltes im zweiten Satz
durch die Temporalangabe 当时 dangshi (damals) markiert wird.

Das ´Genus verbi`, dessen Ausdruck im Deutschen im wesentlichen auf
die Verbkonjugation angewiesen ist, ist im Chinesischen unbekannt.
Der Unterschied zwischen der Aktivität und Passivität des Sachverhaltes
in einem chinesischen Satz wird, insbesondere dann, wenn das Agens
betont werden muß, meist durch einige Funktionswörter wie z.B. 被 bei,
叫 jiao, 让 rang usw. klargestellt:

我们战胜了敌人。
women zhansheng le diren.　　　(Wir haben den Feind besiegt.)

敌人被我们战胜了。　　　　　(Der Feind wurde von uns besiegt.)
diren bei women zhansheng le.

Im Fall, daß das Agens und das damit verbundene Funktionswort im Satz
unbetont oder nicht vorhanden sind, läßt sich die Aktivität oder Passi-

vität des Sachverhaltes bei manchen chinesischen Sätzen nicht eindeutig erkennen, z.B.:

鸡吃了。
ji chi le.

Daß es sich hier um ein handlungsfähiges Subjekt handelt, und das Verb 吃 chi (essen) sowohl transitiv als auch intransitiv verwendet werden kann, ist der Satz ohne Kontext zweideutig. Es kann sowohl "Das Huhn hat gegessen." als auch "Das Huhn wurde gegessen." heißen. Wenn man das Wort "Huhn" durch ein handlungsunfähiges Subjekt ersetzt, wird die Zweideutigkeit aufgehoben :

鸡蛋吃了。 (Das Hühnerei wurde gegessen.)
jidan chi le.
鸡肉吃了。 (Das Hühnerfleisch wurde gegessen.)
jirou chi le.

Eine derartige Zweideutigkeit kann im Deutschen nicht entstehen, weil die Aktivität und Passivität des Satzes durch unterschiedliche morphologische Merkmale deutlich voneinander zu unterscheiden sind.

Beim deutschen Substantiv kann man in vielen Fällen ausschließlich durch verschiedene Kasusformen die syntaktischen Beziehungen zwischen den jeweiligen Satzgliedern deutlich durch Kasusmerkmale des Substantivs erkennen:

"Der Gastgeber grüßt den Gast."
"Den Gastgeber grüßt der Gast."

Trotz der unveränderten Wortstellung in beiden Sätzen lassen sich die unterschiedlichen syntaktischen Beziehungen zwischen den Satzgliedern leicht durch Kasusmerkmale des Substantivs erkennen.

Die grammatische Kategorie´Kasus des Substantivs` ist im Chinesischen nicht vorhanden. Man kann sich sehr oft nur auf die Satzgliedstellung oder auf Funktionswörter stützen, um die unterschiedlichen syntaktischen Beziehungen zwischen den Satzgliedern zu erkennen:

主人问候客人。 (Der Gastgeber grüßt den Gast.)
zhuren wenhou keren.
客人问候主人。 (Der Gast grüßt den Gastgeber.)
keren wenhou zhuren.

Ohne Änderung der Satzgliedstellung kann man die unterschiedlichen syntaktischen Beziehungen zwischen den Satzgliedern in den beiden chinesischen Sätzen nicht verdeutlichen.

Im Deutschen ist "beim Genus des Substantivs zwischen dem natürlichen Geschlecht (=Sexus) und dem grammatischen Genus zu unterscheiden. Das natürliche Geschlecht hat zwei Formen (Maskulinum und Femininum), das grammatische Genus drei Formen (Maskulinum, Femininum und Neutrum). Beide Genusarten kommen im Deutschen vor allem am bestimmten Artikel formal zum Ausdruck (der, die; das)." [1]

Im Vergleich zum natürlichen Geschlecht des Substantivs, das nur bei Lebewesen zum Ausdruck kommt, spielt das grammatische Genus im Deutschen eine gewichtige Rolle. In vielen Fällen stimmen das natürliche Geschlecht und das grammatische Genus überein. Es gibt auch Fälle, in denen das natürliche Geschlecht und das grammatische Genus in einem Gegensatz zueinander stehen, z.B. "das Mädchen", "das Fräulein", "das Kind", "die Maus" (auch bei männlichem Geschlecht) usw.

Das Chinesische kennt neben dem natürlichen Geschlecht von Lebewesen kein davon abweichendes ´grammatisches Geschlecht`. Es gibt im Chinesischen eine Reihe der das natürliche Geschlecht bezeichnenden Morpheme. Dabei handelt es sich meist um die wortbildenden Präfixe,[2] durch die sich die meisten männlichen Personen bzw. Tierarten von den weiblichen unterscheiden, z.B.:

男人 - nanren (der Mann)
女人 - nüren (die Frau)
男学生 - nan xuesheng (der Student oder Schüler)
女学生 - nü xuesheng (die Studentin oder Schülerin)

---

1) Helbig, G., Buscha, J., (1986), a.a. O., S. 269.
2) Im Unterschied zu vielen chinesischen selbständigen Morphemen können die beiden Morpheme 男 nan (männlich) und 女 nü (weiblich) kaum allein als Wörter verwendet werden. Sie müssen in der Regel mit anderen Morphemen zusammen Wörter bilden und fungieren normalerweise als Präfixe. Nur in seltenen Fällen können 男 nan und 女 nü Endstellung der Wörter nehmen wie z.B. bei - 长男 zhangnan (der älteste Sohn) und 长女 zhangnü (die älteste Tochter).

公鸡 - gongji (der Hahn)

母鸡 - muji (das Huhn)

雄兔 - xiongtu (männlicher Hase)

雌兔 - citu (weiblicher Hase)

Der Austausch der Präfixe für Menschen und Tiere ist aus traditionellen Gründen nicht möglich.

Abgesehen von den wenigen deutschen Substantiven, die die grammatische Kategorie Numerus nicht haben, z.B. "die Eltern", "das Gold", "die Liebe" usw., wird die grammatische Kategorie ´Numerus` bei den meisten deutschen Substantiven durch bestimmte morphologische Merkmale, und zwar durch bestimmte Artikel und unterschiedliche Formen einschließlich der Nullformen des Substantivs ausgedrückt:

    der Student (Sing.) - die Studenten (Plur.)
    die Frau (Sing.) - die Frauen (Plur.)
    der Plan (Sing.) - die Pläne (Plur.)
    das Kind (Sing.) - die Kinder (Plur.)

Im weitesten Sinne ist die grammatische Kategorie ´Numerus` des Substantivs und Pronomens im Chinesischen vorhanden, aber sie wird im Unterschied zum Deutschen nicht durch wortinterne morphologische Kennzeichen, sondern durch Verwendung eines wortbildenden Suffixes 们 men ausgedrückt, das die Mehrzahl des chinesischen Substantivs bzw. Pronomens kennzeichnet.[1] Das Suffix 们 men beschränkt sich aber nur auf die Personen bezeichnenden Substantive. Die Dinge, Sachen und Lebewesen bezeichnenden Substantive haben für ihre Mehrzahl keine formal erkennbaren Merkmale:

工人们 - gongren men (die Arbeiter)

老师们 - laoshi men (die Lehrer)

女士们 - nüshi men (die Damen)

我们 - women (wir)

你们 - nimen (ihr)

---

1) Zu Gebrauch und Schreibung von 们 men vgl. Anhang 5.

falsch:

* 桌子们   * - zhuozi men (die Tische)
* 椅子们   * - yizi men (die Stühle)
* 羊们   * - yang men (die Schafe)

Aus stilistischen Gründen kann man zwar in manchen literarischen Texten, insbesondere in den Märchen gewisse Dinge und Tierarten personalisieren und ihnen entsprechend das Suffix 们 men hinzufügen, z.B. 兔子们 tuzi men (die Hasen), 小鸟们 xiao niao men (die Vögelchen), 星星们 xingxing men (die Sterne) usw., aber das wird im Chinesischen als Ausnahmefall angesehen.

Selbst die Personen bezeichnenden Substantive müssen dann auf das Suffix 们 men verzichten, wenn ihre Mehrzahl bereits durch andere Sprachelemente wie z.B. Zahl- und Zähleinheitswörter usw. verdeutlicht wird: 五位老师 wu wei laoshi (fünf Lehrer), 许多学生 xuduo xuesheng (viele Studenten), 一些孩子 yi xie haizi (manche Kinder). Die Mehrzahl der Dinge, Sachen oder Lebewesen bezeichnenden Substantive wird im Chinesischen durch Zahl- und Zähleinheitswörter, Adverbien oder überhaupt durch den Kontext ausgedrückt:

教室里有五张桌子，十把椅子和许多杂志。
jiaoshi li you wu zhang zhuozi, shi ba yizi he xuduo zazhi.
(Im Klassenzimmer gibt es fünf Tische, zehn Stühle und viele Zeitschriften.)

街里商店的门都关着。
jieli shangdian de men dou guan zhe.
(Die Geschäfte in der Stadt sind alle geschlossen)

新出版的小说卖完了。
xin chuban de xiaoshuo mai wan le.
(Die neu erschienenen Romane sind ausverkauft.)

Was das deutsche Adjektiv betrifft, erfolgt die Steigerung ebenfalls aufgrund morphologischer Kennzeichen. Obwohl eine Reihe von deutschen Adjektiven die grammatische Kategorie Komparation nicht besitzt, z.B. "damalig","heutig", usw., wird sie jedoch im allgemeinen als das kennzeichnende Merkmal des deutschen Adjektivs angesehen. Aufgrund der Grundform des Adjektivs bzw. des Positivs können durch wortinterne

Abänderungen der Wörter die entsprechenden Komparativformen und
Superlativformen gebildet werden, z.B. "groß"- "größer"- "größt",
"hoch"- "höher"- "höchst". "schön"- "schöner"- "schönst" usw.

Die grammatische Kategorie der Komparation des Adjektivs kennt das
Chinesische nicht. Um die verschiedenen Grade oder Ausmaße der mit
chinesischen Adjektiven ausgedrückten Sachverhalte zu verdeutlichen,
werden im Chinesischen eine Reihe von Adverbien verwendet, die bestimmte Grade und Ausmaße angeben:

汽车的速度很快。
qiche de sudu hen kuai.

(Die Geschwindigkeit des Autos ist sehr schnell.)

火车的速度比汽车更快。
huoche de sudu bi qiche geng kuai.

(Die Geschwindigkeit des Zugs ist noch schneller als die des Autos.)

飞机的速度最快。
feiji de sudu zui kuai.

(Die Geschwindigkeit des Flugzeugs ist am schnellsten.)

2.3. Rektion als grammatisches Mittel im Deutschen und ent- rechendes grammatisches Mittel im Chinesischen

Im Deutschen haben Wörter in einigen Wortarten regierende Funktionen.
Sie bestimmen die Formen der von ihnen regierten Wörter. Dieses
Verhältnis von Regieren und Regiertwerden wird im Deutschen "Rektion"
genannt. Mithilfe der Rektion kann man in vielen Fällen die unterschiedlichen Satzgliedfunktionen der jeweiligen Satzglieder in einem
Satz relativ leicht feststellen. Beispielsweise regieren alle deutschen
transitiven Verben mindestens ein Akkusativobjekt:

               grüßt
Der Lehrer   lobt   den Schüler.
               fragt

Einige transitive Verben regieren zwei Akkusativobjekte:

Er nennt ihn Freund.

Herr Müller lehrt uns Deutsch.

Das kostet uns viel Geld und Mühe.

Viele transitive Verben regieren sowohl ein Dativobjekt als auch ein Akkusativobjekt:

                    schenkt
Die Mutter   gibt   dem Kind ein Buch.
                    reicht

Neben den transitiven Verben gibt es im Deutschen auch eine Vielzahl intransitiver Verben und reflexiver Verben, die jeweils ein Dativobjekt oder ein Genitivobjekt regieren:

    Er begegnet ihm oft.

    Der Sohn ähnelt seinem Vater.

    Er bedient sich der Maschine.

    Sie enthält sich des Rauchens.

Außerdem gibt es im Deutschen auch noch viele Verben, die statt direkter Kasusformen Präpositionalkasus regieren:

    Wir freuen uns auf seinen Besuch.

    Er interessiert sich für den Sport.

    Die Delegierten unterhalten sich über den Vortrag.

Ähnlich wie das Verb kann auch eine große Anzahl von Substantiven, Adjektiven sowie alle Präpositionen Kasusformen regieren:

                (Substantiv)

    Er erhebt Anspruch auf den Schadenersatz.

    Er gibt einen Hinweis auf die richtige Lösung.

    Wir sind gegen die Unterdrückung der Studentenbewegung durch die Militärregierung.

                (Adjektiv)

    Er ist seinem Vater ähnlich.

    Die Erde ist des Regens bedürftig.

(Präposition)

<u>Wegen</u> des schlechten Wetters bleibe ich zu Hause.
<u>Mit</u> seiner Hilfe habe ich die Aufgabe gut erfüllt.
<u>Trotz</u> des Regens gehen sie spazieren.

Die verschiedenen Kasusformen der obigen Beispielsätze geben an, in welchen syntaktischen Verhältnissen bestimmte Wörter zueinander stehen.

Angesichts der Existenz einer Reihe chinesischer transitiven Verben, die bestimmte Objekte verlangen, ist die Rektion im strukturellen Sinne auch im Chinesischen vorhanden. Aber im Unterschied zum Deutschen werden die von den jeweiligen chinesischen Verben regierten Objekte durch keinerlei formale Merkmale gekennzeichnet. Die syntaktischen Beziehungen zwischen dem Subjekt und dem Objekt sowie zwischen dem direkten und indirekten Objekt sind im Chinesischen meist durch die Satzgliedstellung zu erkennen.

我帮助他。 (Ich helfe ihm.)
wo bangzhu ta.

我给他一本书。 (Ich gebe ihm ein Buch.)
wo gei ta yi ben shu.

2.4. Wortarten als grammatisches Mittel im Deutschen und im Chinesischen

Wortarten als grammatisches Mittel zum Ausdruck syntaktischer Beziehungen werden sowohl im Deutschen als auch im Chinesischen verwendet. Es handelt sich dabei nur um einen quantitativen Unterschied. Im Deutschen beschränken sich die Wortarten, die lediglich ein grammatisches Mittel darstellen, hauptsächlich auf die ´Präposition` und ´Konjunktion`, während im Chinesischen die syntaktischen Funktionen neben der Präposition und Konjunktion auch durch eine Reihe von grammatischen Partikeln ausgedrückt werden können.

Im Deutschen und im Chinesischen beziehen die Wortarten ´Präposition` und ´Konjunktion` ihre Bedeutung im wesentlichen daraus, daß sie verschiedene syntaktische Beziehungen zwischen den Sätzen, Satzgliedern und Satzgliedteilen herstellen, z.B.:

Er studiert in Peking.
他在北京学习   - ta zai Beijing xuexi
wegen seiner Hilfe
由于他的帮助。   - youyu ta de bangzhu
Vater und Mutter
父亲和母亲   - fuqin he muqin

Neben vielen Gemeinsamkeiten unterscheiden sich die Funktionsweisen
der deutschen und chinesischen Präpositionen und Konjunktionen hauptsächlich in folgenden zwei Punkten:

1) Die deutschen Präpositionen fordern, wie bereits erwähnt, bestimmte
   Kasus. Die chinesischen Präpositionen fordern sie nicht, so daß
   man in manchen Fällen nicht genau feststellen kann, ob es sich
   dabei um eine Präposition oder eine Konjunktion handelt. Hinzukommt noch, daß einige chinesische Präpositionen und Konjunktionen
   identische Formen haben; der chinesische Satz 我和他在教室里学习。
   wo he ta zai jiaoshi li xuexi, kann sowohl "Ich lerne mit ihm im
   Klassenzimmer" als auch "Ich und er lernen im Klassenzimmer" heißen.
   Um die beiden Sätze inhaltlich voneinander zu unterscheiden, muß
   man entweder die Präposition bzw. Konjunktion 和 he durch eine
   andere Präposition oder Konjunktion ersetzen oder Adverbien wie
   都 dou (alle) usw. hinzufügen.

2) Die deutsche Konjunktion "und" und die chinesische Konjunktion 和 he
   haben zwar ähnliche grammatische Funktion, unterscheiden sich aber
   darin, daß die deutsche Konjunktion "und" sowohl Satzglieder als
   auch Sätze miteinander verbindet, während mit der chinesischen
   Konjunktion 和 he nur Satzglieder miteinander verbunden werden
   können.

Neben der Präposition und der Konjunktion gibt es im Chinesischen
auch noch viele sogenannte Funktionswörter, mit deren Hilfe vielfältige syntaktische Beziehungen zum Ausdruck gebracht werden können;
In Sätzen 爸爸的书很多。 baba de shu hen duo (wörtliche Übersetzung: Die Bücher des Vaters sind sehr viel.) und 他是老师吗？
ta shi laoshi ma? (Ist er Lehrer?) sind die syntaktischen Beziehungen

zwischen 爸爸 baba und 书 shu sowie der Satzart-Charakter des
zweiten Satzes je durch die strukturelle Partikel 的 de und die
Fragepartikel 吗 ma verdeutlicht.

2.5. Wortstellung als grammatisches Mittel im Deutschen und im Chinesischen

Die Wortstellung als grammatisches Mittel zum Ausdruck syntaktischer
Beziehungen wird in beiden Sprachen verwendet. Wegen des unterschiedlichen Sprachcharakters ist die Wortstellung als grammatisches Mittel
für die beiden Sprachen von unterschiedlicher Wichtigkeit und Verwendungshäufigkeit. Angesichts des recht umfassenden Morphologiesystems im Deutschen spielt die Wortstellung bei der syntaktischen
Analyse keine so bedeutende Rolle wie im Chinesischen. Üblicherweise
werden die syntaktischen Beziehungen zwischen den Satzgliedern eines
deutschen Satzes durch morphologische Formen verschiedener Wortarten
markiert. Die Wortstellung im Deutschen ist erst dann für die Bestimmung der Satzglieder relevant, wenn "Kasusmerkmale fehlen und die semantischen Beziehungen mehrere Möglichkeiten offen lassen." [1]:

  a) relevant   : Die Mutter fragt die Tochter.
          Die Tochter fragt die Mutter.
  b) irrelevant   : Die Mutter wäscht die Wäsche.
          Die Wäsche wäscht die Mutter.

Beim Satzpaar a) ist die Wortstellung für die Satzgliedbestimmung
relevant, weil die morphologischen Merkmale des Subjektes und Objektes
formal übereinstimmen und die inhaltliche Ambiguität auch nicht durch
semantische Faktoren zu verdeutlichen ist. Beim Satzpaar b) weisen
zwar die beiden Sätze formal identische Merkmale am Subjekt und Objekt auf, aber mithilfe semantischer Analyse lassen sich das Subjekt
und das Objekt voneinander unterscheiden.

Da die syntaktischen Beziehungen zwischen den chinesischen Satzgliedern
nicht durch morphologische Merkmale zu erkennen sind, spielt die Wortstellung bei der chinesischen Satzgliedanalyse eine äußerst wichtige
Rolle. In vielen Fällen ist die Wortstellung das einzige grammatische
Mittel für die Feststellung der Satzgliedfunktionen. (Vgl. die Bei-

---

1) Sommerfeldt, K.-E., Starke, G., Nerius, D., (1985), a.a. O., S. 153.

spielsätze auf der Seite 56)

Die beliebige Änderung der Wortstellung im Chinesischen führt entweder zu einem inhaltlich völlig anderen Satz oder zu einem grammatisch inkorrekten Satz, z.B.:

我给他一本书。 1) (Ich gebe ihm ein Buch.)
wo gei ta yi ben shu.

他给我一本书。 (Er gibt mir ein Buch.)
ta gei wo yi ben shu.

falsch:
* 一本书我给他。
*·yi ben shu wo gei ta.
* 一本书他给我。
* yiben shu ta gei wo.
* 一本书他我给。 2)
* yi ben shu ta wo gei.

2.6. Intonation und ihre graphematischen Kennzeichen als grammatisches Mittel im Deutschen und im Chinesischen

Um die unterschiedlichen Satzarten voneinander zu unterscheiden, wird die Intonation als grammatisches Mittel in beiden Sprachen verwendet. Sie spielt für die Unterscheidung der Satzarten jedoch nur eine nebensächliche Rolle.

---

1) 一本 yi ben sind chinesische Zahl- und Zähleinheitswörter. Sie bedeuten hier ungefähr "ein (Stück)". Fast jedes chinesische Substantiv hat ein bestimmtes Zähleinheitswort. Es wird im weiteren Sinne als ein morphologisches Kennzeichen des chinesischen Substantivs betrachtet.

2) Bei 这本书 zhe ben shu (dieses Buch) ist diese Stellung zwar möglich, aber kontextbedingt. Außerdem wird ein derartiger Satz von vielen chinesischen Grammatikern nicht als Satz mit dem vorangestellten Objekt, sondern als Subjekt-Prädikat-Satz betrachtet. Syntaktisch gesehen gilt 这本书 zhe ben shu als Subjekt des Satzes, während die ganze Subjekt-Prädikat-Wortgruppe 我给他 wo gei ta (ich gebe ihm) zusammen als Prädikat des Satzes fungiert. Vgl. Lü, Jiping, (1983): 汉语基础语法 Hanyu jichu yufa (Die grundlegende Grammatik des Chinesischen),Heilongjiang, S. 206-209.

Im Deutschen werden normalerweise die unterschiedlichen Satzarten durch Stellungen des finiten Verbs bestimmt. Beim sogenannten Kernsatz, in dem die finite Verbform an der zweiten Stelle des Satzes steht, handelt es sich gewöhnlich um einen Aussagesatz, wie z.B. "Er liest die Zeitung.", während es sich bei einem Stirnsatz, in dem die finite Verbform an den Beginn des Satzes gesetzt wird, entweder um einen Fragesatz ohne Fragepronomen oder einen Aufforderungssatz handelt, z.B. "Liest du die Zeitung?", "Lies die Zeitung!".

In der gegenwärtigen deutschen Umgangssprache wird der grammatische Unterschied zwischen den durch die Stellung der finiten Verbform bedingten Satzarten oft vernachlässigt. Statt unterschiedlicher Stellungen des finiten Verbs gilt oft für alle drei genannten Satzarten die gleiche Wortstellung, z.B.:

  Du gehst in die Stadt.
  Du gehst in die Stadt?
  Du gehst doch in die Stadt!

In der geschriebenen Sprache kann man diese formal identischen Satzarten durch unterschiedliche Interpunktionen unterscheiden. In der gesprochenen Sprache ist die Unterscheidung in diesem Fall auf die Satzintonation angewiesen. Da aber solche Verwendung im Hochdeutschen nicht sehr häufig vorkommt, ist die Satzintonation als grammatisches Mittel zum Ausdruck syntaktischer Beziehungen nicht von erstrangiger Bedeutung.

Die Satzintonation als grammatisches Mittel zum Ausdruck syntaktischer Beziehungen im Chinesischen ist nur dann relevant, wenn die verschiedenen Satzarten keine zusätzlichen Partikeln als Kennzeichen aufweisen:

他是老师。 (Er ist Lehrer.)
ta shi laoshi.
他是老师? (Ist er Lehrer?)
ta shi laoshi?
你们看! (Schaut mal!)
nimen kan!

Wie im Deutschen wird der Satzart-Unterschied in der geschriebenen Sprache durch verschiedene Interpunktionen verdeutlicht.

3. Deutscher und chinesischer Satzbau im Vergleich

Ursachen für die unterschiedliche Länge bzw. Kürze des deutschen und des chinesischen Satzes - Analyse des deutschen und des chinesischen Satzbauplans

Fast jeder Chinese, der Deutsch, und fast jeder Deutsche, der Chinesisch lernt, gewinnt bei der Begegnung mit der jeweiligen Zielsprache wohl spontan den Eindruck, daß bei vergleichbaren Texten im Deutschen mehr lange Sätze als im Chinesischen zu finden sind. Im Deutschen können je nach Textart und stilistischem Bedarf die Sätze unterschiedlich ausgebaut sein. Ob lang oder kurz, hängt vom Geschmack des Autors ab, von der Treffsicherheit und Präzision seiner Sprache, von seinem literarischen Anspruch usw. Manche deutschsprachige Autoren ziehen bei ihrem literarischen Schaffen lange und komplizierte Konstruktionen vor, andere wiederum halten sich grundsätzlich an kurze, prägnante und übersichtliche Sätze. Sehr oft wird die Satzlänge aber auch als stilistisches Mittel bei der Gestaltung unterschiedlicher Textarten ganz bewußt eingesetzt. Sowohl in der deutschen Klassik als auch in der modernen deutschen Literatur läßt sich eine ganze Reihe von Autoren finden, die häufig und gezielt beim Schreiben lange und komplizierte Sätze verwenden. Von den zeitgenössischen Autoren seien hier beispielsweise Thomas Mann, Robert Musil, Herman Broch, Heinrich Böll, Günter Grass, Martin Walser genannt. In ihren Werken sind häufig lange bis sehr lange Sätze zu finden, die als Satzgefüge oder Satzperioden zahlreiche Nebensätze umfassen können. Diese umfangreichen Gebilde stellen sicherlich hohe Ansprüche an das Rezeptionsvermögen des Lesers und erschweren häufig bis zu einem gewissen Grade das unmittelbare Verständnis des Satzinhaltes. Bei genauer Analyse der Werke läßt sich aber bald feststellen, daß die Verwendung langer Sätze bei diesen Autoren keineswegs beliebig oder rein zufällig ist. Vielmehr benutzen diese Schriftsteller den langen Satz als ein Mittel, "die komplizierten Verflechtungen der Erscheinungen im realen Leben durch eine entsprechende syntaktische Form wiederzugeben." [1] und "die verschiedenen Zeitpläne,

---

[1] Admoni, W. (1973): Die Entwicklungstendenzen des deutschen Satzbaus von heute, in: Linguistische Reihe 12, 1. Auflage, München, S. 34.

in welchen sich die Handlung des Romans bewegt, in unmittelbare
Verbindung zu bringen, ihr Nebeneinander in ihr Mit- oder sogar
Durcheinander zu verwandeln und dabei den spontanen Ablauf der Gedankenbilder und der Empfindungen im inneren Monolog des Helden
möglichst treu wiederzugeben." [1]

Allein dem Anschein nach ist es im Chinesischen auch nicht viel anders. Je nach unterschiedlichem Sprachstil kann man im Chinesischen auch unterschiedlich lange Sätze finden. Es ist beispielsweise nicht selten, daß es in manchen chinesischen Textsorten, insbesondere in vielen literarischen Texten und Texten der Mediensprache Sätze gibt, in denen die einzelnen Teilsätze in relativ komplizierten syntaktischen und inhaltlichen Verhältnissen zueinander stehen. Hervorzuheben ist hier jedoch die Tatsache, daß es zwar sowohl im Deutschen als auch im Chinesischen relativ lange Sätze gibt, aber die langen Sätze in beiden Sprachen qualitativ und quantitativ unterschiedlich zu bewerten sind. Der spontane Eindruck von vielen Literaturfreunden, daß es in einem vom Inhalt und Umfang her vergleichbaren deutschen und chinesischen Text mehr lange deutsche als lange chinesische Sätze gibt, weist auf eine sehr wichtige und ernst zu nehmende Erscheinung hin, nämlich, daß die deutschen Sätze zwar nicht unbedingt immer länger als ihre chinesischen Entsprechungen sind bzw. sein müssen, aber aufgrund der vielfältigen morphologischen Formen der deutschen Wörter und reichlicher syntaktischer Mittel sehr lang und sogar extrem lang sein können. Wenn man von der inhaltlichen Überschaubarkeit bzw. Verständlichkeit sowie der stilistischen Akzeptanz absieht, kann man einen deutschen Satz beliebig in die Länge ziehen, ohne daß die grammatischen Regularien dadurch verletzt werden. Im Gegensatz dazu ist eine analoge beliebige Ausdehnung des chinesischen Satzes nicht möglich. Diese Unmöglichkeit ist vor allem morphologisch bedingt. Im Vergleich zum Deutschen kann man im Chinesischen trotz unterschiedlicher Textsorten und Sprachstile zwar auch relativ lange Sätze finden, in denen verschiedene Satzglieder vorhanden sind, aber die sogenannten "Bandwurmsätze" oder Satzperioden, in denen die einzelnen

---

[1] Admoni, W. (1973), a.a. O., S. 19.

Teilsätze in vielfacher Weise in koordinativen und subordinativen Verhältnissen miteinander verkettet sind, gibt es im Chinesischen nicht. Der quantitative, insbesondere aber der qualitative Unterschied in bezug auf die Satzlänge des Deutschen und des Chinesischen ist meiner Meinung nach im wesentlichen auf die unterschiedlichen typologischen Eigenschaften der beiden Sprachen zurückzuführen.[1]

Da die meisten Chinesen mit der relativ kurzen und gradlinigen Konstruktion ihrer Muttersprache vertraut sind, haben Deutschlernende bei der Konfrontation mit manchen langen deutschen Kettensätzen, namentlich bei der Begegnung mit gewissen mehrgliedrigen Satzperioden oft große Verständnisschwierigkeiten. Die mannigfachen syntaktischen Beziehungen zwischen den einzelnen Teilsätzen einer deutschen Satzperiode bereiten den meisten deutschlernenden Chinesen großes Kopfzerbrechen und behindern oft das sofortige Verstehen. Im Lektüreunterricht bzw. beim Hörverständnis im Deutschunterricht in China beurteilen Lehrer, Studenten und Schüler den Schwierigkeitsgrad eines inhaltlich vertrauten Textes oft nur danach, wieviele Kettensätze bzw. Satzperioden vorhanden sind. Je mehr Teilsätze in einem zusammengesetzten Satz enthalten und je komplizierter die syntaktischen Beziehungen der Teilsätze zueinander sind, desto schwieriger ist das

---

[1] Es ist nicht Aufgabe dieser Arbeit, den Einfluß des Lateinunterrichts zu untersuchen. Nur so viel: Das Gymnasium war bis zum Ende des 19. Jahrhunderts die einzige deutsche Lehranstalt, die den Schülern ein Reifezeugnis erteilte, welches zum Besuch der Universität berechtigte. Deshalb bemühten sich Eltern, die für ihre Kinder ein Universitätsstudium wünschten und dieses auch bezahlen konnten, um Aufnahme vornehmlich der Söhne in ein Gymnasium. Im Gymnasium erhielten die Schüler vom zehnten Lebensjahr an Lateinunterricht. Durch das Erlernen der lateinischen Sprache und insbesondere durch Übersetzungen aus dem Lateinischen, z.B. von Cäsar und Cicero, haben diese heranwachsenden Schüler von früher Jugend an die im klassischen Latein hochentwickelte Kunst des langen Satzes ständig geübt. Auf diesem Weg ist in Deutschland für die Hochsprache von Generationen die Formulierung in langen Sätzen selbstverständliches Bildungsgut geworden.

Lese- und Hörverständnis.

Der strukturelle Unterschied des deutschen und des chinesischen Satzes hat u.a. dazu geführt, daß angesichts der syntaktisch-morphologisch bedingten relativ kurzen Satzkonstruktion im Chinessischen viele deutsche Kettensätze bei der Übersetzung ins Chinesische zwangsläufig in mehrere Einfachsätze umgewandelt werden müssen. Das ist einer der Gründe, warum beim Übersetzen vieler literarischer Texte vom Deutschen ins Chinesische oft die poetische Substanz verlorengeht. Beim Lesen mancher vom Deutschen ins Chinesische übersetzten Romane findet man nicht selten Stellen, die den gewohnten chinesischen Satzkonstruktionen nicht adäquat sind oder sogar die Regeln verletzen. Diese interessante Erscheinung motiviert mich sehr, Überlegungen darüber anzustellen und zu untersuchen, worin die wesentlichen Ursachen für die unterschiedlichen Satzstrukturen im Deutschen und im Chinesischen bestehen und warum die chinesischen Sätze nicht wie die deutschen rein syntaktisch ausgedehnt werden können.

Was den deutschen Satzumfang anbelangt, sind zwei wichtige Faktoren für die Gestaltung des langen deutschen Satzes entscheidend: es sind a) das deutsche Satzgefüge, das der mehrgliedrigen Satzperiode zugrunde liegt und b) die verschiedenen inhaltlich äußerst aufnahmefähigen Substantivgruppen (damit werden diejenigen Substantivgruppen gemeint, die sowohl strukturell und inhaltlich recht komplizierte präpositive Attribute als auch postpositive Attribute haben.) Diese beiden Faktoren bilden die Grundlage für die Konstruktion des relativ langen deutschen Satzes, tragen jedoch zur Bildung unterschiedlicher Satzstrukturen bei. Während mit der deutschen Substantivgruppe in der Regel lange gradlinige Einfachsätze gebildet werden, konstruiert man mit dem deutschen Satzgefüge oft verzweigte Satzkonstruktionen.

"Im gradlinigen Einfachsatz hat die Substantivgruppe besonders große Dienste zu leisten. Dank der Festigkeit ihrer Struktur ist sie imstande, einen sehr komplizierten und thematisch bunten Bedeutungsgehalt zu einem einheitlichen, streng organisierten Satzglied zu gestalten, das strukturell sich ganz und gar in die prädikative Hauptlinie des Satzes einfügt. Von diesem Standpunkt aus könnte man die Substantivgruppe als einen Gleichrichter bezeichnen, der die mannigfaltigsten syntaktischen Beziehungen und Satzkomponenten zu Bestandteilen des gradlinigen Einfachsatzes umschaltet." [1]

Das deutsche Satzgefüge bildet die Grundlage für eine verzweigte Satzstruktur. Ohne das deutsche Satzgefüge könnte man zwar mithilfe der jeweiligen Substantivgruppen-Blocks auch inhaltlich relativ komplizierte gradlinige Einfachsätze konstruieren, aber die Länge derartiger Einfachsätze ist trotz der inhaltlichen Vielfalt theoretisch begrenzt.

Die beiden Satzstrukturen existieren parallel in der deutschen Gegenwartssprache und konkurrieren auch in gewissem Maße miteinander. Je nach unterschiedlichen Textsorten werden sie unterschiedlich häufig verwendet. In der Regel sind in naturwissenschaftlichen Texten die mit Substantivgruppen gebildeten gradlinigen Einfachsätze anzutreffen, während in literarischen Texten und Vorlagen der Mediensprache eher die verzweigte Satzstruktur bevorzugt wird. Sehr oft werden sie aber gemischt verwendet. So kann man nicht selten im Deutschen komplizierten Satzperioden begegnen, in denen mehrere Einfachsätze in koordinativen und subordinativen Verhältnissen zueinander stehen und in denen die - inhaltlich äußerst aufnahmefähigen - Substantivgruppen nur als einzelne Satzglieder solcher langen Sätze fungieren. In diesem Fall sind beide Faktoren für die Konstruktion des langen deutschen Satzes wichtig.

Obwohl die gesamte Entwicklung der deutschen Sprache durch die Abnahme des Ganzsatz-Umfangs gekennzeichnet ist, und statt des mehrfachen Satzgefüges immer mehr kurze und einfache Sätze gebildet werden, ist der wesentliche Charakter des deutschen Satzbauplans nicht geändert. Dies hat W. Admoni in seinem Buch "Die Entwicklungstendenzen des deutschen Satzbaus von heute" festgestellt. Die Hypotaxe ist immer noch ein auffälliges Merkmal der deutschen Satzkonstruktion.

Dieses wesentliche Merkmal ist dann noch deutlicher zu erkennen, wenn man den deutschen Satzbauplan mit dem chinesischen vergleicht. Im Unterschied zum Deutschen ist der chinesische Satzbauplan angesichts der beschränkten morphologisch-syntaktischen Mittel durch die parataktische Satzkonstruktion gekennzeichnet. Man kann im Chinesischen keine Hypotaxe im eigentlichen Sinne bilden. Die meisten chinesischen

---

[1] Admoni, W. (1973), a.a. O., S. 78.

Sätze einschließlich der Nebensätze weisen eine parataktische Struktur auf. Dieser wesentliche Unterschied in bezug auf die Satzkonstruktionen im Deutschen und im Chinesischen ist im Grunde genommen sprachtypologisch bestimmt. In den folgenden Abschnitten wird im Detail untersucht, worin die konkreten Ursachen für die unterschiedlichen Satzstrukturen in beiden Sprachen bestehen und warum eine mehrfache Hypotaxe nur im Deutschen, nicht aber im Chinesischen möglich ist.

3.1. Wichtige Voraussetzungen der hypotaktischen Satzkonstruktion im Deutschen und der parataktischen Satzkonstruktion im Chinesischen

Wenn in diesem Kapitel von der Hypotaxe im Deutschen und der Parataxe im Chinesischen die Rede ist, ist lediglich damit gemeint, daß das Deutsche dank seiner sprachtypologisch synthetischen Eigenschaft in der Lage ist, Sachverhalte je nach unterschiedlichem stilistischen Bedarf sowohl durch hypotaktische als auch durch parataktische Satzkonstruktion auszudrücken, während diese Alternative im Chinesichen nur in äußerst eingeschränktem Maße vorhanden ist.

Der Ausdruck der Sachverhalte durch rein hypotaktische Satzkonstruktion wird im Chinesischen vor allen Dingen durch die morphologischen Möglichkeiten beschränkt. Der Begriff "Hypotaxe" läßt sich darum auch nur bedingt auf die chinesische Sprache übertragen. Man kann ihn verwenden, wenn zwei oder mehrere Teilsätze inhaltlich einander untergeordnet sind und diese inhaltliche Ungleichwertigkeit bzw. Abhängigkeit zwischen den einzelnen Teilsätzen durch bestimmte subordinierende Konjunktionen zum Ausdruck gebracht wird. Eine derartige chinesische "Hypotaxe" von zusammengesetzten Sätzen unterscheidet sich von der Hypotaxe im eigentlichen Sinne, wie sie im Deutschen und in anderen europäischen Sprachen typisch ist, hauptsächlich darin, daß sie sich statt des syntaktischen Kriteriums auf das Kriterium der Semantik stützt. In Wirklichkeit hat sie mehr Gemeinsamkeiten mit der deutschen Parataxe als mit der Hypotaxe. Obwohl ich der Ansicht bin, daß das Deutsche eher eine hypotaktische und das Chinesische eher eine parataktische Satzkonstruktion aufweisen, läßt sich die Tendenz feststellen, daß auch im Deutschen die Verwendung parataktischer Satzkonstruktionen immer mehr zunimmt, weil sie im Vergleich zur Hypotaxe für den Rezipienten als überschaubarer und verständlicher erscheint. Im vorliegenden Kapitel wird lediglich versucht, die Ursache herauszufinden, warum eine Hypotaxe nur im Deutschen, nicht aber im Chinesischen möglich ist. Um diese Frage zu beantworten, ist es unbedingt notwendig, die wichtigen Kriterien zur Einteilung der koordinativen und der subordinativen Verbindung des deutschen und des chinesischen zusammengesetzten Satzes einander gegenüberzustellen.

3.1.1. Die gemeinsamen bzw. unterschiedlichen Einteilungskriterien der koordinativen und subordinativen Verbindung des deutschen und des chinesischen zusammengesetzten Satzes

Formal gesehen, bestehen zwischen dem deutschen und dem chinesischen zusammengesetzten Satz Ähnlichkeiten und Gemeinsamkeiten. Gemeinsam ist den beiden Sprachen vor allem, daß ein zusammengesetzter Satz aus zwei oder mehreren inhaltlich oder strukturell miteinander verbundenen Teilsätzen gebildet wird. Die einzelnen Teilsätze eines zusammengesetzten Satzes sind entweder nur logisch oder auch strukturell miteinander verbunden. Die Zusammenfügung sowohl des deutschen als auch des chinesischen zusammengesetzten Satzes erfolgt durch koordinative und subordinative Verbindung. Bei der Einteilung der beiden Kategorien ´Koordination` und ´Subordination` werden im Deutschen und im Chinesischen aber sehr unterschiedliche Kriterien angewandt.

Im Deutschen ist bei der Einteilung bzw. Unterscheidung der koordinativen und subordinativen Verbindung des zusammengesetzten Satzes das syntaktische Merkmal relevant. Der wesentliche Unterschied zwischen der koordinativen und der subordinativen Verbindung im deutschen zusammengesetzten Satz besteht darin, daß das Prinzip der koordinativen Verbindung auf zwei bzw. mehrere Hauptsätze angewandt wird und folglich eine Satzverbindung entsteht, während das Prinzip der subordinativen Verbindung bei der Einbettung eines Nebensatzes in einen Hauptsatz bzw. in einen übergeordneten Nebensatz angewandt wird und demnach ein Satzgefüge entsteht. Das Einbettungsverhältnis zwischen den einzelnen Teilsätzen ist also kennzeichnend für die subordinative Verbindung eines deutschen zusammengesetzten Satzes. Syntaktisch gesehen, handelt es sich bei der koordinativen verbindung eines deutschen zusammengesetzten Satzes um zwei bzw. mehrere grammatisch relativ vollständige und voneinander unabhängige einfache Sätze, die durch bestimmte Verknüpfungselemente - wie z.B. koordinierende Konjunktionen, Konjunktional-Adverbien - oder überhaupt nur semantisch-logisch miteinander verbunden sind. Dagegen geht es bei der subordinativen Verbindung im Deutschen in der Regel um ein formal erkennbar syntaktisch abhängiges Verhältnis zwischen den einzelnen Teilsätzen. Das syntaktisch abhängige Verhältnis in einem deutschen zusammengesetzten Satz wird üblicherweise durch die finite Verbstellung des Nebensatzes gekennzeichnet. Das finite Verb steht gewöhnlich am Ende des Nebensatzes. Es gibt zwar gewisse Ausnahmefälle, in denen das finite Verb nicht die End-, sondern die Spitzenstellung oder gar wie in einem normalen einfachen Aussagesatz die Zweitstellung des Nebensatzes einnimmt wie in folgenden Beispielen:

"Kommt er nicht, so bleibe ich zu Hause." (Konditionalsatz) "Sei er auch müde, er muß die Hausaufgaben zu Ende bringen." (Konzessivsatz) "Er sagt, er sei krank." (Objektsatz). Aber die syntaktische Abhängigkeit zwischen den einzelnen Teilsätzen wird durch andere Mittel, hier z.B. durch Konjunktivform, Spitzenstellung oder entsprechende Korrelate im Hauptsatz bzw. im übergeordneten Nebensatz gekennzeichnet. Sätze wie: "Es ist schon entschieden, du bleibst hier.", in denen das syntaktisch abhängige Verhältnis zwischen den beiden Teilsätzen nicht ohne weiteres zu erkennen und in der gesprochenen Sprache nur intonationsmäßig festzustellen ist, sind in der deutschen Schriftsprache relativ selten, sie kommt eher in der Umgangssprache vor. So kann man beispielsweise im Deutschen ein und denselben Sachverhalt sowohl durch koordinative als auch subordinative Satzverbindungen ausdrücken:

(1) a. "Es regnet zwar sehr stark, aber wir gehen spazieren."
      (koordinativ)
(1) b. "Obwohl es sehr stark regnet, gehen wir spazieren."
      (subordinativ)
(2) a. "Er kann diesen Text ins Chinesische übersetzen, denn er hat Sinologie studiert."
      (koordinativ)
(2) b. "Er kann diesen Text ins Chinesische übersetzen, weil er Sinologie studiert hat."
      (subordinativ)

Bei der Einteilung solcher Sätze in die Kategorie ´Koordination` oder

'Subordination' ist lediglich das syntaktische Merkmal entscheidend.
Im Unterschied zum Deutschen fehlt der Einteilung bzw. der Unterscheidung von Koordination und Subordination im chinesischen zusammengesetzten Satz ein eindeutiges syntaktisches Kriterium. In bezug auf die Einteilung bzw. Unterscheidung des einfachen und des zusammengesetzten Satzes im Chinesischen haben die chinesischen Grammatiker bis heute keine einheitliche Meinung. Manche chinesische Sätze werden von einigen chinesischen Grammatikern in den Bereich des einfachen Satzes eingeordnet, während andere die gleichen Sätze als zusammengesetzt bezeichnen. Ich will hier, statt ausführlich auf dieses heikle Problem einzugehen, nur darauf hinweisen, daß die richtige Einteilung der koordinativen und subordinativen Verbindung dadurch sehr erschwert ist, daß man bis heute im Chinesischen keine klare Grenzlinie zwischen dem einfachen und dem zusammengesetzten Satz gezogen hat. Deswegen kann ich in dieser Arbeit nur von den bisherigen allgemein anerkannten Kriterien ausgehen.

In fast allen chinesischen Grammatikbüchern wird innerhalb des zusammengesetzten Satzes ähnlich wie im Deutschen zwischen der Koordination und der Subordination unterschieden. Bei der Einteilung der Koordination und der Subordination werden aber ganz andere Kriterien als im Deutschen verwendet. Anders als im Deutschen wird im Chinesischen sehr betont, daß keiner der Teilsätze eines chinesischen zusammengesetzten Satzes syntaktischer Bestandteil eines anderen Teilsatzes ist bzw. als nähere Bestimmung zu einem Wort im übergeordneten Satz fungieren darf. Das führt dazu, daß die im Deutschen üblichen Subjektsätze, Objektsätze und ein großer Teil der Adverbialsätze - wie Temporalsätze, Lokalsätze sowie Attributsätze, die im Grunde genommen nur als bestimmte Satzglieder bzw. Satzgliedteile im übergeordneten Satz fungieren - im Chinesischen nicht anzutreffen sind. Sie alle werden im Chinesischen, wie lang und wie kompliziert sie auch sein mögen, als normale Satzglieder oder Satzgliedteile von den jeweiligen Einfachsätzen erfaßt. Der Grund dafür ist einfach: Wegen der beschränkten morphologischen Möglichkeiten im Chinesischen findet man kein formales Kennzeichen wie die verschiedenen deutschen Einleitungswörter, welche die oben genannten Gliedsätze mit den übergeordneten Sätzen verbinden. Außerdem lassen sich die syntaktischen abhängigen Beziehungen zwischen den Gliedsätzen und den betreffenden übergeordneten Sätzen im Chinesischen auch nicht wie im Deutschen durch irgendwelche Kasus- und Stellungsmerkmale der Wörter erkennen. Man kann, einfach gesagt, zwischen den chinesischen Nebensätzen und den entsprechenden Hauptsätzen bzw. übergeordneten Nebensätzen kein formal erkennbares Einbettungsverhältnis herstellen.

Was ist nun unter der Koordination und der Subordination eines chinesischen zusammengesetzten Satzes zu verstehen, wenn bestimmte syntaktische Merkmale fehlen? Bei der Einteilung der Koordination und der Subordination des chinesischen zusammengesetzten Satzes kann man sich in vielen Fällen nur auf die Analyse der lexikalischen Mittel und der semantisch-logischen Verhältnisse der einzelnen Teilsätze zueinander stützen. Normalerweise wird ein chinesischer zusammengesetzter Satz als Satz der Koordination bezeichnet, wenn die einzelnen Teilsätze gleichwertige Sachverhalte ausdrücken: Semantisch-logisch gesehen, soll keiner der Teilsätze von einem anderen abhängig sein. Das umfaßt sowohl die syndetische Konstruktion, d.h. Teilsätze, die durch bestimmte Konjunktionen, Adverbien sowie andere Verknüpfungselemente miteinander verbunden sind, als auch die asyndetische Konstruktion, und zwar Teilsätze ohne formal erkennbare Verknüpfungselemente. Dagegen handelt es sich bei der Subordination innerhalb des chinesischen zusammengesetzten Satzes um Sätze, deren Teilsätze vom semantisch-logischen Gesichtspunkt aus nicht in gleichrangigem Verhältnis zueinander stehen. Der Teilsatz, der die Hauptbedeutung oder den wesentlichen Sinn zum Ausdruck bringt, wird als Hauptsatz betrachtet, während der andere oder die anderen Teilsätze, die den Hauptsatz in verschiedener Hinsicht bestimmen, beschreiben oder beschränken, als Nebensätze bezeichnet werden, also eine rein semantische Differenzierung! Normalerweise werden mit den chinesischen Nebensätzen eine bestimmte Kausalität, Konditionalität, Konzessivität oder Finalität ausgedrückt. Die inhaltliche Abhängigkeit solcher Nebensätze von den entsprechenden Hauptsätzen wird entweder durch gewisse chinesische subordinierende Konjunktionen oder einfach durch die Satzstellung sowie die entsprechende Stimmführung gekennzeichnet. In der Regel befindet sich der chinesische Nebensatz vor dem Hauptsatz. In wenigen Fällen können die Stellungen von Hauptsätzen und Nebensätzen vertauscht werden, z.B. bei manchen Konditionalsätzen oder Finalsätzen. Der beliebige Stellungswechsel ist bei einigen chinesischen Nebensätzen unzulässig. In den modernen chinesischen

literarischen Texten ist aber die Tendenz zu beobachten, daß es
immer mehr Fälle gibt, in denen der Nebensatz hinter dem betreffenden Hauptsatz steht. Das ist insbesondere bei gewissen Konditionalsätzen, Kausalsätzen und Finalsätzen der Fall. Bei der Stellungsänderung von Haupt- und Nebensatz handelt es sich im Chinesischen aber um bestimmte leichte inhaltliche Modifizierungen. Während z.B. ein chinesischer kausaler Nebensatz vor dem dazugehörigen Hauptsatz gewöhnlich einen Grund, eine Ursache angibt, wird mit dem gleichen Nebensatz nach dem Hauptsatz meist eine Hinzufügung oder Ergänzung ausgedrückt. Die kausale bzw. konditionale Bedeutung des Nebensatzes ist in der Nachstellung schwächer als in der Vorderstellung, wie die nachstehenden Beispielsätze verdeutlichen mögen:

(1) a. 因为他身体不舒服，他没有参加比赛。
yinwei ta shenti bu shufu, ta meiyou canjia bisai.
(Da er sich nicht wohl fühlte, nahm er nicht am Wettkampf teil.)

(1) b. 他没有参加比赛，因为他身体不舒服。
ta meiyou canjia bisai, yinwei ta shenti bu shufu.
(Er nahm nicht am Wettkampf teil, weil er sich nicht wohl fühlte.)

(2) a. 如果我有时间，我一定去看你。
ruguo wo you shijian, wo yiding qu kan ni.
(Wenn ich Zeit habe, werde ich dich bestimmt besuchen.)

(2) b. 我一定去看你，如果我有时间。
wo yiding qu kan ni, ruguo wo you shijian.
(Ich werde dich bestimmt besuchen, wenn ich Zeit habe.)

Die heutzutage immer häufiger anzutreffende Nachstellung des chinesischen Nebensatzes, insbesondere die Nachstellung des chinesischen Konditionalsatzes, hängt in gewissem Maße vom Einfluß europäischer Literatur ab. Im Vergleich zur chinesischen Literatur findet man in den Übersetzungen europäischer Literaturvorlagen ins Chinesische mehr Fälle, in denen die jeweiligen Nebensätze hinter den dazugehörigen Hauptsätzen stehen.

Die Einteilung der Koordination und der Subordination des chinesischen zusammengesetzten Satzes rein nach den semantisch-logischen Verhältnissen zwischen den einzelnen Teilsätzen hat zur Folge, daß sehr oft

ein und derselbe chinesische zusammengesetzte Satz von verschiedenen
Grammatikern unterschiedlich aufgefaßt und kategorisiert wird, obwohl die meisten Teilsätze des chinesischen zusammengesetzten Satzes
sowohl bei der Koordination als auch bei der Subordination durch
bestimmte Konjunktionen, Adverbien und andere Verknüpfungselemente
miteinander verbunden sind, die von den chinesischen Grammatikern
allgemein als syntaktisches Merkmal der Koordination und der Subordination anerkannt werden. Viele solcher Sätze lassen sich nicht unproblematisch der ihnen entsprechenden Kategorie zuweisen, weil man
die Sachverhalte der Teilsätze trotz Berücksichtigung der Verknüpfungselemente inhaltlich für gleichwertig, aber auch ungleichwertig halten
kann. Es ist in manchen Fällen schwer zu entscheiden, ob überhaupt
ein inhaltlich abhängiges Verhältnis zwischen den einzelnen Teilsätzen
besteht, und wenn ja, welcher von den Teilsätzen die Hauptbedeutung
des ganzen Satzes trägt und welcher eine Nebenrolle spielt. Bei einigen
Arten des chinesischen zusammengesetzten Satzes läßt sich darüber
streiten, ob die einzelnen Teilsätze in koordinierenden oder subordinierenden Verhältnissen zueinander stehen. Besonders schwer ist
beispielsweise die richtige Einordnung mancher adversativer Sätze,
deren Teilsätze statt durch zweiteilige Konjunktionen nur durch eine
einzige Konjunktion verbunden werden, wie in den nachstehenden Beispielsätzen:

(1) 他生活得很窘迫，但是他还是尽可能资助他的朋友。
   ta shenghuo de hen jiongpo, danshi ta haishi jin keneng zizhu ta de
   pengyou.
   (Er lebt in sehr schlechten finanziellen Verhältnissen, aber er
   unterstützt dennoch nach Möglichkeit seine Freunde mit Geld.)

(2) 联邦德国的首都波恩是一座很小的城市，但是它的景色十分迷人。
   lianbang Deguo de shoudu Bo'en shi yi zuo hen xiao de chengshi,
   danshi ta de jingse shifen miren.
   (Die Hauptstadt der Bundesrepublik Deutschland Bonn ist eine
   kleine Stadt, aber sie ist zauberhaft.)

Solche Sätze werden von den chinesischen Grammatikern allgemein in
die Kategorie der Subordination eingeordnet, weil es sich dabei
um eine inhaltliche Wendung handelt. Es bleibt jedoch fraglich, ob

zwischen den zwei Teilsätzen der beiden chinesischen zusammengesetzten Sätze tatsächlich ein inhaltlich abhängiges Verhältnis besteht. Dagegen werden Sätze, deren Teilsätze mit zweiteiligen (homologen) Konjunktionen wie 不是 bushi ... 而是 ershi ... (nicht ... sondern ...) verbunden werden, z.B. 不是他忘了，而是我没有告诉他。 bushi ta wang le, ershi wo meiyou gaosu ta. (Es ist nicht so, daß er es vergessen hat, sondern ich habe es ihm nicht mitgeteilt.), von den chinesischen Grammatikern als Sätze mit Koordination bezeichnet. Es ist offensichtlich nicht überzeugend zu behaupten, daß in den ersten zwei Sätzen nur einer von beiden Teilsätzen die Hauptbedeutung trägt, während im dritten Satz die beiden Teilsätze inhaltlich gleichermaßen betont werden. Außerdem werden Sätze wie: 他宁可饿死, 也不去讨饭 ta ningke e si, ye bu qu tao fan. (Lieber will er verhungern, als daß er betteln geht.) von manchen Grammatikern in die Kategorie der Koordination, von anderen aber in die Kategorie der Subordination eingewiesen. [1] Noch problematischer ist es bei der Einteilung des chinesischen zusammengesetzten Satzes ohne formal erkennbare Verknüpfungszeichen. Viele derartige Sätze lassen sich inhaltlich zwei- bzw. mehrdeutig verstehen und interpretieren, z.B.:

(1) 他身体不好、大家都十分关心他。
ta shenti bu hao, dajia dou shifen guanxin ta.

(2) 巴黎是座世界名城，每天都有很多游客到巴黎参观。
Bali shi yi zuo shijie mingcheng, mei tian dou you hen duo youke dao Bali canguan.

Je nachdem, was man inhaltlich unter den beiden Sätzen versteht, lassen sie sich sowohl der Koordination als auch der Subordination zuweisen. Demnach kann man sie inhaltlich verschieden übersetzen, nämlich:

(1) Er ist nicht gesund, alle kümmern sich um ihn - oder:
Da er nicht gesund ist, kümmern sich alle um ihn.

(2) Paris ist eine berühmte Weltstadt, täglich kommen sehr viele Touristen nach Paris zur Besichtigung - oder:
Da Paris eine berühmte Weltstadt ist, kommen täglich sehr viele Touristen nach Paris zur Besichtigung.

---

1) Vgl. Lü, Jiping, (1983), a.a. O., S. 361-362, und Shi, Xirao, yang, Qinghui, (1984), a.a. O., S. 380.

Manche solcher Sätze lassen sich je nach unterschiedlichem Kontext
inhaltlich sogar dreifach interpretieren, wie z.B.:

他不帮助，我们自己干。

ta bu bangzhu, women ziji gan.

(1) Er hilft nicht, wir machen das selber.
(2) Da er nicht hilft, machen wir das selber.
(3) Falls er nicht hilft, machen wir das selber.

天下雨，我们留在家里。

tian xiayu, women liu zai jia li.

(1) Es regnet, wir bleiben zu Hause.
(2) Da es regnet, bleiben wir zu Hause.
(3) Wenn es regnet, bleiben wir zu Hause.

Für die inhaltliche Identifizierung bzw. Unterscheidung dieser Sätze
ist bei der gesprochenen Sprache die Stimmführung manchmal von Wichtigkeit; in vielen Fällen kann man aber nur durch den Kontext die passende
Bedeutung des Satzes erschließen und damit den Satzcharakter feststellen.

Man kann zwar auch ähnliche Beispiele in der gesprochenen deutschen
Sprache finden, die je nach unterschiedlicher Stimmführung und unterschiedlichem Kontext inhaltlich verschiedenes bedeuten können, wie
z.B. "Komm schnell, der Film fängt gleich an." oder "Er wartet zu
Hause, wir müssen uns beeilen." Aber das betrifft in der Regel nur
die zusammengesetzten Sätze mit der sogenannten asyndetischen Konstruktion. Im Unterschied zum Chinesischen sind solche deutschen asyndetischen Sätze trotz der eventuell inhaltlichen Mehrdeutigkeit syntaktisch eindeutig zu interpretieren. Da es keine syntaktische Abhängigkeit zwischen den beiden Teilsätzen gibt, werden sie im Deutschen
generell als Sätze der koordinativen Verbindung betrachtet.

Durch den Vergleich kann man erkennen, daß es zwar verschiedene Gründe
gibt, die zur Einteilungsschwierigkeit beim chinesischen zusammengesetzten Satz führen, daß aber der wesentliche Grund eindeutig im Fehlen
der notwendigen morphologischen Merkmale der chinesischen Wörter liegt.
So glaube ich, den wesentlichen Unterschied der Einteilungskriterien
der Koordination und Subordination des deutschen und des chinesischen
zusammengesetzten Satzes folgendermaßen zusammenfassen zu dürfen:

1. Bei der Einteilung der Koordination und Subordination des deutschen zusammengesetzten Satzes ist in der Regel das syntaktische Merkmal ausschlaggebend. Handelt es sich um zwei bzw. mehrere syntaktisch voneinander abhängige gleichwertige einfache Sätze, die inhaltlich miteinander korrespondieren, entweder mit oder ohne bestimmte Verknüpfungselemente, so entsteht die Koordination zwischen den einzelnen Teilsätzen. Dagegen geht es bei der Subordination des deutschen zusammengesetzten Satzes fast ausschließlich um ein syntaktisch abhängiges Verhältnis zwischen Haupt- und Nebensätzen sowie zwischen übergeordnetem und untergeordnetem Nebensatz. Das Einbettungsverhältnis des Nebensatzes zum Hauptsatz bzw. zum übergeordneten Nebensatz wird normalerweise durch die Endstellung des finiten Verbs im Nebensatz zum Ausdruck gebracht. Die semantischen Komponenten haben bei der Einteilung der Koordination und der Subordination keine erstrangige Bedeutung.

2. Im deutlichen Unterschied zum Deutschen wird im Chinesischen zwischen der Koordination und der Subordination des zusammengesetzten Satzes überwiegend nach semantisch-logischen Verhältnissen der Teilsätze zueinander unterschieden. Bei der Koordination handelt es sich, ähnlich wie im Deutschen, um zwei bzw. mehrere einfache Sätze, die entweder mit oder ohne bestimmte Verknüpfungselemente miteinander verbunden sind. Entscheidend dabei ist jedoch die inhaltliche Gleichwertigkeit der Teilsätze. Ganz anders als im Deutschen sind aber die Kriterien für die Einteilung der Subordination des chinesischen zusammengesetzten Satzes. Statt des syntaktischen Mittels ist sehr oft für die Bestimmung der Subordination die inhaltliche Abhängigkeit der Teilsätze untereinander relevant.

3.2. Unterschiedliche grammatische Mittel im Deutschen und Chinesischen, die der Bildung der Hypotaxe im Deutschen und der Parataxe im Chinesischen zugrunde liegen

Neben den reichlichen morphologischen Abänderungsmöglichkeiten der deutschen Wörter sind auch einige andere grammatische Mittel zu erwähnen, die mit zur Bildung der deutschen Hypotaxe beitragen und in manchen Fällen sogar von großer Wichtigkeit sind. Dies sind vor allem die verschiedenen subordinierenden Konjunktionen, Pronominaladverbien und die eng mit ihnen verbundenen Wortstellungen. Alle diese Mittel können zur Bildung bzw. Kennzeichnung der deutschen Hypotaxe verwendet werden. Manchmal kann sogar ein einziges Mittel allein den hypotaktischen Charakter des deutschen Satzes signalisieren. Das ist z.B. beim deutschen Konjunktiv als indirekte Rede der Fall. Wenn bei einer langen indirekten Rede mehrere indirekte Äußerungen aufeinander folgen und das redeeinleitende Verb nicht ständig wiederholt wird, wird die syntaktische Abhängigkeit der vielen Nebensätze ohne einleitende Konjunktionen zum Hauptsatz sowie die mit ihnen ausgedrückte inhaltliche Objektivität des Zitates in den meisten Fällen durch die entsprechende notwendige Konjunktivform des finiten Verbs im jeweiligen Nebensatz verdeutlicht. Durch die spezifischen Konjunktivformen kann man im Deutschen trotz der identischen finiten Verbstellung wie in einem normalen einfachen Aussagesatz bzw. durch die Zweitstellung des finiten Verbs die vielen vom redeeinleitenden Verb abhängigen Nebensätze von den einzelnen selbständigen einfachen Sätzen deutlich unterscheiden. Das ist beispielsweise in den folgenden Sätzen leicht zu erkennen:

"Sie gibt dem erschrockenen Moeding zu Protokoll, sie habe mittags gegen 12.15 in ihrer Wohnung den Journalisten Werner Tötges erschossen, er möge veranlassen, daß ihre Wohnungstür aufgebrochen und er dort "abgeholt" werde; sie selbst habe sich zwischen 12.15 und 19.00 Uhr in der Stadt herumgetrieben, um Reue zu finden, habe aber keine Reue gefunden; sie bitte außerdem um ihre Verhaftung, sie möchte gern dort sein, wo auch ihr "lieber Ludwig" sei." [1]

Solche indirekte Rede könnte theoretisch immer weiter fortgesetzt werden. Die Heldin des Romans könnte unendlich zu Protokoll geben, was sie getan hat. Aber trotz der relativ langen indirekten Redekette und der formal mit dem einfachen Satz identischen Nebensätze ist die syntaktische Abhängigkeit der vielen uneingeleiteten Nebensätze zum Hauptsatz durch die Konjunktivformen der jeweiligen finiten Verben in den Nebensätzen deutlich zu erkennen.

---

1) Böll, H. (1974): Die verlorene Ehre der Katharina Blum oder: Wie Gewalt entstehen und wohin sie führen kann, Erzählung, Köln, S. 12.

"Der Graf setzte sich, in dem er die Hand der Dame fahrenließ, nieder, und sagte, daß er, durch die Umstände gezwungen, sich sehr kurz fassen müsse; daß er, tödlich durch die Brust geschossen, nach P ... gebracht worden wäre; daß er mehrere Monate daselbst an seinem Leben verzweifelt hätte; daß währenddessen die Frau Marquise sein einziger Gedanke gewesen wäre; daß er die Lust und den Schmerz nicht beschreiben könnte, die sich in dieser Vorstellung umarmt hätten; daß er endlich, nach seiner Wiederherstellung, wieder zur Armee gegangen wäre; daß er daselbst die lebhafteste Unruhe empfunden hätte; daß er mehrere Male die Feder ergriffen, um in einem Briefe, an den Herrn Obristen und die Frau Marquise, seinem Herzen Luft zu machen; daß er plötzlich mit Depeschen nach Neapel geschickt worden wäre; daß er nicht wisse, ob er nicht von dort weiter nach Konstantinopel werde abgeordert werden; daß er vielleicht gar nach St. Petersburg werde gehen müssen; daß ihm inzwischen unmöglich wäre, länger zu leben, ohne über eine notwendige Forderung seiner Seele ins Reine zu sein; daß er dem Drang bei seiner Durchreise durch M ..., einige Schritte zu diesem Zweck zu tun, nicht habe widerstehen können; kurz, daß er den Wunsch hege, mit der Hand der Frau Marquise beglückt zu werden, und daß er auf das ehrfurchtsvollste, inständigste und dringendste bitte, sich ihm hierüber gütig zu erklären." [1]

Solche lange indirekte Rede, die durch entsprechende Konjunktivformen zum Ausdruck gebracht und gekennzeichnet wird, ist insbesondere in der deutschen gegenwärtigen Mediensprache zu finden.

Sehr oft werden alle oben genannten Mittel gleichzeitig verwendet, um den hypotaktischen Charakter des Satzes zu markieren, z.B.: "Er sagte, daß er krank sei.", "Er fragt, warum ich nicht mitkommen wolle." usw. Die verschiedenen deutschen Pronomina bzw. Pronominaladverbien werden insofern als grammatisches Mittel zur Bildung der deutschen Hypotaxe bezeichnet, als sie, ähnlich wie die vielen subordinierenden Konjunktionen, deutsche Nebensätze einleiten können. In diesem Fall müssen sie aber zusammen mit der finiten Verbstellung

---

1) Kleist, H. (1985): Die Marquise von O ..., in: Ein Lesebuch für unsere Zeit von H. Kleist, 9. neubearbeitete Auflage, Berlin und Weimar, S. 279.

und dem Konjunktiv der jeweils von ihnen eingeleiteten Nebensätze wirken, weil man nur durch die entsprechenden finiten Verbstellungen und Konjunktivformen die den Nebensatz einleitenden Pronomina von den gleichförmigen Pronomina unterscheiden kann, die jeweils selbständige einfache Sätze einleiten, z.B.: "Er hat mir nicht gesagt, worüber sie diskutieren." und: "Worüber diskutieren Sie?", "Er will wissen, warum er nicht aufgenommen worden sei." und: "Warum ist er nicht aufgenommen worden?".

Als eines der die deutsche Hypotaxe kennzeichnenden Mittel spielt die Stimmführung eine zwar nicht unwichtige Rolle in der gesprochenen Sprache; man kann z.B. in manchen Fällen durch unterschiedliche Stimmführung die syntaktische Abhängigkeit des uneingeleiteten Nebensatzes zum Hauptsatz bekräftigen. Da aber angesichts der Existenz der oben genannten grammatischen Mittel die deutsche Hypotaxe ohnehin deutlich wird und solche Nebensätze ohne jegliches äußerlich erkennbares Merkmal relativ selten sind, ist die Stimmführung bei der Identifikation der deutschen Hypotaxe nicht von erstrangiger Bedeutung. Die Eindeutigkeit der syntaktischen Beziehungen zwischen dem Neben- und Hauptsatz und damit die Synsemantik des Nebensatzes in diesem Fall wird in der geschriebenen Sprache durch entsprechende Interpunktionen gewährleistet.

Im Vergleich zum Deutschen gibt es im Chinesischen wenige grammatische Mittel zur Bildung bzw. Kennzeichnung des chinesischen zusammengesetzten Satzes, sowohl der koordinierenden als auch der subordinierenden Verbindungen. Wegen des Fehlens der morphologischen Merkmale hat man in der geschriebenen Sprache praktisch nur zwei grammatische Mittel zur Konstruktion des chinesischen zusammengesetzten Satzes zur Verfügung. Es sind bestimmte grammatische Wörter und die Satzstellung. Die grammatischen Wörter, mit denen der chinesische zusammengesetzte Satz gebildet werden kann, umfassen sowohl die verschiedenen Konjunktionen als auch Konjunktionaladverbien und andere Verknüpfungselemente. Es werden zwar auch, wie erwähnt wurde, innerhalb des chinesischen zusammengesetzten Satzes Koordination und Subordination unterschieden, aber sie sind im wesentlichen doch anders als ihre deutschen Entsprechungen. Das einzige wirksame Mittel, mit dessen Hilfe man die beiden Konstruktionsformen in den meisten Fällen auseinanderhalten kann, sind allein die jeweiligen koordinierenden und subordinierenden Konjunktionen, die statt syntaktischer Merkmale nur durch semantisch-logische Beziehungen zwischen den mit ihnen verbundenen Teilsätzen ergänzt werden. In der Regel werden diejenigen Sätze, deren Teilsätze vom semantisch-logischen Verhältnis her gesehen nicht gleichwertig bzw. gleichrangig sind, als Sätze der Subordination bezeichnet. Kennzeichnend für die chinesischen subordinierenden Sätze ist, daß die durch die jeweiligen Konjunktionen eingeleiteten Teilsätze inhaltlich bestimmte Gründe, Ursachen, Bedingungen, Hypothesen, Einschränkungen, Zwecke usw. für den anderen Teilsatz zum Ausdruck bringen. Diese eingeleiteten Teilsätze weisen damit eine semantische Abhängigkeit vom anderen Teilsatz auf und werden daher als Nebensätze bezeichnet.[1] Hier wiederum einige Beispiele:

如果天气好，我们去郊游。
ruguo tianqi hao, women qu jiaoyou.
(Wenn gutes Wetter ist, machen wir eine Wanderung.)

虽然他年纪很小，但是他学习十分用功。
suiran ta nianji hen xiao, danshi ta xuexi shifen yonggong.
(Obwohl er sehr jung ist, lernt er sehr fleißig.)

由于他经常锻炼身体，他很少得病。
youyu ta jingchang duanlian shenti, ta hen shao de bing.
(Da er oft Sport treibt, ist er selten krank.)

假如你能帮助我，我很快就可以完成任务。
jiaru ni neng bangzhu wo, wo hen kuai jiu keyi wancheng renwu.
(Wenn du mir helfen kannst, kann ich schnell die Aufgabe erfüllen.)

即使英语再难，我也要掌握它。
jishi Yingyu zai nan, wo ye yao zhangwo ta.
(Wenn Englisch auch sehr schwer ist, muß ich es beherrschen.)

为了尽快完成任务，工人们每天加班工作。
weile jin kuai wancheng renwu, gongren men mei tian jiaban gongzuo.
(Um möglichst schnell die Aufgaben zu erfüllen, machen die Arbeiter

---

[1] Vgl. Shi, Xirao, Yang, Qinghui, (1984), a.a. O., S. 382-388; Huang, Borong, Liao, Xudong, (1981): 现代汉语 xiandai Hanyu (Modernes Chinesisch), 2. Auflage, Gansu; Hu, Yushu, (1962): 现代汉语 xiandai Hanyu (Modernes Chinesisch), Shanghai, S. 399-405.

täglich Überstunden.)

Dagegen werden die Sätze, deren Teilsätze, vom semantisch-logischen Gesichtspunkt her gesehen, in gleichrangigem Verhältnis zueinander stehen, als Sätze der Koordination angesehen. Typisch für die meisten chinesischen koordinierenden Sätze ist, daß es sich dabei gewöhnlich um zweiteilige Konjunktionen handelt, die in beiden Teilsätzen des zusammengesetzten Satzes vorhanden sind, [1] z.B.:

他一边工作，一边思考解决困难的办法。
ta yibian gongzuo, yibian sikao jiejue kunnan de banfa.
(Während er arbeitet, überlegt er sich, wie er die Schwierigkeiten überwinden kann.)

他不但学习好，而且身体也很健康。
ta budan xuexi hao, erqie shenti ye hen jiankang.
(Nicht nur lernt er sehr gut, sondern er ist auch sehr gesund.)

他既能把中文小说译成德文，也能把德文小说译成中文。
ta ji neng ba Zhongwen xiaoshuo yi cheng Dewen, ye neng ba Dewen xiaoshuo yi cheng Zhongwen.
(Er kann sowohl chinesische Romane ins Deutsche als auch deutsche Romane ins Chinesische übersetzen.)

或者我们战胜敌人，或者我们被敌人战胜。
huozhe women zhansheng diren, huozhe women bei diren zhansheng.
(Entweder besiegen wir den Feind, oder wir werden vom Feind besiegt.)

Außer den semantischen Unterschieden findet man im Chinesischen kein weiteres syntaktisches Mittel, mit dem man die Koordination und die Subordination des chinesischen zusammengesetzten Satzes unterscheiden kann, was logischerweise eine eindeutige Identifizierung erschwert.

Die Satzstellung wird zwar im Chinesischen auch als grammatisches Mittel zur Einteilung und Unterscheidung der Koordination und der Subordination angesehen, aber dieses Kriterium gilt als sehr unzuverlässig, weil es im Chinesischen sehr viele Sätze gibt, deren Teilsätze ohne jegliches Merkmal nebeneinander stehen und die semantischen Beziehungen zwischen ihnen je nach dem Kontext unterschiedlich aufzufassen sind, Sätze wie:

(1) 太阳还没有升起来，天气很冷。
    taiyang hai meiyou sheng qi lai, tianqi hen leng.

---

1) Vgl. Anmerkungen S. 85.

(2) 他从小失去了父母，生活十分孤寂。
ta cong xiao shiqu le fumu, shenghuo shifen guji.

(3) 他离开家乡很多年了，他非常想念家乡的亲人。
ta likai jiaxiang hen duo nian le, ta feichang xiangnian jiaxiang de qinren.

können sowohl als Sätze der Koordination als auch der Subordination betrachtet werden. Als Sätze der Koordination bedeuten die drei Sätze:

(1) "Die Sonne ist noch nicht aufgegangen, (und) es ist sehr kalt."
(2) "In seiner Kindheit hat er die Eltern verloren, (und) das Leben war sehr einsam."
(3) "Vor vielen Jahren hat er die Heimat verlassen, (und) er vermißt seine Verwandten in der Heimat sehr."

Dagegen werden die Sätze als Sätze der Subordination inhaltlich folgendermaßen übersetzt:

(1) "Da die Sonne noch nicht aufgegangen ist, ist es sehr kalt."
(2) "Da er in seiner Kindheit die Eltern verloren hat, war das Leben sehr einsam."
(3) "Da er vor vielen Jahren die Heimat verlassen hat, vermißt er seine Verwandten in der Heimat sehr."

Wie aber derartige Sätze zu übersetzen sind, hängt im wesentlichen davon ab, in welchem Kontext sie verwendet werden und was man darunter versteht. (Vgl. Beispielsätze auf der Seite 79.)

Das Chinesische kennt keine Konjunktivformen des Verbs. So muß man den deutschen Konjunktiv, der durch die Verbkonjugation zum Ausdruck gebracht wird, inhaltlich entsprechend durch lexikalische Mittel ausdrücken. Um beispielsweise in einem chinesischen Text die indirekte Rede bzw. die Äußerung und Meinung einer anderen Person zu kennzeichnen, muß man entweder das ganze Zitat durch Anführungszeichen in der geschriebenen Sprache markieren oder zwischendurch immer wieder die den "Inhaltsatz" einleitenden Verben wie: "Er sagt, meint, glaubt, findet, betont, hofft, ist der Ansicht, ist der Meinung" usw. hinzufügen. Ansonsten kann man nicht ohne weiteres die indirekte Rede und die direkte Rede voneinander unterscheiden. Bei einer relativ langen indirekten Rede bzw. Äußerung, die nicht durch Anführungszeichen markiert ist, muß man zwangsläufig immer wieder ergänzen, von wem die Rede ist, damit die objektive Haltung des Verfassers zum Inhalt des von ihm verwendeten Zitates leicht zu erkennen und das Zitierte vom Kommentar des Zitierenden zu unterscheiden ist. Um dies näher zu erläutern, sei hier ein chinesischer Zeitungsbericht über die Zusammenkunft des chinesischen Ministerpräsidenten Li Peng mit dem Präsidenten von Äthiopien aus der größten chinesischen Parteizeitung "Renmin Ribao" (Volkszeitung) angeführt. Darin heißt wörtlich:

李鹏与门格斯图举行会谈
就国际问题和中埃友好
交换意见
据新华社北京六月二十一日电

国务院总理李鹏今天说,虽然世界上出现了一些缓和,但世界爱好和平的人民不能麻痹警惕。

李鹏今天上午在人民大会堂同埃塞俄比亚总统门格斯图·海尔马利亚举行会谈。

李鹏说,近年来,中国对外交政策作了重要调整。中国认为,虽然战争危险依然存在,但由于世界和平力量的增长,只要爱好和平的国家和人民坚持努力,世界战争是可以避免的。

李鹏说:"中国欢迎美苏签署中导条约和美苏关系缓和。但是裁军特别是核裁军十分艰巨。我们对超级大国的军备竞赛向外空发展感到关切,对高科技用于军备竞赛感到关切。同时,世界上仍然存在着不少热点。"

李鹏说，中国是发展中国家，正在努力于实现现代化。中国执行独立自主的和平外交政策，希望能够有一个长时期的和平国际环境。

李鹏说，中国还高兴地看到，埃塞俄比亚与邻国的关系有所改善。中国一贯主张国家间的争端，特别是发展中国家的争端应该通过谈判和平解决。

他说，中埃关系良好，近几年来又有较快的发展。他表示相信，门格斯图总统这次来访必将进一步促进中埃关系的发展。

Deutsche Übersetzung:

Überschrift: "Gespräch zwischen Li Peng und Mengistu"

Unterzeile: "Meinungsaustausch über die internationalen Fragen und die Freundschaft zwischen China und Äthiopien"

"Xinhua-Agentur, Beijing, telegraphiert am 21.06.1988.

Der Ministerpräsident des Staatsrates, Li Peng, sagte heute, obwohl auf der Welt eine gewisse Entspannung zu verzeichnen ist, dürfen die Völker der Welt, die den Frieden lieben, ihre Wachsamkeit nicht verlieren. Li Peng führte vormittags in der Volkskonkreß-Halle mit dem Präsidenten von Äthiopien, Mengistu, Heile Mariam ein Gespräch. Li Peng sagte, seit einigen Jahren hat China seine Außenpolitik wesentlich verändert. China ist der Meinung, daß mit der Zunahme der den Frieden liebenden Kräfte der Weltkrieg trotz bevorstehender Gefahr aufgrund gemeinsamer Bemühungen der den Frieden liebenden Staaten und Völker vermeidbar ist.

Li Peng sagte: "China begrüßt sehr die Unterzeichnung des Abkommens über die Mittelstreckenraketen zwischen den USA und der Sowjetunion und die Entspannung der Beziehungen der beiden Staaten, aber die Abrüstung, insbesondere die Abrüstung der nuklearen Waffen ist sehr schwer durchzuführen. Wir sind sehr besorgt über den Rüstungswettkampf der Supermächte im Weltraum. Wir sind auch sehr besorgt darüber, daß die hohe Technik im Wettrüsten verwendet wird. Auf der Welt gibt es immer noch viele heiße Punkte."

Li Peng sagte, China ist ein Entwicklungsland, bemüht sich gerade
um die Verwirklichung der Modernisierung. China verfolgt eine unabhängige und friedliche Außenpolitik und wünscht eine relativ lang
dauernde friedliche internationale Situation.

Li Peng sagte, China hat mit Freude gesehen, daß Äthiopien seine
Beziehungen zu den Nachbarländern verbessert hat. China befürwortet
immer, daß die Konflikte zwischen den Staaten, insbesondere die
Konflikte zwischen den Entwicklungsländern durch Verhandlungen friedlich beigelegt werden sollen.

Er sagte, China und Äthiopien haben gute Beziehungen miteinander, und
diese Beziehungen haben in den letzten Jahren eine relativ schnelle
Entwicklung erlebt. Er glaubte, daß der Besuch des Präsidenten Mengistu
die Entwicklung der chinesischen und äthiopischen Beziehungen weiter
fördern wird." 1)

Der Zeitungsbericht verdeutlicht, daß man ohne ständige Wiederholung
von Verben, die den "Inhaltsatz" einleiten, nicht genau wissen kann,
ob die geäußerten Meinungen die des Ministerpräsidenten oder solche
des den Bericht verfassenden Journalisten sind. Der Grund dafür ist,
daß man außer den zwei oben genannten Mitteln keine weiteren findet,
um direkte und indirekte Rede zu unterscheiden. Dagegen kann man die
indirekte Rede in einem vergleichbaren deutschen Zeitungsbericht allein
durch die entsprechenden Konjunktivformen des Verbs verdeutlichen.
Statt ständiger Wiederholung der den "Inhaltsatz" einleitenden Verben
werden diese Verben, rein syntaktisch gesehen, meist nur einmal verwendet. Abgesehen von der stilistischen Eintönigkeit kann man im
Deutschen theoretisch mit einem satzeinleitenden Verb eine indirekte
Äußerung aufgrund der Konjunktivformen des Verbs unendlich lang fortsetzen, ohne daß sie mit der direkten Äußerung des Verfassers verwechselt wird. Diese sehr sprachökonomische Erscheinung beruht auf
der relativ komplexen deutschen Morphologie.

Das ständige Hinzufügen von den "Inhaltsatz" einleitenden Verben
ist einer der vielen Gründe dafür, daß ein chinesischer Satz nicht

---

1) 人民日报海外版 Renmin Ribao haiwai ban (Volkszeitung fürs
Ausland, Titelseite, 22.06.1988.

wie im Deutschen beliebig ausgedehnt werden kann. Dies fördert
somit die Bildung der parataktischen Satzkonstruktion der chinesischen Sprache.

Da es im Chinesischen sehr viele verknappte Sätze gibt, deren Teilsätze ohne formal erkennbares Verknüpfungselement nebeneinander stehen und bei denen folglich der koordinative und der subordinative Charakter des Satzes nicht ohne weiteres festzustellen ist, spielt die Satzintonation bzw. Stimmführung in der gesprochenen Sprache für die Identifizierung und Unterscheidung des Satzcharakters eine ungemein wichtige Rolle. Sehr oft kann man nur mithilfe unterschiedlicher Stimmführung zwischen Koordination und Subordination mancher verknappten chinesischen Sätze unterscheiden.

3.3. Unterschiedliche Definitionen und Formen des deutschen und des chinesischen Nebensatzes, die unterschiedliche Satzkonstruktionen beider Sprachen beeinflussen

Die deutschen und chinesischen Nebensätze lassen sich nur in äußerst reziproken Verhältnissen miteinander vergleichen. Sie unterscheiden sich sowohl qualitativ als auch quantitativ voneinander.

Mithilfe vielfältiger morphologischer Formen der deutschen Wörter und relativ reichlicher syntaktischer Mittel kann man im Deutschen außer dem prädikativen Verb fast alle einfachen Satzglieder zu entsprechenden Nebensätzen ausbauen. So werden die meisten deutschen Nebensätze, die alternativ zu bestimmten einfachen Satzgliedern auftreten, auch Gliedsätze genannt. Dementsprechend fungieren auch fast alle deutschen Nebensätze, ausgenommen die deutschen irrealen Komparativsätze, weiterführende Nebensätze sowie Proportionalsätze, die keine direkte Entsprechung unter den einfachen Satzgliedern in nominaler Form finden, als Satzglieder des übergeordneten Satzes. In den meisten Fällen sind also die Nebensätze den Satzgliedern synonym und können in einfache Satzglieder umgeformt werden. [1] "Sie stehen

---

1) Vgl. Admoni, W. (1970): Der deutsche Satzbau, 3. Auflage, München, S. 269.

in enger Verbindung zum übergeordneten Satz," und "sind in der
Regel Modifikationen eines Beziehungswortes im übergeordneten Satz." [1]

Wenn es sich in einem deutschen Satz um gewisse komplizierte Satzglieder bzw. Satzgliedteile handelt, die nicht durch ein bestimmtes Wort in einem obliquen Kasus dargestellt werden können, kann man sie in entsprechende Nebensatzformen verwandeln, deren identische Satzgliedfunktionen und Satzgliedteil-Funktionen mit einem nominalen Wort entweder morphologisch oder syntaktisch zu erkennen sind.

Nach üblichen Darstellungen in den meisten deutschen Grammatiken werden die deutschen Nebensätze in der Regel nach folgenden Kriterien unterschieden:

1. nach semantisch-syntaktischen Beziehungen zum übergeordneten
   Satz als Gliedsatz

"Das Kriterium der semantisch-syntaktischen Beziehungen zwischen einem Nebensatz und dem übergeordneten Satz wird weder vom Bedeutungsgehalt noch vom Einleitwort des Nebensatzes bestimmt, sondern in erster Linie von der Spezifik des Valenzträgers im übergeordneten Satz, auf den der Nebensatz bezogen ist." [2] Dementsprechend kann ein und derselbe Nebensatz je nach unterschiedlicher Valenz des im übergeordneten Satz fungierenden Valenzträgers verschiedene Satzgliedfunktionen bzw. Satzgliedteil-Funktionen ausüben, z.B.:

(1) a. Es ist schade, daß er nicht mitkommen kann.
       (Subjektsatz)
(1) b. Ich glaube nicht, daß er nicht mitkommen kann.
       (Objektsatz)
(1) c. Die Nachricht, daß er nicht mitkommen kann, betrübt mich sehr.
       (Attributsatz)

oder:

(1) a. Es ist bekannt, wo er geboren ist.
       (Subjektsatz)

---

1) Helbig, G., Buscha, J. (1986), a.a.O., S. 653
2) Sommerfeldt, K.-E., Starke, G., Nerius, D., (1985), a.a. O.,
   S. 224-225.

(1) b. Ich weiß nicht, wo er geboren ist.
  (Objektsatz)
(1) c. Ich studiere in der Stadt, in der er geboren ist.
  (Attributsatz)
(1) d. Ich wohne dort, wo er geboren ist.
  (Lokalsatz)

2. nach der Form als eingeleiteter oder uneingeleiteter Nebensatz

Die deutschen Nebensätze können sowohl durch subordinierende Konjunktionen als auch durch Relativpronomen sowie Pronominaladverbien eingeleitet werden. Die beiden Arten von Einleitungswörtern unterscheiden sich im wesentlichen darin, daß die deutschen subordinierenden Konjunktionen zwar den Nebensatz mit dem Hauptsatz bzw. dem übergeordneten Nebensatz verbinden, ohne aber im Nebensatz irgendwelche syntaktische Funktionen auszuüben, während die Relativpronomen und Pronominaladverbien neben der identischen syntaktischen Funktion, den Nebensatz mit dem Hauptsatz und dem übergeordneten Nebensatz zu verbinden, selber ein notwendiges Satzglied des Nebensatzes darstellen, das einen bestimmten Satzgliedwert innerhalb des von ihm eingeleiteten Nebensatzes besitzt. Vergleiche:

(2) a. Ich weiß nicht, __daß__ er krank ist.
  __ob__ er krank ist.
  Wir gehen spazieren, __obwohl__ es regnet.
  (subordinierende Konjunktionen)
(2) b. Ich weiß nicht, __wann__ er kommt.
  __wo__ er geboren ist.
  __wie__ er aussieht.
  __warum__ er das tut.
  (Pronominaladverbien)
(2) c. Ich mag die Stadt, __die__ viele alte Häuser hat.
  __deren__ Stadtmauer gut erhalten geblieben ist.
  __in der__ ich meine Kindheit verbracht habe.
  __die__ ich vor kurzem besucht habe.
  (Relativpronomen)

Die eingeleiteten Nebensätze werden alle durch das syntaktische

Merkmal - die Endstellung des finiten Verbs - gekennzeichnet. Bei uneingeleiteten Nebensätzen wird die syntaktische Abhängigkeit des Nebensatzes vom Hauptsatz bzw. vom übergeordneten Nebensatz üblicherweise auch durch ein formal erkennbares Merkmal signalisiert. Sie wird entweder durch die Spitzenstellung des finiten Verbs, wie es bei manchen Konditionalsätzen der Fall ist, oder durch entsprechende Konjunktivformen des Verbs in der indirekten Rede in manchen Subjektsätzen und Objektsätzen gekennzeichnet, z.B. "Er sagt, er sei Lehrer." Nur in wenigen Fällen stehen die deutschen Nebensätze ohne jegliches formal erkennbares Merkmal in Beziehung zu den betreffenden Hauptsätzen oder übergeordneten Nebensätzen; die syntaktische und damit semantische Abhängigkeit zwischen ihnen ist in dem Fall nur durch entsprechende Stimmführung in der gesprochenen Sprache und entsprechende Interpunktionen in der geschriebenen Sprache zu erkennen, z.B. "Er sagt, du sollst sofort zu ihm kommen."

3. nach der Stellung innerhalb des Satzgefüges gegenüber dem unmittelbar übergeordneten Teilsatz

Nach der Stellung innerhalb des Satzgefüges gegenüber dem unmittelbar übergeordneten Teilsatz werden die deutschen Nebensätze in Vordersätze, Zwischensätze und Nachsätze eingeteilt. Bei der Vorderstellung des Nebensatzes wird das finite Verb des Hauptsatzes gewöhnlich an den Beginn des Hauptsatzes bzw. direkt im Anschluß an den Nebensatz gerückt, während die Zwischensätze und Nachsätze keine Stellungsänderung des finiten Verbs im Hauptsatz beanspruchen, z.B.:

(1) Da der Roman sehr interessant ist, möchte ich ihn bis zum Ende lesen.
    (Vorderstellung)
(2) Der Roman, den ich bis zum Ende lesen möchte, ist sehr interessant.
    (Zwischenstellung)
(3) Ich möchte den Roman bis zum Ende lesen, weil er sehr interessant ist.
    (Nachstellung)

4. nach dem Grad der Abhängigkeit der Nebensätze

Nach dem Grad der Abhängigkeit unterscheidet man im Deutschen gleichrangige und ungleichrangige Nebensätze. Bei gleichrangigen Nebensätzen handelt es sich um koordinierende Beziehungen zwischen den einzelnen Teilsätzen, während die ungleichrangigen Nebensätze unterschiedliche Stellenwerte zum übergeordneten Satz haben. Die Nebensätze sind einander untergeordnet. Die unmittelbar von dem Hauptsatz abhängigen Teilsätze sind Nebensätze ersten Grades, die von übergeordneten Nebensätzen abhängigen Teilsätze sind Nebensätze zweiten oder dritten Grades usw. z.B.:

"Du schreibst mir, daß du eine Madonna malst (Ns. 1, d. Verf.), und daß dein Gefühl dir, für die Vollendung dieses Werks, so unrein und körperlich dünkt (Ns. 1, d. Verf.), daß du jedesmal, bevor du zum Pinsel greifst, (Ns. 3, d. Verf.), das Abendmahl nehmen möchtest (Ns. 2, d. Verf.), um es zu heiligen (Ns. 4, d. Verf.)." [1]

Durch die Kombination mehrerer Nebensätze verschiedenen Grades derartiger Fügungsweisen kann ein deutscher Ganzsatz sehr lang und inhaltlich sehr kompliziert sein.

Alle diese oben genannten Kriterien zur Bestimmung des deutschen Nebensatzes tragen als syntaktisches Mittel dazu bei, die mannigfaltigen syntaktischen Beziehungen, die mit deutschen Nebensätzen ausgedrückt werden, zu kennzeichnen. Die Ausbaumöglichkeit des deutschen einfachen Satzes zu den entsprechenden Nebensätzen aufgrund der vielfältigen syntaktischen Mittel dient zur Bildung der deutschen hypotaktischen Satzkonstruktion.

Im Gegensatz zum Deutschen muß der Begriff des chinesischen Nebensatzes in viel engerem Sinne aufgefaßt werden. Angesichts der Tatsache, daß im Chinesischen wegen der morphologischen Beschränkung keine Gliedsätze gebildet werden können und deswegen eine ganze Reihe der im Deutschen üblichen Nebensatzformen, wie z.B. Subjektsatz, Objektsatz, Adverbialsatz und Attributsatz, nicht vorkommen, sind die chinesischen Nebensatzformen relativ gering. Es werden im Chinesischen praktisch nur noch diejenigen Teilsätze als Nebensätze bezeichnet, die semantisch-logisch gesehen, bestimmte inhaltliche

---

1) Kleist, H. (1985): Brief eines Malers an seinen Sohn, in: Ein Lesebuch für unsere Zeit von H. Kleist, 9. neubearbeitete Auflage, Berlin und Weimar, S. 359.

Wendungen, Bedingungen, Hypothesen, Gründe und Ursachen sowie Ziele und Zwecke für andere Teilsätze darstellen, die die Hauptbedeutungen oder wesentlichen Inhalte der jeweiligen chinesischen zusammengesetzten Sätze tragen, z.B.:

(1) 他工作很忙，但是他经常进行体育锻炼。
ta gongzuo hen mang, danshi ta jingchang jinxing tiyu duanlian.
(Er ist sehr durch seine Arbeit beschäftigt, aber er treibt oft Sport.)

(inhaltliche Wendung)
(2) 只要他能给予帮助，问题就能很快解决。
zhiyao ta neng jiyu bangzhu, wenti jiu neng hen kuai jiejue.
(Wenn er Hilfe leistet, kann das Problem schnell gelöst werden.)

(Bedingung)
(3) 不管下多大的雨，足球比赛也要按期举行。
buguan xia duo da de yu, zuqiu bisai ye yao anqi juxing.
(Egal, wie stark es regnet, das Fußballspiel muß rechtzeitig stattfinden.)

(Bedingung)
(4) 他如果不受伤的话，早就在床上躺不住了。
ta ruguo bu shoushang de hua, zao jiu zai chuang shang tang bu zhu le.
(Wenn er nicht verwundet wäre, hätte er längst das Bett verlassen.)

(Bedingung)
(5) 假如天气好的话，我一定去游泳。
jiaru tianqi hao de hua, wo yiding qu youyong.
(Wenn es gutes Wetter wird, gehe ich bestimmt schwimmen.)

(Hypothese)
(6) 因为他聪明和勤奋，所以他的学习成绩一直很好。
yinwei ta congming he qinfen, suoyi ta de xuexi chengji yizhi hen hao.
(Da er sehr intelligent und fleißig ist, sind seine Leistungen immer sehr gut.)

(Grund)
(7) 由于改进了生产方法，产量不断提高。
youyu gaijin le shengchan fangfa, chanliang buduan tigao.
(Da die Produktionsverfahren verbessert wurden, erhöht sich der

Ausstoß (Produktionsmenge) fortlaufend.)
                (Grund)
(8) 为了能早日掌握英语，他每天都听英语录音。
    weile neng zaori zhangwo Yingyu, ta mei tian dou ting Yingyu luyin.
    (Er hört täglich englische Tonbänder, damit er baldmöglichst
    Englisch beherrscht.)
                (Zweck)
    (Vgl. Beispielsätze in. 3.2.)

Die syntaktische Analyse der oben angeführten chinesischen Sätze bereitet in der Regel kein großes Problem, weil die syntaktischen Verhältnisse zwischen den einzelnen Teilsätzen sowie die inhaltliche Abhängigkeit des Nebensatzes vom Hauptsatz meist durch bestimmte subordinierende Konjunktionen verdeutlicht worden sind. Schwieriger ist es nur manchmal bei der Bestimmung derjenigen chinesischen Nebensätze, die durch keinerlei Konjunktionen mit den entsprechenden Hauptsätzen verbunden sind und deren inhaltliche Abhängigkeit zu den Hauptsätzen nicht ohne weiteres zu erkennen ist.

Am problematischsten ist es im Chinesischen bei der syntaktischen
Analyse derjenigen einfachen Sätze, deren Subjekt, Objekt, Adverbialbestimmung sowie Attribut statt eines Wortes oder einer einfachen Nominalgruppe von einer sogenannten Subjekt-Prädikat-Wortgruppe dargestellt werden, die allein der Form nach kaum von einem
chinesischen Einfachsatz zu unterscheiden ist, z.B.:

(1) 巴黎是一座世界名城。
Bali shi yi zuo shijie mingcheng.
(Paris ist eine weltberühmte Stadt, oder: ... daß Paris eine
weltberühmte Stadt ist.)

(2) 中国属于第三世界。
Zhongguo shuyu Di san shijie.
(China gehört zur Dritten Welt, oder: ... daß China zur Dritten
Welt gehört.)

Solche als ein einziges Satzglied in einem chinesischen Einfachsatz
fungierende Subjekt-Prädikat-Wortgruppe kann auch verschiedene er-
gänzende sprachliche Elemente haben und damit vom Umfang und Inhalt
her kompliziert sein, wie z.B.:

中国人民在中国共产党的领导下,经过八年抗日战争
和三年解放战争赶走了日本侵略者,打败了国民党,
于一九四九年十月一日建立了中华人民共和国。

Zhongguo renmin zai Zhongguo gongchandang de lingdao xia, jingguo
ba nian kangri zhanzheng he san nian jiefang zhanzheng gan zou le
Riben qinlüezhe, dabai le Guomindang, yu Yijiusijiu nian shiyue yi
ri jianli le Zhonghua renmin gonghe guo.

(Das chinesische Volk hat unter der Führung der Kommunistischen Partei
Chinas durch den achtjährigen antijapanischen Krieg und den dreijäh-
rigen Bürgerkrieg die japanischen Eindringlinge verjagt und die Kuo-
mintang besiegt und am 1. Oktober 1949 die Volksrepublik China ge-
gründet.)

Wenn eine solche Subjekt-Prädikat-Wortgruppe wie oben allein verwendet wird, handelt es sich um einen syntaktisch und inhaltlich
vollständigen Satz. Kommt sie dagegen in einem größeren sprachlichen

Kontext vor, so wird sie nur als ein bestimmtes Satzglied dieses
Satzes angesehen, z.B.:

(1) 巴黎是一座世界名城，是人所共知的。
Bali shi yi zuo shijie mingcheng shi ren suo gong zhi de.
(Daß Paris eine weltberühmte Stadt ist, ist allen bekannt.)

(2) 他强调说，中国属于第三世界。
ta qiangdiao shuo, Zhongguo shuyu Di san shijie.
(Er betont, daß China zur Dritten Welt gehört.)

Da eine solche Subjekt-Prädikat-Wortgruppe als Bestandteil eines
Einfachsatzes immer in einem größeren Kontext enthalten ist, wird
dieser Einfachsatz im Chinesischen gewöhnlich "Enthaltungssatz" [1]
oder "Einbettungssatz" [2] genannt. Ein derartiger chinesischer Enthaltungssatz ist in gewissem Sinne mit dem deutschen Inhaltssatz zu
vergleichen. Während aber der deutsche Inhaltssatz generell in die
Kategorie des Nebensatzes eingeordnet und in gewisser syntaktischer
Abhängigkeit vom betreffenden Hauptsatz bzw. übergeordneten Nebensatz gesehen wird, ist der chinesische Enthaltungssatz nach Meinung
der meisten chinesischen Grammatiker ein Einfachsatz. Ursache hierfür ist, daß gemäß den Bestimmungskriterien des chinesischen zusammengesetzten Satzes keiner der Teilsätze syntaktischer Bestandteil
des anderen Teilsatzes sein darf. Solche einfachen chinesischen Enthaltungssätze bringen aber große Probleme mit sich; häufig umfassen
sie mehrere Subjekt-Prädikat-Wortgruppen, sie sind daher inhaltlich
recht kompliziert. Hier ein Beispiel:

他告诉我，他不久前去中国旅行了一趟，他不仅看到了
中国的多的山水，而且也亲身感受到中国人民的热
情友好；在短短的二十多天的旅行中他结识了很
多中国朋友；他希望以后还有机会去中国看望他们。

ta gaosu wo, ta bu jiu qian qu Zhongguo lüxing le yi tang, ta bujin

---

1) Vgl. Qian, wencai, (1985), a.a. O., S. 308.
2) Vgl. Kupfer, P., (1979), a.a. O., S. 66.

kan dao le Zhongguo de xiuli shanshui, erqie ye qinshen ganshou
dao Zhongguo renmin de reqing youhao; zai duanduan de ershi duo
tian de lüxing zhong ta jieshi le hen duo Zhongguo pengyou, ta xiwang yihou hai you jihui qu Zhongguo kanwang tamen.

(Er hat mir erzählt, daß er vor kurzem eine Reise nach China unternommen hat; er habe nicht nur die zauberhafte Landschaft Chinas
bewundert, sondern auch die tiefe Freundschaft des chinesischen
Volks gespürt; während der etwa zwanzigtätigen Reise habe er viele
chinesische Freunde kennengelernt; er hoffe, daß er später noch
Gelegenheit haben werde, sie wieder zu besuchen.)

Inhaltlich gesehen, hängen alle einzelnen Subjekt-Prädikat-Wortgruppen
von dem einleitenden Verb "erzählen" ab. Es handelt sich dabei um
Informationen, die durch das Verb "erzählen" vermittelt werden. Syntaktisch gesehen, bilden sie aber jeder für sich einen vollständigen
Satz, der völlig unabhängig von anderen Teilsätzen ist. Daß alle
diese Subjekt-Prädikat-Wortgruppen ausnahmslos als ein einziges Satzglied, und zwar als das Objekt vom Verb "erzählen" betrachtet werden, ist offensichtlich nicht überzeugend, weil ein solcher Enthaltungssatz immer wieder ergänzt wird und damit ausgebaut werden kann.
Die Tatsache, daß die vielen Subjekt-Prädikat-Wortgruppen, die sich
in einem chinesischen Enthaltungssatz befinden, nicht als einzelne
Teilsätze bzw. Gliedsätze, sondern nur als Satzglieder betrachtet
werden, führt dazu, daß viele derartige Enthaltungssätze, die jeweils
durch Verben wie 说 shuo (sagen), 告诉 gaosu (mitteilen), 希望
xiwang (hoffen), 考虑 kaolü (sich überlegen), 听说 tingshuo (erfahren), 认为 renwei (finden), 知道 zhidao (wissen), 明白 ming-
bai (verstehen) usw. eingeleitet werden, inhaltlich sehr kompliziert
sind. Dieses Problem ist meiner Meinung nach wieder auf den Mangel
an bestimmten syntaktischen Mitteln zur Kennzeichnung des chinesischen
Einfachsatzes und zusammengesetzten Satzes zurückzuführen. Ohne faß-
bares syntaktische Merkmal kann man oft nicht genau wissen, welche Subjekt-Prädikat-Wortgruppe in einem langen chinesischen Enthaltungssatz
als notwendiger Bestandteil des betreffenden Einfachsatzes fungiert
und welche nicht. Es ist z.B. im oberen Beispielsatz fraglich, ob nur
die erste Subjekt-Prädikat-Wortgruppe (Er hat vor kurzem eine Reise
nach China unternommen) allein als das direkte Objekt vom Verb "erzählen"

betrachtet wird, oder ob alle weiteren Subjekt-Prädikat-Wortgruppen
zusammen das Objekt des gleichen Verbs bilden, weil man außer dem
sprachlichen Kontext nicht ohne weiteres eine solche Subjekt-Prädikat-Wortgruppe und den mit ihr der Form nach identischen Satz unterscheiden kann. Deshalb werden nicht nur die meisten deutschen Subjektsätze
und Objektsätze, sondern auch eine ganze Reihe von Adverbialsätzen
in die chinesischen Enthaltungssätze übersetzt. Fast alle Adverbial-
angaben, wie z.B. Temporal- und Modalangaben, die im Deutschen durch
Nebensatzformen ausgedrückt werden, werden im Chinesischen durch entsprechende Subjekt-Prädikat-Wortgruppen in einem chinesischen Einfachsatz wiedergegeben. Begriffe wie "Temporalsatz", "Modalsatz" usw. sind
im Chinesischen nicht geläufig. Das Temporalmoment und die Modalität
werden im Chinesischen durch verschiedene Temporal- und Modalangaben
zum Ausdruck gebracht. Solche chinesischen Temporal- und Modalangaben
werden nur deswegen nicht als Nebensätze bezeichnet, weil sie fast
immer von einer bestimmten Präpositional-Konstruktion umgeben bzw. erfaßt werden, z.B.:

在 ... 的时候   zai ... de shihou   - (während ... od. als ...)
自 ... 以来   zi ... yilai   - (seit ...)
在 ... 以前   zai ... yiqian   - (bevor ...)
在 ... 以后   zai ... yihou   - (nachdem ...)
通过 ... 的方式   tongguo ... de fangshi - (indem ...)

Im folgenden werden die verschiedenen deutschen Adverbialsätze mit
ihren chinesischen Entsprechungen verglichen:

(1) a. Temporalsatz (Gleichzeitigkeit)

Während er auf dem Land arbeitete, besuchte er mich oft.

他在农村劳动的时候，(他)常来看我。
ta zai nongcun laodong de shihou, (ta) chang lai kan wo.

Solange er stationär behandelt wird, darf er nicht rauchen.

他在住院治疗期间，不允许吸烟。
ta zai zhuyuan zhiliao qijian, bu yunxu xiyan.

Seitdem ich ihn kenne, ist er Deutschlehrer.

自从我认识他以来，他就是德语老师。
zicong wo renshi ta yilai, ta jiu shi Deyu laoshi.

Wenn es hell wird, brechen wir auf.

天一亮，我们就出发。
tian yi liang, women jiu chufa.

Als ich in Frankfurt ankam, holte er mich mit dem Auto ab.

我来到法兰克福的时候，他用汽车接的我。
wo lai dao Falankefu de shihou, ta yong qiche jie de wo.

(1) b. Temporalsatz (Vorzeitigkeit)

Nachdem er in Deutschland studiert hatte, kehrte er nach China zurück.

他在德国学习完以后，回到中国。
ta zai Deguo xuexi wan yihou, hui dao Zhongguo.

Nachdem er die Arbeit beendet hat, geht er schwimmen.

他工作完以后去游泳。
ta gongzuo wan yihou qu youyong.

Wenn er aufgestanden ist, macht er immer Morgengymnastik.

每当他起床以后，他总是做早操。
mei dang ta qichuang yihou, ta zong shi zuo zaocao.

(1) c. Temporalsatz (Nachzeitigkeit)

Er wartete auf dem Bahnhof, bis der Zug kam.

他在车站一直等到火车到来。
ta zai chezhan yizhi deng dao huoche daolai.

Bevor er zur Arbeit geht, trinkt er immer eine Tasse Kaffee.

他去上班以前，总是喝一杯咖啡。
ta qu shangban yiqian, zong shi he yi bei kafei.

Sie hat das Essen schon vorbereitet, bevor ihr Mann nach Hause kam.

她在丈夫回家以前，已经把饭菜准备好了。
ta zai zhangfu hui jia yiqian, yijing ba fancai zunbei hao le.

Die Stellung des deutschen Nebensatzes ist bis auf den Nebensatz "bis ..." relativ frei. Er kann sowohl vor als auch nach dem Hauptsatz stehen. Dagegen ist die entsprechende chinesische Temporalangabe, die fast immer in Form einer Präpositionalkonstruktion auftritt, stellungsmäßig recht gebunden. Sie kann zwar je nach der Betonung vor und nach dem Subjekt, aber nie nach dem Verb bzw. nach dem Objekt stehen.

(2) Lokalsatz

Mainz befindet sich dort, <u>wo</u> der Main in den Rhein mündet.
美茵兹位于美茵河注入莱茵河的地方。
Meiyinzi <u>weiyu</u> Meiyinhe zhuru Laiyinhe <u>de difang</u>.

(3) a. Modalsatz (Instrumentalsatz)

Er hilft mir beim Deutschlernen, <u>indem</u> er mir täglich eine Stunde deutsche Grammatik erklärt.
他通过每天给我讲一小时德语语法的方式帮助我学习德语。
ta <u>tongguo</u> mei tian gei wo jiang yi xiaoshi Deyu yufa <u>de fangshi</u>, bangzhu wo xuexi Deyu.

(3) b. Modalsatz des fehlenden Begleitumstandes

Er besucht mich, <u>ohne daß</u> er mir vorher Bescheid gesagt hat.
他事先没有和我打召呼就来看我了。
ta shixian <u>meiyou</u> he wo da zhaohu <u>jiu</u> lai kan wo le.

(4) Komparativsatz

Der Winter in Deutschland ist nicht so kalt, <u>wie</u> er es sich vorgestellt hat.
德国的冬天没有他想象的冷。
Deguo de dongtian <u>meiyou</u> ta xiangxiang <u>de</u> leng.

Er tut so, <u>als ob</u> er krank wäre.
他装得象有病的样子。
ta <u>zhuang de</u> xiang you bing <u>de</u> yangzi.

<u>Je</u> fleißiger man lernt, <u>desto</u> mehr Erfolge erzielt man.
(人们)学习越努力,取得的成绩就越大。
(renmen) xuexi <u>yue</u> nuli, qude de chengji jiu <u>yue</u> da.

(5) Restriktivsatz

<u>Soweit</u> ich weiß, ist er Arzt.
据我所知,他是医生。
<u>ju wo</u> suo zhi, ta shi yisheng.

<u>Wie</u> er mir eben erzählt hat, hat er in Amerika studiert.

正象他刚才所介绍的那样，他曾在美国学习过。
zheng xiang ta gangcai suo jieshao de nayang, ta ceng zai
Meiguo xuexi guo.

Solche Präpositionalkonstruktionen, wie lang und wie kompliziert
sie sind, werden im Chinesischen generell als einfache Satzglieder
eines Einfachsatzes angesehen.

Neben den Temporalangaben, die von Präpositionalkonstruktionen umgeben sind, gibt es im Chinesischen auch noch manche Temporalangaben,
die der Form nach einem selbständigen Einfachsatz ähnlich sind, deren
syntaktische und semantische Abhängigkeit zum Hauptverb des Satzes
entweder durch bestimmte Adverbien oder überhaupt durch den Kontext
verdeutlicht wird, z.B.:

他一下火车就去看他的朋友。
ta yi xia huoche jiu qu kan ta de pengyou.
(Gleich nachdem er aus dem Zug ausgestiegen war, ging er seinen
Freund besuchen.)

足球比赛还没有开始，体育场里已经坐满了观众。
zuqiu bisai hai meiyou kaishi, tiyuchang li yijing zuo man le
guanzhong.
(Bevor das Fußballspiel begann, war das Stadion schon voll von
Zuschauern.)

Daß man im Chinesischen angesichts des Mangels an syntaktischen Mitteln
bestimmte Satzglieder wie Subjekt, Objekt, Adverbialbestimmung und
Satzgliedteil wie Attribut nicht zu entsprechenden Gliedsätzen und
Gliedteilsätzen ausbauen kann, stellt den Hauptgrund der chinesischen
parataktischen Satzkonstruktion dar. Man kann zwar, wie dargestellt,
gewisse komplizierte chinesische Satzglieder durch die spezifische
Subjekt-Prädikat-Wortgruppe ausdrücken, hingegen ist das Aufnahme-
vermögen solcher Subjekt-Prädikat-Wortgruppe ziemlich begrenzt. Im
Falle, daß man einen inhaltlich komplizierten und verzweigten deutschen
Satz, in dem mehrere Gliedsätze durch mehrfache Verkettung in einem
zusammengesetzten Satz bzw. in einer Satzperiode zusammengefügt sind,
ins Chinesische übersetzt, sieht man sich gezwungen, die vielen
deutschen Nebensätze und zwar Gliedsätze und Gliedteilsätze in mehrere
chinesische Einfachsätze zu zerlegen.

3.4. Vergleich des deutschen Attributes und Attributsatzes mit ihren chinesischen Entsprechungen

Eine der wesentlichen Ursachen für die Einschränkungen der chinesischen Satzlänge liegt meines Erachtens unter anderem darin, daß im Chinesischen aus morphologisch-syntaktischen Gründen kein Attributsatz gebildet werden kann, während im Deutschen der Attributsatz eine der wichtigsten Voraussetzungen der deutschen Hypotaxe darstellt.

Wenn es sich im Deutschen um ein inhaltlich kompliziertes Attribut handelt, das nicht durch ein einziges Wort dargestellt werden kann, kann es entweder zu einem erweiterten Attribut oder sogar zu einem Attributsatz ausgebaut werden. Sowohl ein einfaches als auch ein erweitertes Attribut sowie ein Attributsatz werden im Deutschen angesichts ihrer syntaktischen Funktionen - anders als Subjekt, Objekt sowie Adverbialbestimmung - nicht als selbständige Satzglieder anerkannt, weil sie im Satz nur zusammen mit anderen Satzelementen ein Satzglied bilden und mit ihnen zusammen als Satzglied in einem Satz verschoben werden können. Das deutsche Attribut kann grundsätzlich von verschiedenen Wortarten, Wortgruppen oder Gliedsätzen dargestellt werden, die sich aber als Attribut stellungsmäßig voneinander unterscheiden. Es wird zwischen zwei Stellungstypen des deutschen Attributes differenziert. Während das deutsche präpositive Attribut in der Regel nur auf die Wortarten Adjektiv und Partizip beschränkt wird, kann das deutsche postpositive Attribut sowohl von einem Substantiv, einem Pronomen als auch von einer Infinitivgruppe und von einem Gliedsatz gebildet werden. Die präpositiven Attribute bzw. die Adjektiv- und Partizipialattribute sowie die erweiterten Adjektiv- und Partizipialattribute, die mit ihren eigenen vor ihnen stehenden Bestimmungen versehen sind, kongruieren mit dem herrschenden Substantiv und stellen den wesentlichen Teil der deutschen Substantivgruppe dar.[1]
Mithilfe der vielfältigen morphologischen Abänderungsmöglichkeiten bilden die mit Bestimmungen versehenen Adjektiv- Partizipialattribute mit dem Bezugswort einen nominalen Rahmen, der als ein bestimmtes Satzglied in einem Satz fungiert. Für die Bestimmung des deutschen

---

[1] Vgl. Admoni, W., (1973): Die Entwicklungstendenzen des deutschen Satzbaus von heute, in: Linguistische Reihe 12, 1. Auflage, München, S. 46.

präpositiven Attributes ist die grammatische Kongruenz des Attributes mit dem betreffenden Substantiv entscheidend. Dagegen ist das deutsche postpositive Attribut je nach unterschiedlichen Wortarten sowohl morphologisch-syntaktisch als auch stellungsmäßig zu bestimmen. Während das Genitiv-Attribut und das Präpositionalattribut, die als deutsche postpositive Attribute am häufigsten gebraucht werden, hauptsächlich morphologisch-syntaktisch zu bestimmen sind, ist für die Bestimmung des Attributes, das von einem Adverb und einer Infinitivgruppe dargestellt wird, die Feststellung direkt hinter dem Substantiv ausschlaggebend. Abgesehen von einigen wenigen Fällen, in denen die Stellung des deutschen Präpositionalattributes sowie des Attributes , das von einem Adverb gebildet wird, zweideutig aufzufassen ist, wie z.B. "Er liest das Buch auf dem Tisch.". "Wir spielen mit den Kindern dort drüben.", läßt sich das deutsche Attribut aufgrund der morphologisch-syntaktischen Merkmale und der spezifischen Stellung zum Bezugswort nicht schwer von den Satzgliedern unterscheiden.

Besonders zu erwähnen ist aber der deutsche Attributsatz, der einen außerordentlich großen Anteil an der Bildung der deutschen Hypotaxe hat. Mithilfe der morphologisch-syntaktischen Mittel kann man im Deutschen ein inhaltlich kompliziertes Attribut durch ein Satzgefüge bzw. in Form eines Nebensatzes ausdrücken, der Attributsatz genannt wird, z.B. "Die Stadt, in der ich geboren und aufgewachsen bin und deren alte Häuser ich mag ..." Mit der Existenz des deutschen Attributsatzes wird die Möglichkeit gegeben, die verschiedenen Beschreibungen und Beschränkungen durch viele Nebensatzformen mit dem Bezugswort zu einem syntaktisch und inhaltlich einheitlichen Gebilde zu machen. Dank der mannigfaltigen morphologischen Formen der deutschen Wörter und aufgrund der unterschiedlichen Stellungsmöglichkeiten kann man im Deutschen sehr lange Attribute bilden, ohne daß sie aber grammatisch inkorrekt, inhaltlich unverständlich und stilistisch unakzeptabel werden.

Im Vergleich zum Deutschen kann das chinesische Attribut zwar grundsätzlich auch von verschiedenen Wortarten und Wortgruppen dargestellt werden, aber es ist anders als im Deutschen fast nur auf eine einzige Stellung, präpositiv, beschränkt. Abgesehen von den Appositionen und

Parenthesen, die im Chinesischen ohnehin wie im Deutschen als Attribut im weiteren Sinne gewertet werden, ist die Stellung des chinesischen Attributes ausschließlich vor dem Bezugswort festgelegt. Diese einzige Stellungsmöglichkeit des chinesischen Attributes, die morphologisch bedingt ist, beschränkt im wesentlichen die chinesische Satzlänge und bildet eine der Hauptursachen für den chinesischen parataktischen Satzcharakter.

Wie allgemein bekannt ist, wird die syntaktische Beziehung zwischen dem chinesischen Attribut und seinem Bezugswort anders als im Deutschen hergestellt und gekennzeichnet. Statt der vielen morphologischen Formen, die im Chinesischen fehlen, wird das attributive Verhältnis zwischen den einzelnen chinesischen Wörtern fast ausschließlich durch eine sogenannte strukturelle Partikel, durch ein 的 de, hergestellt, das im Chinesischen neben anderen grammatischen Funktionen im allgemeinen als Kennzeichen des Attributes gewertet wird, z.B. 老师的书 laoshi de shu (das Buch oder die Bücher des Lehrers), 美丽的城市 meili de chengshi (die schöne Stadt oder die schönen Städte) usw. Problematisch ist es jedoch, daß nicht jedes chinesische Attribut durch die strukturelle Partikel 的 de gekennzeichnet wird. Ob und wann zwischen dem Attribut und dem Bezugswort die strukturelle Partikel 的 de verwendet wird, hängt sowohl von den Formen als auch von der semantischen Bedeutung des jeweiligen chinesischen Attributes ab. Im allgemeinen gelten folgende Regeln:

1) Beim Attribut, das von einsilbigen Adjektiven (im Gegensatz zu ihren Verdopplungsformen) dargestellt wird, ist die Verwendung von 的 de, syntaktisch gesehen, nicht unbedingt erforderlich. Vom semantischen Gesichtspunkt aus gesehen, ist das Attribut mit 的 de oder ohne 的 de in diesem Fall unterschiedlich betont; normalerweise wird mit dem Attribut mit 的 de mehr der Charakter bzw. die Eigenschaft des Bezugswortes hervorgehoben, während das Attribut ohne 的 de mit dem Bezugswort zusammen mehr oder weniger einen festen Begriff bilden, z.B. 圆桌子 yuan zhuozi (der Rundtisch), 圆的桌子 yuan de zhuozi (runder Tisch), 年轻人 nianqing ren (Jugendlicher), 年轻的人 nianqing de ren (junger Mensch). Mit 年轻人 nianqing ren sind z.B. im allgemeinen die Jugendlichen gemeint, während mit 年轻的人 nianqing de ren auch unter Umständen Leute bezeichnet werden, die zwar nicht

mehr sehr jung sind, aber sehr jung aussehen und auch so wirken.

Beim Attribut, das von der sogenannten Verdopplungsform des chinesischen einsilbigen Adjektivs dargestellt wird, oder beim Attribut mit anderen bestimmenden Elementen ist die Verwendung von 的 de obligatorisch, z.B. 蓝蓝的天空 lanlan de tiankong (der blaue Himmel), 静静的顿河 jingjing de Dunhe (der Stille Don), 非常好的消息 feichang hao de xiaoxi (außerordentlich gute Nachricht), 特别高的楼 tebie gao de lou (besonders hohes Gebäude).

2) Beim Attribut, das vom Substantiv dargestellt wird, muß man darauf achten, ob mit dem Attribut die Eigenschaft des Bezugswortes beschrieben oder damit verdeutlicht wird, daß etwas jemandem oder anderen gehört. Beim ersten Fall wird normalerweise die strukturelle Partikel 的 de nicht verwendet, während sie im zweiten Fall nicht ohne weiteres fehlen darf, z.B. (1) 玻璃窗子 boli chuangzi (Glasfenster), 外语教师 waiyu jiaoshi (Fremdsprachenlehrer), (2) 老师的书 laoshi de shu (Bücher des Lehrers), 爸爸的朋友 baba de pengyou (Freunde des Vaters). In manchen Fällen hat die Verwendung bzw. Nichtverwendung von 的 de Bedeutungsunterschiede zur Folge; 我们老师 women laoshi kann sowohl "wir Lehrer" als auch "unser Lehrer" heißen. 工人学生 gongren xuesheng bedeutet je nach dem Kontext sowohl "Arbeiter und Studenten" als auch "Studenten aus der Arbeiterschaft".

3) Beim Possessivpronomen als Attribut muß man unterscheiden, ob mit dem Bezugswort der Besitz ausgedrückt wird, oder ob es sich dabei um bestimmte Institutionen oder Verwandtschaftsbeziehungen handelt. Im ersten Fall ist die strukturelle Partikel 的 de theoretisch obligatorisch (in der gesprochenen Sprache sind jedoch Ausnahmefälle möglich), während sie im zweiten Fall eliminiert werden kann, z.B. (1) 他的帽子 ta de maozi (sein Hut), 你的钢笔 ni de gangbi (dein Füller), (2) 他家 ta jia (seine Familie), 我叔叔 wo shushu (mein Onkel) usw.

4) Beim Attribut, das von einem Demonstrativpronomen und einem Zahl- und Zähleinheitswort dargestellt wird, wird die Partikel 的 de nicht verwendet, z.B. 这张桌子 zhe zhang zhuozi (dieser Tisch),

那把椅子 na ba yizi (jener Stuhl), 两件毛衣 liang jian maoyi (zwei Pullover).

5) Beim Attribut, das von einem chinesischen Verb, insbesondere einem transitiven Verb dargestellt wird, darf die strukturelle Partikel 的 de nicht fehlen, um eventuelle Mißverständnisse zu vermeiden, z.B. 选举代表 xuanju daibiao (Vertreter wählen), 选举的代表 xuanju de daibiao (gewählte Vertreter), 完成任务 wancheng renwu (die Aufgabe erfüllen), 完成的任务 wancheng de renwu (die erfüllte Aufgabe).

6) Beim Attribut, das von den jeweiligen Wortgruppen dargestellt wird, wird die strukturelle Partikel 的 de meist nicht verwendet, z.B.:

一个古朴典雅的寺院
yi ge gupu dianya de siyuan.
(ein altes und elegantes Kloster)

(koordinierende Wortgruppe)

一位打破了世界记录的运动员
yi wei dapo le shijie jilu de yundongyuan.
(ein Sportler, der den Weltrekord gebrochen hat)

(Verb-Objekt-Wortgruppe)

我们坚信的目标
women jianxin de mubiao.
(das Ziel, von dem wir fest überzeugt sind)

(Subjekt-Prädikat-Wortgruppe)

Trotz der oben genannten Regeln lassen sich die attributiven Verhältnisse zwischen den einzelnen Wörtern in einem chinesischen Satz nicht eindeutig erkennen. Man kann z.B. nicht genau feststellen, welches attributive Verhältnis zwischen den einzelnen Wörtern in folgenden Wortgruppen existiert: 五个学校的学生 wu ge xuexiao de xuesheng, 许多城市的居民 xuduo chengshi de jumin, 一些工厂的产品 yi xie gongchang de chanpin. Solche Wortgruppen sind alle zweideutig. Sie können sowohl "Schüler von fünf Schulen", "viele städtische Bürger" und "manche Fabrikprodukte" als auch "fünf Schüler der Schule", "Bürger vieler Städte" sowie "Produkte mancher Fabriken" heißen. Die Mehrdeutigkeit solcher Wortgruppen hängt von den identischen Zähleinheitswörtern ab. Da das Zähleinheitswort 个 ge sich sowohl auf das Wort 学校 xuexiao (Schule) als auch auf das Wort 学生 xuesheng (Schüler) bezieht, kann man nicht auf Anhieb feststellen, was hier das Attribut und welches das Bezugswort ist. Durch den Wechsel bestimmter Zähleinheitswörter kann die Mehrdeutigkeit aufgehoben werden, z.B. 五位学校的学生 wu wei xuexiao de xuesheng. Da das Zähleinheitswort 位 wei nur für Menschen verwendet wird, kann die Wortgruppe nur "fünf Schüler der Schule" bedeuten. Die einzige Stellungsmöglichkeit des chinesischen Attributes hat zweifellos negativ dazu beigetragen, daß die internen Bezüge des chinesischen Attributes oft nicht eindeutig zu erkennen sind. Die Mehrdeutigkeit des Attributes in den oben genannten chinesischen Wortgruppen würde im Deutschen einfach durch unterschiedliche Stellungen des Attributes vermieden, z.B. "viele städtische Bürger" und "Bürger vieler Städte".

Ähnlich wie im Deutschen gibt es im Chinesischen manchmal auch relativ lange und komplizierte Attribute, die von mehreren chinesischen Wortgruppen dargestellt werden. Aber anders als im Deutschen dürfen die chinesischen Attribute, völlig abgesehen davon, aus wieviel Wörtern bzw. Wortgruppen sie bestehen, und wie kompliziert sie inhaltlich sind, nur vor dem betreffenden Bezugswort stehen. In der Regel steht das Bezugswort hinter der strukturellen Partikel 的 de am Ende des ganzen Satzgliedes, z.B.:

许多风景秀丽、气候宜人、条件舒适的海滨疗养区
xuduo fengjing xiuli, qihou yiren, tiaojian shushi de haibin liaoyang qu
(Viele Kurorte am Strand mit zauberhafter Landschaft, mildem Klima und bequemen Einrichtungen)

In vielen Fällen ist die strukturelle Partikel 的 de für die richtige Bestimmung des chinesischen Attributes von großer Wichtigkeit. Da sie das einzige syntaktische Mittel zur Herstellung bzw. Kennzeichnung der attributiven Beziehungen ist, soll es prinzipiell zwischen jedem Attribut und seinem Bezugswort stehen. Es kann passieren, daß bei einem komplizierten chinesischen Attribut, das aus mehreren einzelnen Attributen gebildet wird, die strukturelle Partikel 的 de mehrmals verwendet wird, z.B.:

那些年轻的, 朝气蓬勃的刚从大学毕业的大学生
na xie nianqing de, zhaoqi pengbo de, gang cong daxue biye de da xuesheng

(jene jungen, lebensfrohen Studenten, die gerade das Studium beendet haben)

Da aber aus oben genannten Gründen die strukturelle Partikel 的 de in manchen Fällen eliminiert werden kann, kann auch Mehrdeutigkeit verursacht werden, z.B.:

一些在学校不好好学习, 常被老师批评的学生的家长的意见的主要内容。
yi xie zai xuexiao bu haohao xuexi, chang bei laoshi piping de xuesheng de jiazhang de yijian de zhuyao neirong.

(der Hauptinhalt der Meinungen der Eltern von manchen Schülern, die in der Schule nicht fleißig lernen und oft von den Lehrern kritisiert werden)

Es handelt sich hier um ein langes, für die chinesische Sprache sogar ungewöhnliches Satzglied mit mehrfachen Attributen. Die strukturelle Partikel 的 de wird hier viermal hintereinander verwendet, um die Attribute unterschiedlichen Grades zu kennzeichnen. Beim kurzen Attribut können 学生家长 xuesheng jiazhang und 学生的家长 xuesheng de jiazhang (beide: die Eltern der Schüler) synonym verwendet werden, z.B.:

我们访问了学生家长。
women fangwen le xuesheng jiazhang.

我们访问了学生的家长。
women fangwen le xuesheng de jiazhang.

Beide Sätze bedeuten hier: "Wir haben die Eltern der Schüler besucht." Wenn man aber die strukturelle Partikel 的 de zwischen 学生 xuesheng (Schüler) und 家长 jiazhang (Eltern) im obigen langen Attribut wegließe, könnte man nicht mehr genau feststellen, ob die Schüler oder die Eltern der Schüler gemeint sind, die sich in der Schule nicht gut verhalten. Daß man darunter im allgemeinen die Schüler, nicht aber die Eltern der Schüler versteht, ist nur logisch, nicht aber grammatisch zu begründen. Abgesehen von der stilistischen Akzeptanz ist so ein kompliziertes Attribut rein grammatisch schon sehr problematisch. Deswegen findet man beim normalen Sprachgebrauch im Chinesischen kaum eine solche lange Attributskette, in der mehrere Attribute verschiedenen Grades aneinandergereiht sind. So glaube ich behaupten zu können, daß die Länge des chinesischen Attributes und damit die Länge des gesamten chinesischen Satzes angesichts der beschränkten syntaktischen Mittel und der einzigen Stellungsmöglichkeit des chinesischen Attributes äußerst begrenzt ist. Viele relativ lange, komplizierte deutsche Attributsätze können deswegen unmöglich durch einen einzigen chinesischen Satz ausgedrückt werden, Sätze wie: "In jenen dunklen und schwierigen Jahren, in denen die Faschisten seine Heimat besetzt und viele seiner Landsleute getötet haben, die sich zum Kampf gegen die Faschisten erhoben hatten, hat er nie den Mut zum Kampf verloren." müssen zwangsläufig in mehrere inhaltlich entsprechende chinesische Einfachsätze zerlegt werden, wie, z.B.:

在那些黑暗的艰难的岁月里，法西斯占领了他的家乡，杀害了许多起来反抗法西斯的他的乡亲们，他从未表失过斗争的勇气。

zai na xie heian de jiannan de suiyue li, faxisi zhanling le ta de jiaxiang, shahai le xuduo qilai fankang faxisi de ta de xiangqin men, ta cong wei sangshi guo douzheng de yongqi.

Es wäre nicht nur stilistisch unakzeptabel, sondern auch grammatisch unverständlich, wenn man solche komplizierte deutsche Attribute durch einen einzigen chinesischen Einfachsatz ausdrücken würde. Die Unmöglichkeit, daß die vielen deutschen Attributsätze verschiedenen Grades nicht von einem einzigen chinesischen Einfachsatz erfaßt werden können, ist wiederum morphologisch bedingt.

Was die Abhängigkeitsverhältnisse zwischen den Nebensätzen anbelangt, kann man im Chinesischen auch mehrfach zusammengesetzte Sätze bilden, deren einzelne Teilsätze unterschiedlichen Strukturebenen zuzuordnen sind und damit unterschiedliche Abhängigkeitsbeziehungen zueinander aufweisen. Im Unterschied zum deutschen Nebensatz, der seine grammatische Abhängigkeit vom Hauptsatz vor allen Dingen durch die Endstellung des finiten Verbs zum Ausdruck bringt, wird die grammatische Abhängigkeit des chinesischen Nebensatzes vom entsprechenden Hauptsatz in vielen Fällen nur durch bestimmte subordinierende Konjunktionen ausgedrückt, z.B.:

尽管他身体不舒服,他还是去上课了。因为今天的课很重要。
<u>jinguan</u> ta shenti bu shufu, ta <u>haishi</u> qu shangke le, <u>yinwei</u> jintian de ke hen zhongyao.

(Obwohl er sich nicht wohl fühlte, ging er doch zum Unterricht, weil der Unterricht heute sehr wichtig ist.)

Dieser aus drei Teilsätzen bestehende chinesische Satz wird als zweifach zusammengesetzter Satz angesehen, weil die Teilsätze in unterschiedlichen inhaltlichen Verhältnissen zueinander stehen, die syntaktisch jeweils durch die subordinierenden Konjunktionen 尽管 ... 还是 ... jinguan ... haishi ... (obwohl ...) und 因为 ... (weil ...) gekennzeichnet worden sind. Diese die Teilsätze einleitenden bzw. verbindenden subordinierenden Konjunktionen geben an, welche semantischen Verhältnisse zwischen den einzelnen Teilsätzen bestehen. An den drei Konjunktionen kann man relativ leicht erkennen, daß zwischen den ersten zwei Teilsätzen ein konzessives Verhältnis und zwischen dem zweiten und dem dritten Teilsatz ein kausales Verhältnis besteht. Im Falle aber eines uneingeleiteten chinesischen mehrfach zusammengesetzten Satzes, dessen Teilsätze durch keinerlei Konjunktionen miteinander verbunden sind, wird die Bestimmung der grammatischen Abhängigkeit der Teilsätze voneinander nur dem inhaltlichen Kontext überlassen, z.B.:

生命是以时间为单位的,浪费别人的时间等于谋财害命,
浪费自己的时间,等于慢性自杀。
shengming shi yi shijian wei danwei de, langfei bieren de shijian dengyu mo cai hai ming, langfei ziji de shijian, dengyu manxing zisha.

(Da das Leben nach der Zeit gerechnet wird, bedeutet die Vergeudung der Zeit der anderen Raubmord und die Vergeudung der eigenen Zeit langsamer Selbstmord.)

Da die einzelnen Teilsätze eines chinesischen zusammengesetzten
Satzes syntaktisch und inhaltlich verschiedenen Ebenen angehören,
ist es bei der Analyse solcher Sätze besonders wichtig, daß man
zunächst mithilfe der vielen Konjunktionen genauer feststellt,
welches syntaktische Verhältnis zwischen den einzelnen Teilsätzen
besteht, ein koordinierendes oder ein subordinierendes. Aufgrund
derartiger Zusammensetzung von mehreren Teilsätzen, die entweder
in koordinierenden oder subordinierenden Verhältnissen zueinander
stehen, kann man im Chinesischen in extremen Fällen auch sogar
fünf-bis sechsfach zusammengesetzte Sätze bilden, aber solche chinesischen Sätze sind trotzdem nicht mit den entsprechenden deutschen
Satzperioden zu vergleichen, weil ihnen unterschiedliche syntaktische
Mittel zugrunde liegen.

Unter den deutschen Satzperioden wird zwar in der Regel auch ein
vielfach zusammengesetzter Satz verstanden, der durch die Nebenordnung mehrerer Satzgefüge oder durch die Unterordnung mehrerer
Nebensätze gebildet wird, wobei die Nebensätze gleich- oder untergeordnet sein können. [1] Aber anders als im Chinesischen ist das
syntaktische Einbettungsverhältnis zwischen dem Nebensatz und dem
Hauptsatz sowie dem übergeordneten Nebensatz für die deutsche Satzperiode entscheidend. Die deutsche Satzperiode ist praktisch eine
relativ streng organisierte und zusammengeschweißte syntaktische
Einheit von vielen Teilsätzen. Von daher kann man folgendes zusammenfassen:

- Die deutsche Satzperiode stellt durch ihre typische synthetische
  bzw. flexivische Konstruktionsweise eine klare hypotaktische
  Satzkonstruktion dar.

- Im Chinesischen spiegelt ein mehrfach zusammengesetzter Satz -
  trotz des relativ komplizierten Inhaltes durch das Nebeneinander
  von Teilsätzen - aufgrund der lexikalischen Mittel, nämlich aufgrund zahlreicher Konjunktionen und konjunktionaler Adverbien, den
  typischen analytischen Satzcharakter wider und weist somit eine
  deutliche parataktische Satzkonstruktion auf.

---

1) Vgl. Helbig, G., Buscha, J. (1986), a.a. O., S. 649.

Im folgenden Kapitel wird versucht, die deutsche Hypotaxe, insbesondere die mehrfache Hypotaxe, mit den chinesischen Ausdrucksmöglichkeiten am Beispiel deutscher literarischer Texte und ihrer chinesischen Übersetzungen zu vergleichen, um die deutsche Hypotaxe und die chinesische Parataxe sowie die wesentliche Ursache für die unterschiedliche Länge des deutschen und des chinesischen Satzes anschaulicher aufzuzeigen.

4. Vergleich der deutschen hypotaktischen und der chinesischen parataktischen Satzkonstruktion anhand von deutschen literarischen Texten und ihren chinesischen Übersetzungen

Viele chinesische Leser und Literaturfreunde sind, auch wenn sie sich nie mit Fremdsprachen, gar europäischen Sprachen befaßt haben, in der Lage, chinesische einheimische Literatur von Übersetzungen europäischer Literatur zu unterscheiden. Hierfür sind verschiedene Faktoren maßgebend. Vor allem sind zu erwähnen die unterschiedlichen Denk- und Verhaltensweisen der Europäer und der Chinesen, die jeweils in ihrer Literatur zum Ausdruck gebracht werden, so durch geschichtlich, kulturell, religiös, geographisch, sozial usw. bedingte Wortschatzunterschiede. Es gibt z.b. in jeder Sprache bestimmte Wörter und Begriffe, wie Personennamen- und Ortsnamen, Bezeichnungen von Sachen und Dingen, Wendungen und Sprichwörter usw., die in anderen Sprachen ursprünglich nicht vorhanden waren, sondern erst durch Übersetzung in diese Sprachen eingeführt und darin etabliert werden. Solche sogenannten Zitatwörter bzw. -begriffe sind zwar meist bekannt, haben aber gleichsam ein passives Dasein, da sie im eigenen Schrifttum kaum verwendet werden (z.B. geographische Namen und Personennamen, zum Teil auch politische Begriffe wie "Parlament", "Abgeordneter" usw.). Auch die Religionsunterschiede lassen sich in diesem Zusammenhang betrachten: sie führen unter anderem zu unterschiedlicher Verwendungshäufigkeit bestimmter Wörter und Begriffe sowohl in der spezifischen als auch in der allgemeinen Literatur.

Obwohl auch in China (allerdings geringe) Teile der Bevölkerung Anhänger des Katholizismus und Protestantismus sind (ursprünglich nur in den ehemaligen Missionsgebieten, jetzt wohl auch in anderen Gegenden Chinas), sind viele mit den beiden Religionen verbundene Wörter und Begriffe weitgehend unbekannt. Die meisten Chinesen haben bei solchen religiösen Termini Verständnisprobleme. Was ist z.B. ein Beichtstuhl? Mit diesem Begriff können nur wenige Chinesen etwas anfangen. Andere Zitatwörter wie "Kreuz", "Pfarrer", "Priester", "Papst", "Christus", "Bibel", "Weihnachten" usw. sind zwar fast alle inhaltlich entsprechend ins Chinesische übersetzt worden, aber sie werden in der Regel von den Chinesen sofort als

Begriffe europäischer Religionen erkannt. Wenn in einem literarischen Text solche Wörter permanent verwendet werden, kommt der betreffende Text den chinesischen Lesern wahrscheinlich europäisch vor. Umgekehrt haben auch Europäer Verständnisprobleme bei gewissen Wörtern und Begriffen der Religionen, die fast ausschließlich im asiatischen Raum oder nur in China ausgeübt werden. Wörter wie 佛教 fojiao (Buddismus), 道教 daojiao (Daoismus), 喇嘛 lama (lamaistischer Mönch) usw. erscheinen den meisten Europäern exotisch bzw. asiatisch. Bestimmte europäische Grußformen oder Ausrufe, die einen religiösen Hintergrund haben, wie "Mein Gott!" 我的上帝 wo de shangdi, "Gott sei Dank!" 感谢上帝 ganxie shangdi, "Grüß Gott!" (ohne direkte chinesische Übersetzung), "Um Gottes Willen!" (ebenfalls ohne direkte chinesische Übersetzung) und ähnliches, müssen inhaltlich entsprechend ins Chinesische übersetzt werden. Statt 我的上帝 wo de shangdi (Mein Gott!) und 感谢上帝 ganxie shangdi (Gott sei Dank!), die als Ausrufe grundsätzlich nur in den chinesischen Übersetzungen europäischer Literatur auftauchen, würden die Chinesen in den vergleichbaren Situationen Ausrufe wie 我的天哪! wo de tian a (wörtlich: Mein Himmel!) oder 我的老天爷! wo de laotianye (wörtlich: Mein Himmelgroßvater!) und 谢天谢地 xie tian xie di (wörtlich: Himmel und Erde sei Dank!) usw. verwenden. [1]

Auf ähnliche Weise können auch Wörter und Begriffe, die sich auf unterschiedliche gesellschaftliche Systeme, Kulturen, Sitten und Gebräuche beziehen, dem Leser helfen, die chinesische einheimische Literatur von Übersetzungen europäischer Arbeiten zu unterscheiden. Was z.B. die Architektur anbelangt, deuten Wörter wie "Burg", "Kirche", "Dom" usw. eindeutig auf europäische Bauformen hin, während Wörter wie "Pagode", "Trommelturm" usw. dem Europäer einen asiatischen Ursprung signalisieren.

---

1) Mit dem zunehmenden Einfluß europäischer Literatur in China (vor allem durch Übersetzung zahlreicher literarischer Bücher, Filme und Theaterstücke) finden bestimmte Ausdrucksweisen in den europäischen Sprachen immer mehr Resonanz bei den chinesischen Lesern bzw. Zuschauern. Manche chinesische Jugendliche sind geneigt, gewisse Redeweisen und gar Verhaltensweisen der Europäer nachzuahmen. Als Folge dieser sprachlichen Nachahmung ist es heutzutage in China nicht mehr ganz selten, daß manche direkte Übersetzungsformen wie 我的上帝 wo de shangdi (Mein Gott!) von bestimmten jungen Leuten als eine Art Modeausdruck verwendet werden.

Manche mit unterschiedlichen gesellschaftlichen Systemen sowohl in der Vergangenheit als auch in der Gegenwart verbundenen Wörter und Begriffe können ebenfalls den chinesischen Lesern einen Hinweis auf das literarische Ursprungland geben. Für die chinesischen Leser gelten die vielen Rangbezeichnungen in der europäischen aristokratischen Gesellschaft der früheren Zeit sowie viele Wörter im politischen Bereich der Gegenwart wie z.B. "Herzog" 公爵 gongjue, "Graf" 伯爵 bojue, "Freiherr" und "Baron" 子爵 zijue, "Ritter" 骑士 Qishi oder "Bundeskanzler" 联邦总理 lianbang zongli, "Abgeordneter" 议员 yiyuan usw. als etwas typisch Europäisches bzw. Ausländisches.

Das gleiche gilt auch für die unterschiedliche Küchenkultur in China und in Europa, soweit sie sich in der Literatur widerspiegelt. Wenn z.B. in einem literarischen Text ständig von "Brot", "Wurst", "Butter", "Käse", "Marmelade" usw. die Rede ist, wird der Text von den chinesischen Lesern gewöhnlich als europäisch betrachtet.

Die unterschiedlichen Verhaltensweisen der Europäer und der Chinesen, die jeweils in ihrer unterschiedlichen Literatur zum Ausdruck gebracht werden, können oft ein wichtiges Mittel für die chinesischen Leser zur richtigen Unterscheidung von chinesischer und europäischer Literatur sein. Wie allgemein bekannt, sind die Chinesen, insbesondere die Chinesen auf dem Festland, nicht gewohnt, untereinander, besonders unter Freunden und Bekannten mit Grußformeln wie 你好 ni hao (etwa: Guten Tag!) 晚上好 wanshang hao (etwa: Guten Abend! oder Gute Nacht!) und ähnliches zu grüßen, aus welchem Grund auch immer. Die Chinesen haben andere Formen der Höflichkeit als die Deutschen und Europäer. Wenn z.B. in Peking zwei Bekannte oder gute Freunde sich begegnen, werden sie kaum "Guten Tag!" sagen. Sie lächeln sich zu und eröffnen alsbald ein Gespräch. Die Gesprächseinleitung erfolgt oft durch eine Frage wie z.B. "Wie gehts?", "Hast du schon gegessen?" oder "Bist du beschäftigt?" Die Grußformeln wie "Guten Tag!" werden in überwiegenden Fällen bei offiziellen Gelegenheiten, vor allem im Umgang mit Ausländern, verwendet. Unter den Chinesen, die einander gut kennen, wird aber sehr häufig die Frageform 你吃过了吗? ni chi guo le ma (Hast du schon gegessen?) verwendet, wobei man in der Regel nicht auf eine entsprechende Antwort wartet. Es gibt verschiedene Erklärungen dieser eigentümlichen Grußformel, bislang aber ist noch keine überzeugend geworden.

Außerdem zeigen Europäer und Chinesen beim Ausdruck von Gefühlen relativ große Unterschiede. Während die meisten Europäer Gefühle - z.B. Haß, Liebe, Freude, Trauer - relativ offen zeigen und aussprechen, offenbaren die Chinesen, insbesondere der älteren Generationen, ihr Gefühl recht indirekt, was meiner Meinung nach im wesentlichen auf die in China Jahrtausende herrschende konfuzianische Philosophie zurückzuführen ist. Obwohl die heutigen Jugendlichen in China in ihrem Verhalten und im Ausdruck von Gefühlen viel lockerer und offener als die älteren Generationen sind, gelten die Chinesen in dieser Hinsicht im allgemeinen als indirekter und zurückhaltender als die Europäer. In der Regel traut man sich nicht, in Gegenwart vieler Menschen sich zu küssen oder zu umarmen, und zwar selbst dann nicht, wenn sich Ehepartner oder Eltern und ihre erwachsenen Kinder nach jahrelanger Trennung wiedersehen. Eine derartige Demonstration von Gefühlen gilt für die meisten Chinesen als typisch europäisch und ausländisch. Ein solcher Mentalitätsunterschied wird naturgemäß auch in der Literatur deutlich. Ein Roman z.B., in dem die Personen einander mit Worten wie "Liebling", "Schätzchen" usw. liebkosen, wird von den chinesischen Lesern gewöhnlich als ein Text europäischen Ursprungs betrachtet, weil die Chinesen in entsprechenden Situationen ihre Gefühle eben auf andere Art und Weise, und zwar viel indirekter, ausdrücken.

Alle diesen semantischen bzw. lexikalischen Kriterien tragen mehr oder weniger dazu bei, die chinesische einheimische und die europäische Literatur voneinander zu unterscheiden. Es gibt sicherlich auch noch andere Kriterien, die für diese Unterscheidung von Bedeutung sind. Da aber sie nicht zu den syntaktischen Phänomenen gehören, werden sie in dieser Arbeit nicht eingehend behandelt. Diese Erscheinungen werden nur erwähnt, weil sie für die richtige Unterscheidung europäischer und chinesischer Literatur oft von entscheidender Bedeutung sind, und um das Mißverständnis zu vermeiden, daß allein die formalen syntaktischen Unterschiede des Deutschen bzw. der europäischen Sprachen und des Chinesischen ausschlaggebend seien.

4.1. Syntaktische Besonderheiten des Deutschen und des Chinesischen, die zur Unterscheidung der deutschen und der chinesischen Literatur beitragen

Obwohl die meisten Übersetzer sich bemühen, beim Übersetzen europäischer Literatur ins Chinesische trotz der oben genannten kulturell, geschichtlich und religiös bedingten Wortschatzunterschiede zumindest die Satzkonstruktionen in den betreffenden Übersetzungstexten so zu gestalten, wie sie im Chinesischen typisch und üblich sind, kann man nicht vermeiden, daß in einem chinesischen Übersetzungstext aus dem Deutschen oder aus einer anderen europäischen Sprache gelegentlich Sätze bzw. Satzkonstruktionen auftauchen, die den normalen chinesischen Satzkonstruktionen nicht adäquat sind und sie sogar verletzen. Wenn man solche sogenannten interlingualen Interferenzen in den chinesischen Übersetzungen strukturell analysiert und mit den betreffenden Textsegmenten in den Orginaltexten vergleicht, würde man schnell merken, daß es sich in der Regel um Satzkonstruktionen handelt, die man wegen unterschiedlicher syntaktischer Mittel der beiden Sprachen nicht ohne weiteres auf das Chinesische übertragen kann. Eine Wort-für-Wort-Übersetzung müßte zwangsläufig entweder inhaltliche Unklarheit, Unverständlichkeit oder sogar grammatische Inkorrektheit zur Folge haben.

Was die Übersetzung der deutschen schönen Literatur betrifft, stellt vor allem die deutsche Hypotaxe, insbesondere die mehrfache Hypotaxe bzw. die deutsche Satzperiode ein großes Hindernis für die Übersetzer dar. Wie im vorangehenden Kapitel erwähnt, ist die Verwendung vieler mehrgliedriger hypotaktischer Satzkonstruktionen keineswegs beliebig oder zufällig. Sehr oft werden die vielen langen, komplizierten, verzweigten Satzkonstruktionen von manchen deutschsprachigen Autoren ganz gezielt für bestimmte inhaltliche und stilistische Zwecke verwendet. Sowohl in der deutschen Klassik als auch in der modernen deutschen Literatur findet man z.B. eine Reihe renommierter Schriftsteller wie z.B. H. Kleist, Th. Mann, H. Böll, G. Grass, M. Walser usw., "die dem langen Ganzsatz einen bedeutenden Platz einräumen, als einem mit ihrer gesamten Lebensauffassung und ihrer künstlerischen Eigenart unlöslich verbundenen stilistischen Zug. Die langen (sogar sehr langen) Ganzsätze sind nämlich bei einer Reihe von ganz modernen Schriftstellern ein notwendiger, nicht zu umgehender Bestandteil ihrer Sprache, der

wenigstens in einigen von ihren Werken eine solche enge Verflechtung
von verschiedenartigsten Schilderungen und Reflexionen, Zeitabschnitten
und Erzählperspektiven unmittelbar mit sprachlichen Mitteln zum Ausdruck bringt, die dem gesamten, in dem betreffenden Werk erstehenden
Lebensbild einen besonderen Charakter verleiht."[1] Beim Übersetzen
solcher wohlerwogenen langen deutschen Ganzsätze, insbesondere der
langen synthetischen Sätze, werden hohe Anforderungen an die Übersetzer gestellt. Verschiedene Übersetzer verfolgen dabei unterschiedliche Übersetzungsstrategien. Die meisten Übersetzer bemühen sich ständig, geeignete Übersetzungsmethoden und alle möglichen kompensatorischen
Mittel, und zwar sowohl syntaktische als auch stilistische Mittel, zu
verwenden, um möglichst die inhaltliche Äquivalenz zwischen den Textsegmenten der deutschen Urfassung und der chinesischen Übersetzung
herzustellen. Trotzdem fällt es den Übersetzern sehr schwer, einen
deutschen mehrfachen hypotaktischen, langen Satz bzw. eine deutsche
Satzperiode ohne wesentliche strukturelle Zerlegung und damit ohne
Beeinträchtigung der inhaltlichen und stilistischen Überlegungen der
jeweiligen deutschsprachigen Autoren sowie ohne negative Beeinflussung
der literarischen Qualität und poetischer Substanz des betreffenden
deutschen Textes ins Chinesische zu übersetzen. Angesichts der mehrfach erwähnten morphologisch-syntaktischen Beschränkungen im Chinesischen sehen sich die meisten Übersetzer gezwungen, viele derartige
deutsche mehrfach hypotaktische Sätze bzw. mehrgliedrige Satzperioden
in mehrere chinesische Einfachsätze sowie syntaktisch selbständige
Teilsätze zu zerlegen, die formal jeweils mit einem chinesischen Einfachsatz identisch und untereinander nicht direkt verbunden sind.
Eine solche strukturelle Zerlegung der deutschen mehrfachen Hypotaxe
in die chinesiscne Parataxe verändert zwar in gewissem Maße die inhaltlichen und stilistischen Absichten der jeweiligen deutschsprachigen
Autoren, findet aber bei den chinesischen Lesern mehr Akzeptanz, weil
diese syntaktischen Umordnungen zwar den chinesischen Übersetzungstext im Vergleich zur deutschen ausgangssprachlichen Vorlage erheblich verlängern, aber ihm "ein völlig anderes, zweifellos viel leserfreundlicheres syntaktisches Strukturprofil verleihen würden."[2]

---

1) Admoni, W. (1973), a.a. O., S. 18-19.
2) Wilss, W. (1977): Übersetzungswissenschaft - Probleme und Methoden-Stuttgart, S. 165-166.

Die dadurch zustande gekommenen Formulierungen in den chinesischen Übersetzungen entsprechen somit den üblichen chinesischen Satzkonstruktionen. Eine solche syntaktische Umgestaltung im zielsprachlichen Übersetzungstext ist deswegen eine notwendige, nicht zu umgehende Übersetzungsmaßnahme, insbesondere für typologisch weit entfernte Sprachen wie das Deutsche und das Chinesische. W. Wilss hält sogar eine in einem ersten Durchgang intralinguale Paraphrasierungsoperation für erforderlich, "die den ausgangssprachlichen Text in einer Folge von syntaktischen Reduktionsschritten in leichter durchschaubare Satzkonstruktionen in der Größenordnung von Einfachsätzen oder 'near-kernels' auflösen." [1] In bezug auf die ausgangssprachliche syntaktische Umordnung hat W. Wilss in seinem Buch "Übersetzungswissenschaft - Probleme und Methoden" folgendes geäußert: "Eine auf den Abbau syntaktischer Komplexität zielende ausgangssprachliche Textparaphrasierung wäre zwar vermutlich ziemlich zeitraubend, doch ließe sich der zu investierende Zeitaufwand rechtfertigen, weil damit eine bessere ausgangssprachliche Basis für den in einem zweiten Durchgang zu vollziehenden Transfer in die Zielsprache und für die Erreichung eines akzeptablen Übersetzungsresultats zu gewinnen wäre. Der Vorwurf, daß dadurch der ausgangssprachliche Text syntaktisch verzerrt und damit zielsprachlich nicht adäquat wiedergegeben würde, wäre in dem vorliegenden Fall absurd." [2] Die Rechtfertigung des von W. Wilss erwähnten Zeitaufwandes läßt sich durch die Resultate der Übersetzungen zahlreicher deutschen Texte ins Chinesische unterstützen. Im allgemeinen werden diejenigen chinesischen Übersetzungstexte aus der deutschen (oder überhaupt aus der europäischen) Literatur sprachlich als gelungen bezeichnet, in denen die vielen komplizierten verzweigten hypotaktischen Satzkonstruktionen aufgrund der inhaltlichen Äquivalenz in mehrere für das Chinesische übliche und passende Einfachsätze bzw. syntaktisch selbständige Teilsätze zerlegt wurden. Hier werden in erster Linie die adressatenspezifischen Aspekte berücksichtigt. Durch syntaktische Zerlegung der Satzkonstruktionen des deutschen ausgangssprachlichen Textes und durch neue angemessene strukturelle Formulierungen im chinesischen zielsprachlichen Text gewinnt der jeweilige Übersetzungstext

---

1) Wilss, W.,(1977),a.a. O., S. 166.
2) Wilss, W.,(1977),a.a. O., S. 166.

bei den chinesischen Lesern an sprachlicher Akzeptanz. Der Akzeptanzgrad steigert sich um so mehr, wenn der Übersetzer auf der Basis der strukturell neuen Formulierungen noch zusätzliche lexikalische Mittel verwendet, die den Lesern vertraut sind. Ob aber diese von den chinesischen Lesern syntaktisch als gelungen bezeichneten Übersetzungstexte aus dem Deutschen und einer anderen europäischen Sprache inhaltlich dem Orginaltext treu bleiben, ist den meisten chinesischen Lesern in der Regel gleichgültig, weil sie ohnehin nicht in der Lage sind, dies mit der eigenen sprachlichen Kompetenz zu überprüfen. Sehr selten kümmert man sich beim Lesen des Übersetzungstextes um die inhaltliche Identität des ausgangssprachlichen und zielsprachlichen Textes. "Die Subjektgebundenheit des übersetzerischen Qualitätsurteils rührt daher, daß es der Übersetzungswissenschaft bisher nicht gelungen ist, ein hinlänglich detailliertes Faktoreninventar für die Meßbarkeit der Äquivalenz von ausgangs- und zielsprachlichem Text zu entwickeln und an die Stelle eines hypostasierten Äquivalenzbegriffs einen theoretisch explizierten, empirisch abgesicherten Äquivalenzbegriff zu setzen. Sie kann deshalb derzeit nichts Verläßliches darüber sagen, wie man übersetzungsmethodisch und übersetzungstechnisch vorgehen muß, um zu einem adäquaten, qualitativ überprüfbaren Übersetzungsergebnis zu gelangen." [1] Das von den chinesischen Lesern gefällte positive Urteil über bestimmte Übersetzungstexte beschränkt sich deswegen lediglich auf die sprachlichen Aspekte. Die inhaltliche Äquivalenz des deutschen ausgangssprachlichen und des chinesischen zielsprachlichen Textes, die an und für sich den Kernpunkt der Übersetzungstätigkeit bildet, wird von den chinesischen Lesern häufig kaum berücksichtigt.

Es gibt allerdings auch immer wieder Versuche seitens einiger Übersetzer, trotz der ganz unterschiedlichen morphologisch-syntaktischen Mittel der beiden Sprachen eine Wort-für-Wort-Übersetzungsprozedur vorzunehmen, und zwar bestimmte lange deutsche hypotaktische Sätze durch strukturell vergleichbare lange chinesische Sätze auszudrücken, die dann aber oft unvermeidlich schwer überschaubar und sogar grammatisch inkorrekt sind. Der Grund für solche Fehlübersetzungen ist eben oft sprachtypologisch, übersetzungsstrategisch sowie übersetzungstechnisch zu erklären. Gerade an solchen Fehlübersetzungen, insbesondere an Satzkonstruktionen, die den chinesischen Lesern in bestimmten

---

1) Wilss, W.,(1977), a.a. O., S. 157.

chinesischen Übersetzungstexten ungewohnt und gar falsch erscheinen, kann man relativ leicht den Einfluß der deutschen Hypotaxe auf die chinesische Parataxe erkennen und damit einen Übersetzungstext aus dem Deutschen vom orginären chinesischen Text auf der syntaktischen Basis unterscheiden.

Trotz aller Bemühungen engagierter Übersetzer ist eine direkte Übertragung eines langen deutschen hypotaktischen Satzes in einen strukturell entsprechenden chinesischen langen Satz nur äußerst bedingt möglich. Die meisten deutschen mehrgliedrigen Satzperioden lassen sich rein syntaktisch nicht in die entsprechenden langen chinesischen Sätze übersetzen. Aufgrund eines relativ ausführlichen Vergleichs zahlreicher deutscher literarischer Texte mit ihren chinesischen Übersetzungen wird in diesem Kapitel versucht, die jeweiligen syntaxspezifischen Probleme der Übersetzung der deutschen Hypotaxe in die chinesische Parataxe sowie die damit eng verbundenen semantischen Verschiebungen in den chinesischen Übersetzungen zu behandeln. Als Vergleichsmaterial werden einige Novellen bzw. Erzählungen von bestimmten deutschsprachigen Schriftstellern verwendet, darunter z.B. Th. Mann, E.T.A. Hoffmann, Th. Fontane, S. Zweig, G. Keller, H. Kleist, A. Stifter, und H. Böll.

Als erstes Resultat des Vergleichs wird z.B. die bisherige allgemeine Erkenntnis aus der Übersetzungspraxis aller Weltsprachen bestätigt, daß es, rein statistisch gesehen, generell eine höhere Anzahl von Sätzen und Wörtern im Übersetzungstext gibt als im betreffenden Orginaltext. Es gibt sicherlich verschiedene Gründe für die unterschiedliche Anzahl der Sätze bzw. Wörter in Übersetzungen und entsprechenden Orginaltexten. Je nach Kulturkreisen und Sprachfamilien bzw. Sprachtypologien kann diese Mengendifferenz der Sätze und Wörter im ausgangs - und zielsprachlichen Text unterschiedliche Ursachen haben. Die Häufigkeit der lexikalischen Paraphrasierungen, und zwar Paraphrasierungen mancher geschichtlich, kulturell und religiös bedingter Begriffe, ist z.B. bei der Übersetzung innerhalb europäischer Sprachen, wie zwischen dem Deutschen und dem Englischen, viel geringer als bei der Übersetzung zwischen typologisch weit entfernten Sprachen, wie zwischen dem Deutschen und dem Chinesischen. Um beispielsweise manche fremde Begriffe aus den jeweiligen Ausgangssprachen in bestimmte Zielsprachen einzuführen und deutlich darzustellen, ist eine Paraphrasierung oft unentbehrlich.

Die vielen Paraphrasierungen haben zweifelsohne eine Mengendifferenz der Sätze zwischen ausgangs- und zielsprachlichen Texten zur Folge. Dieser eigentlich quantitativ zu wertende Unterschied in bezug auf die Satzzahl ist beim Übersetzen deutscher literarischer Texte ins Chinesische besonders auffällig. Ein Vergleich ergibt, daß viele deutsche literarische Texte und ihre chinesischen Übersetzungen sich in der Anzahl der Sätze erheblich unterscheiden. Bei einigen deutschen Novellen und Erzählungen enthält die chinesische Übersetzung 20% oder sogar noch mehr Sätze als die deutsche Urfassung. Selbstverständlich spielt hier die recht häufige lexikalische Paraphrasierung eine Rolle. Aber sehr oft ist die große Mengendifferenz der Sätze zwischen den verglichenen deutschen Orginaltexten und den chinesischen Übersetzungen auf die unterschiedlichen syntaktischen Satzkonstruktionen der beiden Sprachen zurückzuführen. Im folgenden wird zunächst die unterschiedliche Anzahl der Sätze einiger deutscher Novellen und Erzählungen mit ihren chinesischen Übersetzungen tabellarisch verglichen:

1. "Der Ketzer von Soana" von G. Hauptmann:
   1305 Sätze
   Chinesische Übersetzung von Cai, Jiachen:
   索阿那的异教徒   Suoana de yi jiaotu
   1388 Sätze
   Die chinesische Übersetzung hat 83 (=6%) Sätze mehr als der deutsche Orginaltext.

2. "Schach von Wuthenow" von Th. Fontane
   2583 Sätze
   Chinesische Übersetzung von Zhao, Dengrong:
   沙赫·封·武特诺夫   Shahe feng Wutenuofu
   2767 Sätze
   Die chinesische Übersetzung hat 184 (=7%) Sätze mehr als der deutsche Orginaltext.

3. "Bergkristall" von A. Stifter
   675 Sätze
   Chinesische Übersetzung von Wang, Yinqi:
   山中水晶   shan zhong shuijing
   767 Sätze
   Die chinesische Übersetzung hat 92 (=13.6%) Sätze mehr als der deutsche Orginaltext.

4. "Schachnovelle" von S. Zweig
   767 Sätze
   Chinesische Übersetzung von Zhang, Yushu:
   象棋的故事   xiangqi de gushi
   941 Sätze
   Die chinesische Übersetzung hat 174 (=22.7%) Sätze mehr als der deutsche Orginaltext.

5. "Die drei gerechten Kammacher" von G. Keller
   382 Sätze
   Chinesische Übersetzung von Tian, Dewang:
   三个正直的制梳匠   san ge zhengzhi de zhishujiang
   470 Sätze
   Die chinesische Übersetzung hat 88 (=23%) Sätze mehr als der deutsche Orginaltext.

6. "Die verlorene Ehre der Katharina Blum oder: wie Gewalt entstehen und wohin sie führen kann" von H. Böll
   1134 Sätze
   Chinesische Übersetzung von Sun, Kunrong und Sun, Fengcheng:
   丧失了名誉的卡塔琳娜·勃罗姆
   sangshi le mingyu de Katalinna Boluomu
   1432 Sätze
   Die chinesische Übersetzung hat 298 (=26%) Sätze mehr als der deutsche Orginaltext.

7. "Der Tod in Venedig" von Th. Mann
   1009 Sätze
   Chinesische Übersetzung von Qian, Hongjia:
   死于威尼斯   si yu Weinisi
   1296 Sätze
   Die chinesische Übersetzung hat 287 (=28%) Sätze mehr als der deutsche Orginaltext.

8. "Wanderer, kommst du nach Spa ..." von H. Böll
   112 Sätze
   Chinesische Übersetzung von Huang, Wenhua:
   流浪人,你若到斯巴···   liulangren, ni ruo dao Siba ...
   170 Sätze
   Die chinesische Übersetzung hat 58 (=51%) Sätze mehr als der deutsche Orginaltext.

Mit "Satz" sind hier Äußerungen gemeint, die zwischen Punkten bzw. zwischen Punkt und Ausrufezeichen oder Fragezeichen stehen. Sie umfassen sowohl einen gradlinigen einfachen Satz, einen einfach zusammengesetzten Satz, einen mehrfach zusammengesetzten Satz bzw. eine Satzperiode, einen analytischen langen Ganzsatz, einen synthetischen langen Ganzsatz als auch einen vereinfachten, zusammengesetzten Satz, eine Satzellipse und sogar einen Einwortsatz. Angesichts des äußerst umstrittenen Begriffs "Satz" sowohl im Deutschen als auch im Chinesischen läßt sich selbstverständlich darüber streiten, ob viele Äußerungen in den betreffenden deutschen literarischen Texten und ihren chinesischen Übersetzungen, die zwischen Punkten, Ausrufezeichen sowie Fragezeichen stehen, überhaupt als Sätze im syntaktischen Sinne zu bezeichnen sind. Auf jeden Fall stimmt das statistische Vergleichsergebnis mit der Erkenntnis aus der Übersetzungspraxis überein, daß es im Übersetzungstext mehr Sätze bzw. Wörter als im Orginaltext gibt.

Die große Mengendifferenz der Sätze in den verglichenen literarischen Texten kann zwar indirekt die Hypothese zur strukturellen Differenz zwischen deutscher Hypotaxe und chinesischer Parataxe untermauern, ist aber für eine theoretische und systematische Begründung unterschiedlicher Satzcharaktere beider Sprachen nicht von erstrangiger Bedeutung, weil es noch viele andere Faktoren gibt, die zu ähnlichen Vergleichsergebnissen führen können. Auch bei der Übersetzung vom Chinesischen ins Deutsche kann man eine etwas höhere Anzahl von Sätzen in den deutschen Übersetzungen als in den chinesischen Orginaltexten feststellen, obwohl der zahlenmäßige Unterschied der Sätze bei weitem nicht so groß wie im umgekehrten Fall ist. Das hängt sowohl vom individuellen Geschmack als auch vom unterschiedlichen Ausdrucksvermögen sowie von differenzierten Techniken und Methoden der Übersetzer ab. Sehr oft wird beispielsweise ein und derselbe lange deutsche zusammengesetzte Satz subordinierender Verbindung von bestimmten Übersetzern direkt durch einen inhaltlich analogen chinesischen Einfachsatz ausgedrückt, indem man die jeweiligen deutschen Nebensätze in vergleichbare einfache chinesische Satzglieder umwandelt, während andere Kollegen mehrere chinesische Einfachsätze oder strukturell selbständige Teilsätze bevorzugen. Unterschiedliche Satzmengen sind die Folge. Gleichzeitig ist aber hervorzuheben, daß die relativ hohen Zahlendifferenzen zwischen den verglichenen Texten im wesentlichen syntaktisch, nicht aber lexikalisch oder stilistisch zu begründen sind. Dies kann man allein an der Tatsache erkennen, daß es sich bei Sätzen in den deutschen Orginaltexten, die in chinesischen Übersetzungen statt in einem einzigen Satz in mehreren Einfachsätzen bzw. strukturell selbständigen Teilsätzen eines Ganzsatzes ihre Entsprechung haben, in der Regel um die deutsche hypotaktische, nicht aber parataktische Satzkonstruktion handelt.

Man kann hier nicht alle deutschen und chinesischen Sätze, bei denen man relativ große Zahlenunterschiede festgestellt hat, einander gegenüberstellen, um dadurch den hypotaktischen Satzcharakter der verglichenen deutschen Texte zu verdeutlichen. Der Vergleich eines langen deutschen Ganzsatzes mit dessen chinesischer Übersetzung soll als Demonstration dafür dienen, daß Sätze, wie die folgenden von Heinrich Böll aus "Die verlorene Ehre der Katharina Blum oder: wie Gewalt entstehen und wohin sie führen kann", in der Regel durch mehrere chinesische Einfachsätze auszudrücken sind:

"Wie kommt es bloß, daß innerhalb einer halben Stunde, obwohl man doch nur Kaffee aufgegossen, Knäckebrot, Butter und Honig aus dem Schrank geholt und die paar Gepäckstücke in die Diele gestellt hat, schon das Chaos ausgebrochen zu sein scheint, und schließlich wurde sogar Trude gereizt, weil er sie immer wieder und immer wieder fragte, wo sie denn da einen Zusammenhang sehe zwischen Katharinas Affäre und Alois Sträubleder oder gar Lüding, und sie ihm sogar nicht entgegenkam, nur immer wieder in ihrer gespielt naiv-ironischen Art, die er sonst mochte, an diesem Morgen aber gar nicht schätzte, auf die beiden Ausgaben der ZEITUNG verwies, und ob ihm da nicht ein Wort besonders aufgefallen sei, und als er fragte welches, verweigerte sie die Auskunft mit dem sarkastischen Hinweis, sie wolle seinen Scharfsinn auf die Probe stellen, und er las wieder und wieder "diesen Dreck, diesen verfluchten Dreck, der einen über die ganze Welt hin verfolgt" , las es immer wieder, unkonzentriert, weil der Ärger über seine verfälschte Äußerung und die "rote Trude" immer wieder hochkam, bis er schließlich kapitulierte und Trude demütig bat, ihm doch zu helfen; er sei so außer sich, daß sein Scharfsinn versage, und außerdem sei er ja seit Jahren nur noch als Industrie-, kaum noch als Kriminalanwalt tätig, woraufhin sie trocken sagte "Leider", dann aber

Erbarmen zeigte und sagte "fällt dir denn das Wort Herrenbesuch nicht auf, und ist dir nicht aufgefallen, daß ich das Wort Herrenbesuch auf die Telegramme bezogen habe?" [1]

Die chinesische Übersetzung von Sun, Kunrong und Sun, Fengcheng:

虽然他们不过做了些咖啡，从柜子里拿了些干面包、黄油和蜂蜜，把两件行李放到了过道里，在半个小时之内屋子里就弄得乱七八糟了。最后，甚至特罗德也冒火了，因为布洛纳一个劲地问，从哪里她看出了卡塔琳娜的事件和阿洛伊斯·斯特劳布莱德甚至和另定有关系。可是她却完全不回答他的问题。只是用她一贯爱用的故意装出来的天真嘲讽试揭着《日报》，问他是否特别注意到一个词。她的这种冷嘲热讽的方式，在平时他是很欣赏的，可是在这一个清晨却一点也引不起他的兴趣。当他问她是哪个词时，她以嘲弄的口气拒绝告诉他。她说，她想考验考验他的观察力。于是他只能一遍又一遍地读"这种脏东西，这种该死的脏东西紧跟着人跑遍全世界"。他读得很不专心，因为报上伪造的他的讲话以及"红色的特罗德"一直使他很恼怒，最后他不得不认输。忍气吞声地请特罗德帮他忙。他对她说，不知怎么搞的，他的观察力不行了，再说几年来他一直从事工业律师而没有当过刑事律师的职务。于是特罗德干巴巴地说："可惜啊！"但接着她又显露了同情心，回答他说："难道你没有注意到绅士客人这个词吗？你没有注意到，我曾经把它和电报联系在一起过吗？"

suiran tamen buguo zuo le xie kafei, cong guizi li na le xie gan mianbao, huangyou he fengmi, ba liang jian xingli fang dao le guodao li,
zai ban ge xiaoshi zhi nei wuzi li jiu nong de luanqibazao le. zuihou,
shenzhi Teluode ye maohuo le, yinwei Buluona yigejin de wen, cong nali

---

1) Böll, H. (1974), a.a. O., S. 114-115.

ta kan chu le Katalinna de shijian he Aluoyisi. Sitelaobulaide shenzhi he Lüding you guanxi. keshi ta que wanquan bu huida ta de wenti, zhi shi yong ta yiguan ai yong de guyi zhuang chu lai de tianzhen chaofeng fangshi zhi zhe "Ribao", wen ta shifo tebie zhuyi dao yi ge ci. ta de zhe zhong leng chao re feng de fangshi, zai pingshi ta shi hen xinshang de, keshi zai zhe yi ge qingchen que yidian ye yin bu qi ta de xingqu. dang ta wen ta shi na ge ci shi, ta yi chaonong de kouqi jujue gaosu ta. ta shuo, ta xiang kaoyan kaoyan ta de guanchali, yushi ta zhi neng yi bian you yi bian de du "zhe zhong zang dongxi, zhe zhong gai si de zang dongxi jin gen zhe ren pao bian quan shijie". ta du de hen bu zhuanxin, yinwei bao shang weizao de ta de jianghua yiji "hongse de Teluode" yizhi shi ta hen naonu, zuihou ta bude bu renshu, ren qi tun sheng de qing Teluode bang ta mang. ta dui ta shuo, bu zhi zenme gao de, ta de guanchali bu xing le, zai shuo ji nian lai ta yizhi congshi gongye lüshi er meiyou dang guo xingshi lüshi de zhiwu. yushi Teluode ganbaba de shuo: "kexi a!" dan jie zhe ta you xianlou le tongqing xin, huida ta shuo: "nandao ni meiyou zhuyi dao shenshi keren zhe ge ci ma? ni meiyou zhuyi dao, wo ceng ba ta he dianbao lianxi zai yiqi guo ma?" [1)]

Wörtliche Rückübersetzung ins Deutsche:

"Obwohl sie nur ein bißchen Kaffee gemacht, etwas Knäckebrot, Butter und Honig aus dem Schrank geholt und ein paar Gepäckstücke in die Diele gestellt hatten, herrschte innerhalb einer halben Stunde ein Chaos im Zimmer. (1. Satz) Schließlich war sogar Trude gereizt, weil Blorna [2)] immer wieder fragte, wo sie einen Zusammenhang zwischen Katharinas Affäre und Alois Sträubleder und gar Lüding sah. (2. Satz) Aber sie antwortete überhaupt nicht auf seine Frage, deutete nur mit ihrer gespielt naiv-ironischen Art auf die ZEITUNG und fragte, ob ihm ein Wort besonders aufgefallen war. (3. Satz) Ihre derartige ironische Art schätzte er gewöhnlich sehr, aber an diesem Morgen erweckte sie überhaupt nicht sein Interesse. (4. Satz) Als er sie fragte, welches Wort das war, verweigerte sie die Auskunft sarkastisch. (5. Satz) Sie sagte, sie wolle seinen Scharfsinn auf die Probe stellen, so mußte er immer wieder "diesen Dreck lesen, dieser Dreck verfolgt einen über die ganze Welt hin." (6. Satz) Er las sehr unkonzentriert, weil seine verfälschte Äußerung und die "rote Trude" in

---

1) Sun, Kunrong, Sun, Fengcheng, (1980), S. 341-342, Vgl. Böll, H. (1974).
2) In der chinesischen Übersetzung wurde Blorna irrtümlicherweise als Vorname verwendet.

der Zeitung ihn ständig verärgerten, schließlich mußte er kapitulieren und bat Trude demütig, ihm zu helfen. (7. Satz) Er sagte zu ihr, er wisse nicht, warum sein Scharfsinn versage, außerdem sei er seit einigen Jahren nur noch als Industrie - und nicht als Kriminalanwalt tätig. (8. Satz) Daraufhin sagte Trude trocken "Leider!" (9. Satz) Aber sie zeigte sofort wieder Erbarmen und antwortete ihm, :"Ist denn dir das Wort Herrenbesuch nicht aufgefallen? (10. Satz) Hast du denn nicht gemerkt, daß ich das Wort auf die Telegramme bezogen habe?" (11. Satz)

Der lange deutsche Orginal-Ganzsatz, der syntaktisch, streng genommen, wiederum einige einzelne Teilsätze enthält, die strukturell nicht voneinander abhängig sind, und damit sowohl synthetischen als auch analytischen Charakter aufweist, wurde von den beiden Übersetzern in elf chinesische Sätze zerlegt, die zum Teil einige syntaktisch unabhängige Teilsätze umfassen. Selbst wenn man den langen deutschen Ganzsatz je nach den syntaktischen Konstruktionen in bestimmte selbständige Sätze zerlegen würde, könnte man nicht die identische Satzzahl mit dem chinesischen Übersetzungstext erzielen. Bei der genauen Gegenüberstellung dieses langen deutschen Satzes und dessen chinesischer Übersetzung kann man recht deutlich erkennen, daß die ungleichen Satzmengen meistens auf die hypotaktischen Satzkonstruktionen zurückzuführen sind.

Das Übersetzen zahlreicher deutscher analytischer langer Sätze, und zwar der Elementarsätze - Einfachsätze, Hauptsätze, Nebensätze und Satzbruchstücke, die lose aneinandergereiht werden, ohne grammatisch geformte Satzreihen, Satzgefüge und Satzperioden zu bilden - [1], ist relativ wenig problematisch, weil man in normalen Fällen die vielen Teilsätze solcher langen deutschen analytischen Ganzsätze ohne große Strukturänderung durch ähnliche chinesische Teilsätze ausdrücken kann, die im Chinesischen, rein syntaktisch gesehen, ohnehin mit einem selbständigen Einfachsatz identisch sind. Ein solcher analytischer Ganzsatz, dessen einzelne Teilsätze keine formal erkennbare syntaktische Abhängigkeit voneinander aufweisen und damit eine deutliche parataktische Satzkonstruktion bilden, entspricht ziemlich genau dem chinesischen Satzcharakter und kann deshalb ohne weiteres durch ver-

---

1) Vgl. Admoni, W.,(1973), a.a. O., S. 22.

gleichbare chinesische Satzkonstruktionen ausgedrückt werden. In diesem Fall stimmt auch die Satzmenge in der chinesischen Übersetzung mit dem deutschen Orginaltext normalerweise überein. Nur in wenigen Fällen hat die chinesische Übersetzung einige Sätze mehr als der deutsche Orginaltext, weil man manche syntaktisch selbständige Teilsätze eines deutschen analytischen Ganzsatzes durch inhaltlich entsprechende chinesische Einfachsätze ausgedrückt hat. Die Einfachheit der Übersetzung solcher langen deutschen analytischen Ganzsätze kann man beim Vergleich folgender beiden deutschen Sätze von A. Stifter aus der Erzählung "Bergkristall" (1) und von S. Zweig aus der Novelle "Schachnovelle" (2) mit ihren chinesischen Übersetzungen deutlich erkennen:

(1) "Sie sind sehr stetig und es bleibt immer beim alten. Wenn ein Stein aus einer Mauer fällt, wird derselbe wieder hineingesetzt, die neuen Häuser werden wie die alten gebaut, die schadhaften Dächer werden mit gleichen Schindeln ausgebessert, und wenn in einem Hause scheckige Kühe sind, so werden immer mehr solche Kälber aufgezogen, und die Farbe bleibt bei dem Hause." [1]

Chinesische Übersetzung von Wang, Yinqi:

他们脾气固执，因此一切永远是老样子。要是一块砖从墙上掉下来了，那么它又会被重新砌上去；新房子都建得和老房子一模一样。屋顶破了又用相同的木板修理；谁家一旦养了几头花母牛，那么同样颜色的牛就将传种接代，在他家里一直养下去。

tamen piqi guzhi, yinci yiqie yongyuan shi lao yangzi. yaoshi yi kuai zhuan cong qiang shang diao xia lai le, name ta you hui bei congxin qi shang qu; xin fangzi dou jian de he lao fangzi yi mu yi yang; wuding po le, you yong xiangtong de muban xiuli; shui jia yidan yang le ji tou hua muniu, name tongyang yanse de niu jiu jiang chuanzhong jiedai, zai ta jia li yizhi yang xia qu. [2]

(2) "Die Post durfte er niemals öffnen, alle wichtigen Briefe schrieb ich, ohne Kopien zu hinterlassen, eigenhändig mit der Maschine, jedes wesentliche Dokument nahm ich selbst nach Hause und verlegte

---

1) Stifter, A., (1853): Bergkristall, in: Bunte Steine und Erzählungen München, S. 164.
2) Wang, Yinqi, (1984), in: DGZX, Band 2, S. 6.

geheime Besprechungen ausschließlich in die Priorei des Klosters
oder in das Ordinationszimmer meines Onkels." [1]

Chinesische Übersetzung von Zhang, Yushu:

邮件是从来不许他拆的。所有重要的信件都是我亲自在打字机
上打出来、而且只打一份，不留副件。每一份重要的文件我都
亲自带回家去，而秘密谈判只在修道院的院长室或者我叔叔的御
医办公室里进行。

youjian shi conglai bu yunxu ta chai de. suoyou zhongyao de xinjian dou shi
wo qinzi zai daziji shang da chu lai, erqie zhi da yi fen, bu liu fujian.
mei yi fen zhongyao de wenjian wo dou qinzi dai hui jia qu, er mimi
tanpan zhi zai xiudaoyuan de yuanzhangshi huozhe wo shushu de yuyi ban-
gongshi li jinxing. [2]

Wie man sieht, hat man in der chinesischen Übersetzung des ersten
deutschen Satzes zwischen jedem Teilsatz ein Semikolon gesetzt, wo
im deutschen Satz ein Komma steht, um die inhaltliche Zusammengehörig-
keit der einzelnen Teilsätze aufrechtzuerhalten. Im zweiten Satz hat
man sogar einfach aus den deutschen Teilsätzen, die in einem relativ
lockeren syntaktischen Verhältnis zueinander stehen, einige syntaktisch selbständige Einfachsätze gemacht. Manche lange deutsche analytische Ganzsätze, deren Teilsätze bereits entweder durch Doppelpunkt
oder Semikolon getrennt worden sind, lassen sich auch relativ einfach
durch vergleichbare chinesische parataktische Satzkonstruktionen ausdrücken, weil sowohl im Deutschen als auch im Chinesischen zwischen
den einzelnen Teilsätzen solcher Sätze keine formal erkennbare syntaktische Abhängigkeit besteht. Es handelt sich dabei faktisch nur um
mehrere syntaktisch mehr oder weniger selbständige Teilsätze, die aus
inhaltlichen bzw. stilistischen Gründen von einem langen analytischen
Ganzsatz erfaßt werden. Das ist z.B. im folgenden deutschen Beispielsatz von Th. Mann aus "Der Tod in Venedig" der Fall:

"Er erreicht ihn auf dem Brettersteig hinter den Hütten, er will ihm
die Hand aufs Haupt, auf die Schulter legen, und irgendein Wort, eine
freundliche französische Phrase schwebt ihm auf den Lippen: da fühlt
er, daß sein Herz, vielleicht auch vom schnellen Gang, wie ein Hammer
schlägt, daß er, so knapp beim Atem, nur gepreßt und bebend wird

---
1) Zweig, S.,(1981): Schachnovelle, Frankfurt/M, S. 45.
2) Zhang, Yushu, (1984), in: DGZX, Band 2, S. 1160, Vgl. Zweig, S., (1981).

sprechen können; er zögert, er sucht sich zu beherrschen, er fürchtet plötzlich, schon zu lange dicht hinter dem Schönen zu gehen, fürchtet sein Aufmerksamwerden, sein fragendes Umschauen, nimmt noch einen Anlauf, versagt, verzichtet und geht gesenkten Hauptes vorüber." [1)]

Chinesische Übersetzung von Qian, Hongjia:

他在小屋后面的木板路赶上了他，正要把手搭到他的胸袋式肩膀上用法语吐出几句问候的话，忽然他感到心房怦怦地跳个不停——这也许是因为跑路太急，一时气喘吁吁地说不出话来；他迟疑了一下，竭力控制住自己，但突然又感到一阵恐惧，生怕自己钉在这位美少年后面的时间太长，会引起他的注意，又怕他会惊疑地回过头来。他向前冲了一下，终于放弃了他的打算，垂头丧气地走过他的身边。

ta zai xiao wu houmian de muban lu gan shang le ta, zheng yao ba
shou da dao ta de naodai huo jianbang shang yong Fayu tu chu ji ju
wenhou de hua, huran ta gandao xinfang pengpeng de tiao ge bu ting---
zhe yexu shi yinwei pao lu tai ji, yishi qichuan xuxu de shuo bu chu
hua lai; ta ciyi le yi xia, jieli kongzhi zhu ziji, dan turan you gandao yi zhen kongju, sheng pa ziji ding zai zhe wei mei shaonian houmian de shijian tai chang, hui yinqi ta de zhuyi, you pa ta hui jing-
yi de hui guo tou lai. ta xiang qian chong le yi xia, zhongyu fangqi
le ta de dasuan, chui tou sang qi de zou guo ta de shen bian. [2)]

Im Vergleich zu einem solchen langen deutschen analytischen Ganzsatz ist die Übersetzung deutscher synthetischer langer Sätze bzw. mehrgliedriger Satzperioden ins Chinesische mit großer Schwierigkeit verbunden.

Eine solche deutsche Satzperiode, in der die vielen Nebensätze verschiedenen Grades in relativ engen komplizierten syntaktischen Verhältnissen ineinander verkettet sind, wird im Deutschen ebenfalls

---

1) Mann, Th.,(1963): Der Tod in Venedig, in: Sämtliche Erzählungen von Th. Mann, Frankfurt. S. 395-396.
2) Qian, Hongjia,(1984), in: DGZX, Band 2, S. 1091-1092, Vgl. Mann, Th., (1963).

als ein Ganzsatz betrachtet. Im Unterschied zum oben erwähnten analytischen Ganzsatz, der zwar auch mehrere Teilsätze umfassen kann, dessen Teilsätze aber in einem relativ lockeren Verhältnis zueinander stehen, handelt es sich bei einer solchen Satzperiode meist um ein syntaktisch eng verknüpftes Gebilde. Die vielen Teilsätze verschiedenen Grades einer solchen Satzperiode sind syntaktisch in sich geschlossen und voneinander abhängig. Wegen der Spezifik der syntaktischen Mittel im Chinesischen bleibt den meisten Übersetzern beim Übersetzen solcher deutschen Satzperioden nichts anderes übrig, als sie in mehrere chinesische Einfachsätze bzw. Teilsätze eines chinesischen analytischen Ganzsatzes zu zerlegen, die syntaktisch unabhängig von anderen Teilsätzen sind. Diese zwangsläufige strukturelle Zerlegung einer deutschen Satzperiode führt oft unvermeidlich dazu, daß es in der chinesischen Übersetzung zumindest rein statistisch eine höhere Satzzahl als im deutschen Orginaltext gibt. So kommt es neben vielen Sprachfertigkeiten, die man als Übersetzer ohnehin beherrschen muß, beim Übersetzen gerade vom Deutschen ins Chinesische außerordentlich stark auf eine richtige strukturelle "Zerlegungskunst" an. Hier muß allerdings betont werden, daß sich die strukturelle Zerlegungsmethode keineswegs nur auf die Übersetzung der deutschen hypotaktischen Satzkonstruktion in die parataktische chinesische Satzkonstruktion beschränkt. Sie kann z.B. durchaus auch bei der Übersetzung der mehrfachen deutschen Hypotaxe in die passenden Satzkonstruktionen des Englischen oder sonst irgendeiner anderen europäischen Sprache angewandt werden. Mit dem Ziel der inhaltlichen Richtigkeit muß sich der Übersetzer sehr bemühen, die sogenannten Bandwurmsätze des Deutschen richtig und passend zu zerlegen und durch mehrere inhaltlich entsprechende kürzere chinesische Einfachsätze auszudrücken. Je passender und je präziser man eine deutsche Satzperiode zerlegt, desto typischer und besser sind in der Regel die chinesischen Formulierungen in den betreffenden Übersetzungstexten. Wenn man z.B. mehrere deutsche literarische Texte mit ihren chinesischen Übersetzungen vergleicht, die von unterschiedlichen Übersetzern durchgeführt wurden, kann man unschwer feststellen, daß abgesehen von der inhaltlichen Äquivalenz und grammatischen Richtigkeit, die verschiedenen Übersetzer sich in bezug auf diese spezifische "Zerlegungskunst" erheblich voneinander unterscheiden, was selbstverständlich auch in unterschiedlichem Ausmaß die stilistische Qualität bzw. Akzeptanz ihrer Übersetzungen beeinflußt. In den meisten gelungenen Übersetzungen aus dem Deutschen ins Chinesische spielt die "Zerlegungskunst" eine ungemein wichtige Rolle.

Dagegen gibt es zweifellos auch nicht wenige chinesische Übersetzungen aus der deutschen oder einer anderen europäischen Literatur, in denen man wegen mangelnder "Zerlegungskunst" der Übersetzer nicht selten Sätze findet, die den typischen chinesischen Satzkonstruktionen nicht adäquat sind und über die die chinesischen Leser oft wegen der ungewohnten und sogar inkorrekten Satzkonstruktionen stolpern müssen. Solche Satzkonstruktionen der chinesischen Übersetzungen sind in überwiegenden Fällen auf die deutsche Hypotaxe und insbesondere auf die mehrfache Hypotaxe zurückzuführen.

Bei der Beschäftigung mit der deutschen mehrfachen Hypotaxe bzw. mit mehrgliedrigen Satzperioden verfolgen verschiedene Übersetzer auch unterschiedliche Übersetzungsmethoden. Während manche Übersetzer grundsätzlich die Meinung vertreten, die Satzperiode sei generell in mehrere chinesische Einfachsätze bzw. syntaktisch selbständige Teilsätze zu zerlegen, neigen die anderen mehr oder weniger dazu, die gesamte deutsche Satzlänge auch in der chinesischen Übersetzung beizubehalten, was aber in vielen Fällen äußerst schwierig oder sogar unmöglich ist. Im allgemeinen kann man folgende drei wesentliche Übersetzungsmethoden anwenden:

1. Zerlegung der deutschen Satzperiode in mehrere chinesische Einfachsätze bzw. syntaktisch selbständige Teilsätze.

2. Übermäßige Verwendung von Satzeichen als syntaktisches Mittel, um möglichst die gesamte Länge einer deutschen Satzperiode in der chinesischen Übersetzung zumindest rein formal beizubehalten.

3. Direkte Übertragung einer deutschen Satzperiode in einen entsprechenden chinesischen Einfachsatz bzw. zusammengesetzten Satz.

zu 1. <u>Zerlegung der deutschen Satzperiode in mehrere chinesische Einfachsätze bzw. syntaktisch selbständige teilsätze</u>

Diese Übersetzungsmethode wird beim Übersetzen deutschsprachiger Texte ins Chinesische am häufigsten verwendet. Sehr oft wird eine lange, komplizierte deutsche Satzperiode, die viele Nebensätze verschiedenen Grades umfaßt, von den Übersetzern in mehrere chinesische Einfachsätze bzw. syntaktisch selbständige Teilsätze zerlegt, weil sie wegen hier schon oft erwähnter syntaktischer Besonderheiten des Chinesischen kaum oder sogar unmöglich von einem einzigen chinesischen Einfachsatz erfaßt werden kann. Bei verschiedenen Übersetzern unterscheidet sich die Verwendung der strukturellen Zerlegung nur quantitativ. Die strukturelle Zerlegung der deutschen Satzperiode in einzelne chinesische Einfachsätze bzw. syntaktisch selbständige Teilsätze ganz zu vermeiden, ist aus morphologisch-syntaktischen Gründen nicht möglich.

Zu 2. Übermäßige Verwendung von Satzzeichen als syntaktisches Mittel, um möglichst die gesamte Länge einer deutschen Satzperiode in der chinesischen Übersetzung zumindest rein formal beizubehalten

Beim Übersetzen mancher deutschen Satzperioden versuchen viele Übersetzer, statt die gesamte Satzlänge übermäßig zu zerlegen, diese auch in der chinesischen Übersetzung zu erhalten, und zwar eine deutsche Satzperiode von Punkt zu Punkt zu übersetzen. In diesem Fall sind sie oft gezwungen, immer wieder zu verschiedenen Satzzeichen als Hilfsmittel zu greifen. Die häufig verwendeten Satzzeichen sind Semikolon, Doppelpunkt, Klammer, Gedankenstrich sowie Komma. Mithilfe solcher Satzzeichen werden die vielen chinesischen Teilsätze, die aus den entsprechenden deutschen Nebensätzen entstanden sind, strukturell voneinander getrennt, aber von einem chinesischen "Ganzsatz" erfaßt. In Wirklichkeit handelt es sich bei solchen chinesischen Teilsätzen, die durch die oben genannten Satzzeichen voneinander getrennt sind, um syntaktisch völlig selbständige Einfachsätze, die nur in einem größeren Kontext aneinandergereiht sind und damit einen deutlichen parataktischen Satzcharakter aufweisen. Wenn in einem chinesischen Übersetzungstext recht viele solche Satzzeichen verwendet werden, kann die Anzahl der "Sätze" dieses Textes logischerweise bis zu einem bestimmten Grad reduziert werden. Man kann beispielsweise allein in der chinesischen Übersetzung der deutschen Novelle "Der Tod in Venedig" von Th. Mann 65 zusätzliche Gedankenstriche finden, mithilfe derer die relativ langen deutschen Sätze in kürzere chinesische Teilsätze zerlegt worden sind. Die durch diese Gedankenstriche voneinander getrennten chinesischen Teilsätze sind in vielen Fällen auf die verschiedenen deutschen Nebensätze, insbesondere auf die deutschen Attributsätze zurückzuführen, die im Chinesischen sonst schwer oder gar nicht als einzelne einfache Satzglieder von einem einzigen chinesischen Einfachsatz erfaßt werden können. Um dies näher und anschaulicher zu erläutern, werden im folgenden einige deutsche hypotaktische Sätze mit ihren chinesischen Übersetzungen verglichen:

(1) "Zufällig fand er den Halteplatz und seine Umgebung von Menschen leer. Weder auf der gepflasterten Ungererstraße, deren Schienengleise sich einsam gleißend gegen Schwabing erstreckten, noch auf der Föhringer Chaussee war ein Fuhrwerk zu sehen ..." [1]

Chinesische Übersetzung von Qian, Hongjia:

想不到他在车站和车站附近没有看到什么人。不论在铺过路面的翁格勒街——那儿，电车轨道无声无息地，亮油油地一直伸展到施瓦平地方——还是在费林公路上，都看不到一辆车子。

xiang bu dao ta zai chezhan he chezhan fujin meiyou kan dao shenme ren. bulun zai pu guo lumian de Wenggele jie ——— nar, dianche guidao wu sheng wu xi de, liangyouyou de yizhi shenzhan dao Shiwaping difang ——— haishi Feilin gonglu shang, dou kan bu dao yi liang chezi. [2]

(2) "Nach einem halben Jahr beherrschte Mirko sämtliche Geheimnisse der Schachtechnik, allerdings mit einer seltsamen Einschränkung, die später in den Fachkreisen viel beobachtet und bespöttelt wurde." [3]

Chinesische Übersetzung von Zhang, Yushu:

半年之后米尔柯就洞悉了象棋技术的全部奥秘，当然他还有一个稀奇的弱点——这一点往后被行家们多次注意到，并且不断遭到他们的讥笑。

---

1) Th. Mann, (1963), a.a. O., S. 357-358.
2) Qian, Hongjia, (1984), a.a. O., S. 1036.
3) S. Zweig, (1981), a.a. O., S. 14.

ban nian zhihou Mierke jiu dongxi le xiangqi jishu de quanbu aomi, dangran, ta hai you yi ge xiqi de ruodian ——— zhe yi dian wanghou bei hangjia men duo ci zhuyi dao, bingqie buduan zao dao tamen de shanxiao. [1]

Wenn man die beiden chinesischen Übersetzungen wörtlich ins Deutsche zurück übersetzt, kann man erkennen, daß die durch Gedankenstriche getrennten chinesischen Teilsätze syntaktisch völlig unabhängig sind:

(1) "Zufällig fand er den Halteplatz und die Umgebung des Halteplatzes
von Menschen leer. Weder auf der gepflasterten Ungererstraße ———
dort erstreckten sich die Schienengleise einsam gleißend gegen
Schwabing ——— noch auf der Föhringer Chaossee war ein Fuhrwerk zu
sehen."

(2) "Nach einem halben Jahr beherrschte Mirko sämtliche Geheimnisse der
Schachtechnik, allerdings mit einer seltsamen Schwäche ——— das
wurde später oft von den Fachleuten beobachtet und bespöttelt."

Rein syntaktisch gesehen sind die beiden chinesischen Teilsätze 那儿
电车轨道无声无息地亮油油地一直伸展到施瓦平地方
nar, dianche guidao wu sheng wu xi de liangyouyou de yizhi shenzhan dao
Shiwaping difang und 这一点往后被行家们多次注意到并且不断
遭到他们的讪笑. zhe yi dian wanghou bei hangjia men duo ci zhuyi dao, bingqie buduan zaodao tamen de shanxiao ganz unabhängig von den
anderen Teilsätzen. Das gleiche gilt auch für die folgenden Sätze von
E.T.A. Hoffmann aus "Das Fräulein von Scuderi":

(1) Nun sah die Martiniere ihr Fräulein in der dringendsten Gefahr, alle
Liebe zu der teueren Herrschaft, in der sie zugleich die fromme, treue
Mutter ehrte, flammte stärker auf im Inneren und erzeugte einen Mut,
dessen sie wohl selbst sich nicht fähig geglaubt hätte." [2]

Chinesische Übersetzung von Chen, Shulin:

现在,马蒂尼埃尔眼看她的小姐大难临头,对高贵的主人——
她把她的主人敬为正直的忠实的母亲——的全部热情更加
强烈地在胸中燃烧,从而产生了一股恐怕连她自己也不敢相信的勇气。

---

1) Zhang, Yushu, (1984), a.a. O., S. 1136.
2) Hoffmann, E.T.A., (1923): Das Fräulein von Scuderi, in: Ausgewählte
   Erzählungen von E.T.A. Hoffmann — Menschen und Mächte, München, S. 9.

xianzai, Madiniaier yankan ta de xiaojie da nan lintou, dui gaogui de
zhuren ——— ta ba ta de zhuren jing wei zhengzhi de zhongshi de muqin
——— de quanbu reqing gengjia qianglie de zai xiong zhong ranshao, cong-
er chansheng le yi gu kongpa lian ta ziji ye bu gan xiangxin de yongqi.[1]

(2) "Er vermochte sie nach und nach, erst ihren eigenen Vater, bei dem
sie sich befand, ihn mit verruchter Heuchelei im Alter pflegend,
dann ihre beiden Brüder und endlich ihre Schwester zu vergiften.[2]

Chinesische Übersetzung von Chen, Shulin:

克鲁瓦渐渐地唆使她首先毒死她自己的父亲——他呆在他身边，虚情假意地照料老人——继尔毒杀她的两个兄弟，最后是她的姐妹们。

Keluwa jianjian de suoshi ta shouxian du si ta ziji de fuqin ——— ta
dai zai ta shenbian, xu qing jia yi de zhaoliao laoren ——— jier du sha
ta de liang ge xiongdi, zuihou shi ta de jiemei men.[3]

Die zwei durch Gedankenstriche getrennten chinesischen Teilsätze 他把他的主人敬为正直的忠实的母亲 ta ba ta de zhuren jing wei zhengzhi de zhongshi de muqin (Sie ehrte in ihrer Herrschaft die aufrichtige
und treue Mutter.) und 她呆在他身边，虚情假意地照料老人 ta
dai zai ta shenbian, xu qing jia yi de zhaoliao laoren (Sie blieb bei ihm
und pflegte mit verruchter Heuchelei den Alten.) sind ebenfalls syntaktisch unabhängig von den anderen Teilsätzen.

Manche solcher deutschen Attributsätze können zwar durch inhaltlich entsprechende einfache chinesische präpositive Attribute ausgedrückt werden,
die betreffenden chinesischen Einfachsätze wirken aber dann stilistisch
oft schwerfällig, wie z.B. :

半年之后米尔柯就带着一个稀奇的，往后被行家们多次注意到的，并且不断遭到他们讪笑的弱点洞悉了象棋技术的全部奥秘。

1) Chen, Shulin, (1985): 斯居戴里小姐 Sijudaili xiaojie, in: 霍夫曼老年小说选 Huofuman zhiyi xiaoshuoxuan, S. 127. Vgl. Hoffmann,
   E.T.A., (1923).
2) Hoffmann, E.T.A., (1923), a.a. O., S. 12.
3) Chen, Shulin, (1985), a.a. O., S. 131.

ban nian zhihou Mierke jiu dai zhe yi ge xiqi de, wanghou bei hangjia men duo ci zhuyi dao bingqie bu duan zao dao tamen shanxiao de
ruodian dongxi le xiangqijishu de quanbu aomi. (wörtliche Übersetzung:
Nach einem halben Jahr beherrschte Mirko mit einer seltsamen, später
oft von den Fachleuten beobachteten und bespöttelten Schwäche sämtliche Geheimnisse der Schachtechnik.)

Dagegen läßt sich der Attributsatz im ersten deutschen Beispielsatz
"deren Schienengleise sich einsam gleißend gegen Schwabing erstreckten" kaum durch ein einfaches chinesische präpositive Attribut ausdrücken, weil der chinesische Satz dann äußerst unverständlich wäre.

Die Teilsätze eines analytischen deutschen Ganzsatzes, die bereits
mit solchen Satzzeichen voneinander getrennt worden sind, werden
entweder als Teilsätze eines chinesischen Ganzsatzes durch gleiche
Satzzeichen voneinander getrennt oder einfach in die inhaltlich entsprechenden chinesischen Einfachsätze übersetzt.

Anstelle des Gedankenstrichs wird mit ähnlicher syntaktischer Funktion in der chinesischen Übersetzung oft auch eine Klammer verwendet,
z.B.:

"Überreizt von der schwierigen und gefährlichen, eben jetzt eine höchste
Behutsamkeit, Umsicht, Eindringlichkeit und Genauigkeit des Willens
erfordernden Arbeit der Vormittagsstunden, hatte der Schriftsteller
dem Fortschwingen des produzierenden Triebwerkes in seinem Innern,
jenem "motus animi continuus", worin nach Cicero das Wesen der Bered-
samkeit besteht, auch nach der Mittagsmahlzeit nicht Einhalt zu tun
vermocht und den entlastenden Schlummer nicht gefunden, der ihm, bei
zunehmender Abnutzbarkeit seiner Kräfte, einmal untertags so nötig
war." [1]

Chinesische Übersetzung von Qian, Hongjia:

整整一个上午，作家为繁重的绞脑汁的工作累得精疲力竭，这些工作一直需要他以慎密周到、深入细致和一丝不苟的精神从事。午饭以后，他又感到他控制不住内心汹涌澎湃创作思潮的激荡 —— 或者说是 "motus

---
1) Mann, Th., (1973), a.a. O., S. 357.

animi continuus" 根据西塞罗的意见，雄伟有力的篇章就是由此产生的 —— 想午睡一会以消除疲劳，可又睡不着（由于体力消耗一天比一天厉害，他感到每天午睡确实非常必要。）"

zhengzheng yi ge shangwu, zuojia wei fanzhong de, jiao naozhi de gongzuo lei de jingpi lijie, zhe xie gongzuo yizhi xuyao ta yi shenmi zhoudao, shenru xizhi he yi si bu gou de jingshen congshi. wufan yihou, ta you gandao ziji kongzhi bu zhu neixin xiongyong pengpai chuangzuo sichao de jidang —— huozhe shuo shi "motus animi continuus"; genju Xisailuo de yijian, xiongwei youli de pianzhang jiu shi you ci chansheng de —— xiang wushui yihuir yi xiaochu pilao, ke you shu bu zhao (youyu tili xiaohao yi tian bi yi tian lihai, ta gandao mei tian wushui queshi feichang biyao.)[1]

Der chinesische Teilsatz in der Klammer, der einem deutschen Attributsatz entspricht, ist syntaktisch ebenfalls unabhängig und kann inhaltlich etwa so übersetzt werden: "Wegen zunehmender Abnutzbarkeit seiner Kräfte fühlte er, daß der tägliche Mittagschlaf ihm äußerst notwendig war." Ohne Verwendung der Klammer bzw. anderer vergleichbarer Satzzeichen kann dieser deutsche Attributsatz durch ein chinesisches einfaches Attribut nur schwer ausgedrückt werden.

Häufiger als Gedankenstriche und Klammer werden in der chinesischen Übersetzung Semikolon und Komma zur Trennung einzelner Teilsätze verwendet. In wenigen extremen Fällen werden diese Satzzeichen von manchen Übersetzern gegen ihre syntaktischen Funktionen verwendet. Um beispielsweise die gleiche Länge eines deutschen Ganzsatzes, sowohl eines analytischen als auch eines synthetischen Ganzsatzes, auch in der chinesischen Übersetzung zu erhalten, setzen viele Übersetzer hinter jedem chinesischen Teilsatz einfach ein Komma, bis der betreffende Satz zu Ende ist, völlig ungeachtet, ob die jeweiligen Teilsätze inhaltlich abgeschlossen sind und damit überhaupt einen selbständigen Satz bilden können.

---

1) Qian, Hongjia, (1984), a.a. O., S. 1035.

Zu 3. Direkte Übertragung einer deutschen Satzperiode in einen
entsprechenden chinesischen einfachen bzw. zusammengesetzten Satz

Es gibt Bestrebungen seitens mancher Übersetzer, deutsche Satzperioden trotz der immer wieder erwähnten morphologisch-syntaktischen
Besonderheiten des Chinesischen durch inhaltlich entsprechende
einfache bzw. zusammengesetzte chinesische Sätze auszudrücken, indem man die vielen deutschen Nebensätze der betreffenden Satzperioden
in die inhaltlich analogen chinesischen einfachen Satzglieder verwandelt, die, wie im ersten Kapitel ausgeführt wurde, meist durch
verschiedene chinesische Wortgruppen dargestellt werden. Die Möglichkeit einer solchen direkten Übersetzung der deutschen Satzperiode in einen einzigen chinesischen Satz ist aber äußerst beschränkt. Das führt häufig zu inhaltlicher Unklarheit oder gar zu
grammatischer Inkorrektheit.

Die meisten deutschen Satzperioden lassen sich nicht durch einen
einzigen chinesischen Satz ausdrücken. Wann und in welchem Fall
deutsche Nebensätze durch inhaltlich entsprechende einfache Satzglieder ausgedrückt werden können, läßt sich nicht einheitlich bestimmen. Man kann die bisherigen Beobachtungen wie folgt verallge-
meinern:

Da im Chinesischen der Subjektsatz, Objektsatz sowie eine Reihe
von Adverbialsätzen wie z.B. Temporalsatz, Modalsatz usw. nicht
existieren, werden in der Regel die inhaltlich und strukturell einfachen
deutschen Subjektsätze, Objektsätze sowie die vielen verschiedenen Temporalsätze und Modalsätze durch inhaltlich entsprechende chinesische
Satzglieder ausgedrückt, die zum Teil mit einem strukturell selbständigen Satz identisch sind. Das ist z.B. bei der chinesischen Subjekt-
Prädikat-Wortgruppe als Satzglied der Fall. Bei der Wiedergabe vieler deutscher Temporal- und Modalsätze durch entsprechende chinesische Satzglieder ist die inhaltliche Einfachheit und strukturelle
Ungebundenheit entscheidend; bei denjenigen deutschen Subjektsätzen,
Objektsätzen sowie Attributsätzen, die strukturell nicht mit anderen
Nebensätzen verkettet sind, ist eine direkte Übertragung in entsprechende

chinesische Satzglieder in der Regel möglich, z.B.:

(1) "Doch schicklich ist es, daß wir es dem Vater entdecken." [1]

Chinesische Übersetzung von Yang, Wuneng:

事情让你爸爸知道一下倒是应该。

shiqing rang ni baba zhidao yixia dao shi yinggai. [2]

(Subjektsatz)

(2) "Die Marquise versicherte, daß sie von diesen Beleidigungen ihren Vater unterrichten würde." [3]

Chinesische Übersetzung von Yang, Wuneng:

伯爵夫人声称，她一定要把自己受的侮辱告诉父亲。

bojue furen shengcheng, ta yiding yao ba ziji shou de wuru gaosu fuqin. [4]

(Objektsatz)

(3) "Bevor er jedoch Rücksprache genommen hätte, mit seiner sowohl als auch des Herrn Grafen Familie, könnte keine andere Erklärung, als die gegebene, erfolgen." [5]

Chinesische Übersetzung von Yang, Wuneng:

可是在他与自己的家庭以及伯爵的家庭商议以前，他只能表示这么个态度，而不可能有其它。

keshi zai ta yu ziji de jiating yiji yu bojue de jiating shangyi yiqian, ta zhi neng biaoshi zheme ge taidu, er bu keneng you qita. [6]

(Temporalsatz)

---

1) Kleist, H., (1985): Die Marquise von O ..., in: Ein Lesebuch für unsere Zeit von H. Kleist, 9. neubearbeitete Auflage, Berlin und Weimar, S. 288.
2) Yang, Wuneng, (1984), in: DGZX, Band 1, S. 178, Vgl. Kleist, H, (1985).
3) Kleist, H., (1985), a.a. O., S. 287.
4) Yang, Wuneng, (1984), a.a. O., S. 177.
5) Kleist, H., (1985), a.a. O., S. 280.
6) Yang, Wuneng, (1984), a.a. O., S. 168.

(4) "Eine Art Zartgefühl oder Erschrockenheit, etwa wie Achtung und
    Scham, veranlaßt Aschenbach, sich abzuwenden, als ob er nichts ge-
    sehen hätte, ..." [1]

Chinesische Übersetzung von Qian, Hongjia:

一种微妙的感觉或某种近乎敬畏和羞愧的惶惑不安的心情，促使阿申巴赫转过脸去，装作什么也没有看到的样子。

Yi zhong weimiao de ganjue huo mou zhong jinhu jingwei he xiukui de
huanghuo buan de xinqing, chushi Ashenbahe zhuan guo lian qu, zhuang-
zuo shenme ye meiyou kan dao de yangzi. [2]

(Modalsatz)

Manche deutsche einfache Nebensätze können auch durch analoge chinesische zusammengesetzte Sätze mit sowohl subordinierender als auch koordinierender Konstruktion ausgedrückt werden. Vergleiche folgende
deutsche und chinesische Nebensätze:

(1) "Wenn Sie die Hebamme rufen lassen wollen, so werden sie hören,
    daß das Entsetzliche, mich Vernichtende, wahr ist." [3]

Chinesische Übersetzung von Yang, Wuneng:

您只要找来收生婆，您就会听见她告诉您那叫我害怕的要命的感觉是真的了。

nin zhiyao zhao lai shoushengpo, nin jiu hui tingjian ta gaosu nin na
jia wo haipa de yaoming de ganjue shi zhen de le. [4]

(Konditionalsatz)

(2) "Schon nach einer Stunde spannte man ein Segeldach aus, da es zu
    regnen begann." [5]

Chinesische Übersetzung von Qian, Hongjia:

不到一小时，船已张起帆篷，因为天开始下雨了。

bu dao yi xiaoshi, chuan yi zhang qi fanfeng, yinwei tian kaishi

---

1) Mann, Th., (1963), a.a. O., S. 357-358.
2) Qian, Hongjia, (1984), a.a. O., S. 1071.
3) Kleist, H., (1985), a.a. O., S. 290.
4) Yang, Wuneng, (1984), a.a. O., S. 181.
5) Mann, Th., (1963), a.a. O., S. 370.

xiayu le. [1]

(Kausalsatz)

(3) "Nun denn, sprach er, Julietta, so bin ich einigermaßen beruhigt; und legte seine Hand in die ihrige; obschon es mein sehnlichster Wunsch war, mich noch vor meiner Abreise mit Ihnen zu vermählen." [2]

Chinesische Übersetzung von Yang, Wuneng:

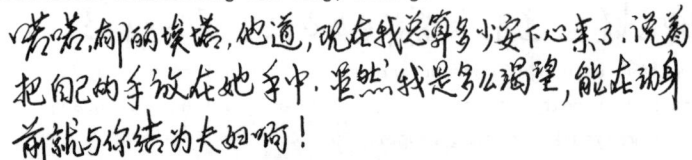

诺诺,朱丽埃塔,他道,现在我总算多少安下心来了,说着把自己的手放在她手中。虽然我是多么渴望,能在动身前就与你结为夫妇啊!

nuonuo, Yuliaita, ta dao, xianzai wo zongsuan duoshao an xia xin lai la, shuo zhe ba ziji de shou fang zai ta shou zhong, suiran wo shi duome kewang, neng zai dongshen qian jiu yu ni jie wei fufu a. [3]

(Konzessivsatz)

(4) "Gleichwohl bitte ich Sie, mir eine Hebamme rufen zu lassen, damit ich mich von dem, was ist, überzeuge, und gleichviel alsdann, was es sei, beruhige." [4]

Chinesische Übersetzung von Yang, Wuneng:

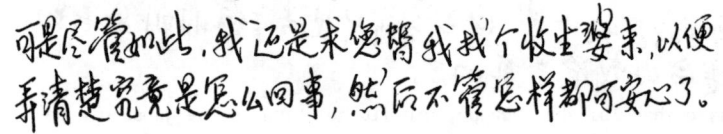

可是尽管如此,我还是求您替我找个收生婆来,以便弄清楚究竟是怎么回事,然后不管怎样都可安心了。

keshi jinguan ruci, wo haishi qiu nin ti wo zhao ge shoushengpo lai, yibian nong qingchu jiujing shi zenme hui shi, ranhou bu guan zenyang dou ke anxin le. [5]

(Finalsatz)

Einige deutsche Nebensatzarten wie z.B. Instrumentalsatz und weiterführender Satz werden im Chinesischen üblicherweise entweder

---

1) Qian, Hongjia, (1984), a.a. O., S. 1053.
2) Kleist, H., (1985), a.a. O., S. 286.
3) Yang, Wuneng, (1984), a.a. O., S. 176.
4) Kleist, H., (1985), a.a. O., S. 289.
5) Yang, Wuneng, (1984), a.a. O., S. 179.

durch einzelne Teilsätze eines chinesischen Ganzsatzes, die syntaktisch recht selbständig sind, oder durch einen chinesischen zusammengesetzten Satz koordinierender Art, ausgedrückt, deren Teilsätze durch bestimmte koordinierende Konjunktionen verbunden sind, z.B.:

"Diejenigen der zweiten Klasse kauerten, Männer und Weiber, auf dem Vorderdeck, indem sie Kisten und Bündel als Sitz benutzten." [1]

Chinesische Übersetzung von Qian, Hongjia:

二等舱的男男女女都蹲在甲板上，他们拿箱子和行李包当作座位。

er deng cang de nannan, nünü dou dun zai jiaban shang, tamen na xiangzi he xinglibao dangzuo zuowei. [2]

Wörtliche Rückübersetzung ins Deutsche:

"Die Männer und Weiber der zweiten Klasse hockten alle auf dem Vorderdeck, sie benutzten die Kisten und Bündel als Sitz."

Aus dem Vergleich der obigen deutschen Nebensätze verschiedener Art und deren chinesischen Übersetzungen läßt sich erkennen, daß die Übersetzung der jeweiligen deutschen einfachen Nebensätze ins Chinesische normalerweise kein Problem ist. Die einfachen deutschen Subjektsätze, Objektsätze sowie eine Reihe von deutschen Temporalsätzen und Modalsätzen können meist in entsprechende Satzglieder eines chinesischen Einfachsatzes verwandelt werden, während die einfachen deutschen Kausalsätze, Konditionalsätze, Konzessivsätze sowie Finalsätze durch inhaltlich entsprechende chinesische zusammengesetzte Sätze subordinierender Art ausgedrückt werden, die üblicherweise durch bestimmte subordinierende Konjunktionen eingeleitet und gekennzeichnet werden.

Sobald aber die oben aufgezählten deutschen Nebensätze nicht mehr allein auftreten, sondern mit den anderen Nebensätzen verkettet sind, lassen sie sich nicht mehr ohne weiteres in die entsprechenden chinesischen Satzglieder übersetzen. Wenn beispielsweise die jewei-

---

1) Mann, Th., (1963), a.a.O., S. 369.
2) Qian, Hongjia, (1984), a.a.O., S. 1052.

ligen deutschen Subjektsätze, Objektsätze sowie Temporalsätze
noch weitere Satzkomponenten enthalten, die zum Teil sogar selbst
auch Nebensätze sind, können sie nicht mehr leicht durch entsprechende
chinesische Satzglieder ausgedrückt werden, weil die syntaktische
Aufnahmefähigkeit solcher chinesischen Satzglieder sehr begrenzt
ist.

Hier nehmen wir wieder die chinesischen Temporalangaben als Beispiel.
Wie bereits im dritten Kapitel erwähnt, werden die meisten chinesischen Temporalangaben, die als bestimmte Satzglieder in einem Einfachsatz fungieren, praktisch von einer relativ festen Präpositionalkonstruktion dargestellt, die in vielen Fällen einen festen Rahmen bilden, wie z.B. 在 ... 的时候 zai ... de shihou, 在 ... 的当口 zai ... de dangkou, 在 ... 期间 zai ... qijian, 自 (自从) ... 以来 zi (zicong) ... yilai usw. (als ..., während ..., seitdem ...). Die ersten Teile einer derartigen chinesischen Präpositionalkonstruktion, und zwar die am Anfang der Rahmenkonstruktion stehenden Morpheme wie 当 dang, 在 zai, 自 zi oder 自从 zicong, können je nach der individuellen Sprachgewohnheit der Sprachbenutzer verwendet oder weggelassen werden, während die letzten Teile der Rahmenkonstruktion ohne Verletzung der grammatischen Norm nicht einfach fehlen dürfen. Wenn zu viele Satzkomponenten von einer solchen Rahmenkonstruktion erfaßt werden, kann es dazu führen, daß sie inhaltlich und strukturell schwer überschaubar oder sogar inkorrekt werden. Der folgende grammatische Fehler in einem chinesischen Übersetzungstext ist im wesentlichen darauf zurückzuführen, daß der Übersetzer versucht hat, einen langen deutschen Temporalsatz, der auch weitere Nebensätze enthält, trotz des relativ komplizierten Inhaltes durch eine einzige chinesische Temporalangabe wiederzugeben:

"Doch ehe sich die Abschätzung noch, hier der Bedrängnisse, denen
man in der Festung, dort der Greuel, denen man auf dem platten
Lande ausgesetzt sein konnte, auf der Waage der weiblichen Überlegung entschieden hatte: war die Zitadelle von den russischen Truppen schon berennt, und aufgefordert, sich zu ergeben." [1]

---

1) Kleist, H., (1985), a.a. O., S. 273.

Chinesische Übersetzung von Yang, Wuneng:

为两位妇人把在这儿的要塞中可能遭到的围厄和在那边的乡下可能经受的惊恐放在天秤上称来称去，为未来得及决定取舍——要塞已让俄国军队包围，并被勒令投降。

dang liang wei furen ba zai zher de yaosai zhong keneng zaodao de kun'e he zai na bian de xiangxia keneng jingshou de jingkong fang zai tianping shang cheng lai cheng qu, shang wei laideji jueding qushe*_____, yaosai yi rang Eguo jundui baowei, bing bei leling touxiang. [1)]

Hier hat der Übersetzer offensichtlich wegen der vielen Komponenten der chinesischen Temporalangaben den letzten Teil der oben genannten temporalen Rahmenkonstruktion 的时候 de shihou vergessen. Wenn man aber einen solchen relativ komplizierten deutschen Temporalsatz statt einer einzigen Temporalangabe durch zwei chinesische kürzere Teilsätze ausdrücken würde, könnten derartige grammatische Fehler vermieden werden, z.B.:

两位妇人把在这儿的要塞中可能遭到的围厄和在那边的乡下可能经受的惊恐放在天秤上称来称去，当他们为未来得及次定取舍的时候，要塞已让俄国军队包围，并被勒令投降。

liang wei furen ba zai zher de yaosai zhong keneng zaodao de kun'e he zai nabian de xiangxia keneng jingshou de jingkong fang zai tianping shang cheng lai cheng qu, dang tamen shang wei laideji jueding qushe de shihou, yaosai yi rang Eguo jundui baowei bing bei leling touxiang.

Wörtliche Übersetzung ins Deutsche:

"Die zwei Damen legten ihre Abschätzung, hier der Bedrängnisse, denen man in der Festung, dort der Greuel, denen man auf dem platten Land ausgesetzt sein konnte, auf die Waage. Ehe sie irgendeine Entscheidung getroffen hatten, war die Zitadelle von den russischen Truppen schon berennt, und aufgefordert, sich zu ergeben."

---

1) Yang, Wuneng, (1984), a.a. O., S. 159.

Dieses Problem betrifft nicht nur die Übersetzung aus dem Deutschen bzw. anderen europäischen Sprachen ins Chinesische. Selbst in einheimischen chinesischen Texten findet man in wenigen Fällen auch relativ lange Einfachsätze, in denen die jeweiligen Satzglieder in ziemlich komplizierten inhaltlichen Verhältnissen zueinander stehen und schwer verständlich sind. Die folgenden beiden chinesischen Einfachsätze gelten z.B. wegen der zu vielen Satzgliedelemente als kompliziert und äußerst ungewöhnlich:

(1) 西方报刊认为,局势的特点是两个超级大国中的任何一方都有能力使对方针对自己国家的第一次打击在其国土上的第二次打击中,即反击中遭到报复。

xifang baokan renwei, jushi de tedian shi liang ge Chaoji da guo zhong de renhe yifang dou you nengli shi duifang zhendui ziji guojia de di yi ci daji zai qi guotu shang de di er ci daji zhong, ji fanji zhong zaodao baofu. [1]

Deutsche Übersetzung:

"Die westlichen Zeitungen sind der Ansicht, daß die Besonderheit der Lage darin besteht, daß jede der beiden Supermächte in der Lage ist, den ersten Angriff des Gegners im eigenen Land im zweiten Angriff im Land des Gegners, und zwar im Gegenangriff zu vergelten."

(2) 负责对外事物的官员之一不久以前有点不那么坦然地对我说过——正如我已经预料到的那样,他们认为同属于第三世界的国家建立更为密切的关系将会引起俄国人由于疑虑而不择手段地加剧对这些国家的争夺战。

fuze duiwai shiwu de guanyuan zhi yi bu jiu yiqian you dian bu name tanran de dui wo shuo guo —— zheng ru wo yijing yuliao da de nayang, tamen renwei tong   shuyu Di san shijie de guojia

---

1) Lü, Jiping, (1983), a.a. O., S. 402.

jianli geng wei miqie de guanxi jiang hui yinqi Eguo ren youyu yilü er bu ze shouduan de jiaju dui zhe xie guojia de zhengduo zhan. [1]

Deutsche Übersetzung:

"Einer der Beamten für auswärtige Angelegenheiten hat mir vor kurzem nicht sehr unbesorgt gesagt, daß sie, wie ich bereits geahnt habe, der Meinung sind, daß die Herstellung noch engerer Beziehungen mit den Ländern der Dritten Welt den Aggressionskrieg verschärfen könnte, den die Russen wegen dieses Verdachtes rücksichtslos gegen diese Länder führen."

Es handelt sich in den beiden chinesischen Sätzen um zwei äußerst komplizierte Satzglieder, und zwar genau gesagt, um Objekte, die im Deutschen durch mehrere Nebensätze ausgedrückt werden können. Selbst diejenigen, die sich mit der chinesischen Grammatik befassen, können nicht auf Anhieb verstehen, was mit den beiden Sätzen gemeint ist. Der entscheidende Grund für die Verständnisschwierigkeit solcher chinesischen Einfachsätze liegt darin, daß man versucht, einen komplizierten Sachverhalt, den man im Deutschen jeweils durch einige Nebensätze ausdrücken kann, mit einem einzigen bzw. mit einigen wenigen chinesischen Satzgliedern zu erfassen, was aber angesichts der syntaktischen Besonderheit des Chinesischen oft mißlingen muß. Gerade weil die vielen Nebensätze eines deutschen synthetischen Ganzsatzes aus morphologisch-syntaktischen Gründen nur äußerst bedingt oder nicht durch bestimmte chinesische einfache Satzglieder ausgedrückt werden können, werden sie sehr häufig von den Übersetzern in mehrere chinesische syntaktisch selbständige Teilsätze zerlegt, die faktisch nur inhaltlich miteinander zu tun haben und aneinandergereiht sind. Das ist insbesondere bei der Übersetzung zahlreicher deutscher Satzperioden ins Chinesische häufig zu sehen. Eine deutsche Satzperiode, in der die vielen Nebensätze verschiedenen Grades miteinander verkettet sind, kann in der Regel nicht durch einen einzigen chinesischen Satz ausgedrückt werden, weil man im Chinesischen kein geeignetes syntaktisches

---

1) Lü, Jiping, (1983), a.a. O., S. 408.

Mittel hat, mit dem man die vielen Satzteile als ein syntaktisch
einheitliches Gebilde miteinander verbinden kann. So bleibt den
Übersetzern in vielen Fällen nichts anderes übrig, als sie in
mehrere chinesische Einfachsätze bzw. syntaktisch gebundene und
ungebundene Teilsätze zu zerlegen.

Im folgenden werden einige deutsche Satzperioden mit ihren chinesischen Übersetzungen verglichen, damit man besser erkennen kann,
warum ein chinesischer Übersetzer nicht in der Lage ist, die deutsche
mehrfache Hypotaxe ohne wesentliche strukturelle Änderung bzw. Zerlegung durch analoge chinesische Satzkonstruktionen auszudrücken:

(1) "Beim Aumeister, wohin stillere und stillere Wege ihn geführt,
    hatte Aschenbach eine kleine Weile den volkstümlich belebten
    Wirtsgarten überblickt, an dessen Rand einige Droschken und
    Equipagen hielten, hatte von dort bei sinkender Sonne seinen
    Heimweg außerhalb des Parks über die offene Flur genommen und
    erwartete, da er sich müde fühlte und über Föhring Gewitter
    drohte, am Nördlichen Friedhof die Tram, die ihn in gerader
    Linie zur Stadt zurückbringen sollte." [1]

   Chinesische Übersetzung von Qian, Hongjia:

但通往奥迈斯特的一些道路却比较幽静，阿申巴赫就在
那样，眺望一会以热闹出名的餐厅公园的景色。公园周
围停着一些出租马车和华丽的私人马车。他从公园外取道
回家，穿过落日余辉掩映着的田野。当他走到北郊墓
园时，他累了，这时在费林公路上空又出现了暴风雨的
征兆，于是他等着电车，让电车直接带他回城。

   dan tongwang Aumaisite de yi xie daolu que bijiao youjing,
   Ashenbache jiu zai nar changyang, tiaowang yi huir yi renao chuming de canting gongyuan de jingse. gongyuan zhouwei

---

[1] Mann, Th., (1963), a.a. O., S. 357.

ting zhe yi xie chuzu mache he huali de siren mache. ta cong
gongyuan wai qudao hui jia, chuan guo le luori yuhui yanying
zhe de tianye. dang ta zou dao bei jiao muyuan shi, ta lei le,
zheshi, zai Feilin gonglu shangkong you chuxian baofengyu de
zhengzhao, yushi ta deng zhe dianche, rang dianche zhijie dai
ta hui cheng." [1)]

Diese deutsche Satzperiode wurde in vier chinesische Sätze aufgeteilt, die wiederum einige syntaktisch selbständige Teilsätze umfassen. Um die parataktischen Züge der Satzkonstruktion der chinesischen Übersetzung näher zu betrachten, wird hier versucht, sie möglichst dem Wortlaut nach ins Deutsche zu übersetzen. Das sieht dann folgendermaßen aus:

"Aber die Wege zum Aumeister waren relativ still, Aschenbach machte dort einen Spaziergang und überblickte eine Weile den durch Lebhaftigkeit bekannten Wirtsgarten. Am Rand des Parks hielten einige Droschken und Equipagen. Er nahm den Heimweg außerhalb des Parks, ging durch das von der Abendsonne umflutete Feld. Als er am Nördlichen Friedhof vorbeiging, war er müde, zu dieser Zeit drohte über Föhring Gewitter, so wartete er auf die Tram und ließ die Tram ihn direkt in die Stadt zurückfahren."

Im Deutschen hat man dank den vielfältigen morphologisch-syntaktischen Mitteln die Möglichkeit, einen relativ komplizierten Sachverhalt je nach der inhaltlichen, semantischen und stilistischen Notwendigkeit sowohl durch eine hypotaktische als auch durch eine parataktische Satzkonstruktion auszudrücken, während man beim Ausdruck des gleichen Sachverhaltes im Chinesischen fast nur auf eine einzige parataktische Satzkonstruktion angewiesen ist. Eine Alternative ist in diesem Fall nicht vorhanden. Es wäre z.B. unmöglich, daß man die oben zitierte deutsche Satzperiode durch einen einzigen strukturell vergleichbaren chinesischen Satz ausdrückt, indem man die vielen deutschen Nebensätze in entsprechende chinesische Satzglieder verwandelt.

Es gibt zwar auch Fälle, in denen man die jeweiligen deutschen

---

1) Qian, Hongjia,(1984), a.a. O., S. 1035-1036.

Satzperioden formal durch einen einzigen chinesischen Ganzsatz,
und zwar einen Satz von "Punkt zu Punkt", ausdrückt, aber es handelt sich dabei meist um Sätze, deren einzelne Teilsätze entweder
durch Doppelpunkt, Gedankenstriche, Semikolon oder einfach durch
ein Komma voneinander getrennt sind. In Wirklichkeit sind diese
Teilsätze syntaktisch völlig unabhängig von anderen Teilsätzen
und werden nur wegen des Ausdrucks eines größeren Gedankengangs
aneinandergereiht. Die syntaktische Selbständigkeit der Teilsätze
eines solchen chinesischen Ganzsatzes läßt sich beim Vergleich der
folgenden zwei deutschen Satzperioden mit ihren chinesischen Übersetzungen besser erkennen:

(1) "Wenn Weiber mit Kirschen, Pflaumen oder Birnen in die Werkstatt kamen und die anderen Arbeiter ihre Gelüste befriedigten, hatte er auch tausend und ein Gelüste, welche er dadurch
zu beruhigen wußte, daß er mit der größten Aufmerksamkeit die
Verhandlung mit führte, die hübschen Kirschen und Pflaumen
streichelte und betastete und zuletzt die Weiber, welche ihn
für den eifrigsten Käufer genommen, verblüfft abziehen ließ ..." [1]

Chinesische Übersetzung von Tian, Dewang:

每逢妇女们带着樱桃，李子或者梨到工坊来卖，别的工人都买些来解馋，他也馋得要命，却会用这样的办法来解馋；聚精会神地跟大家一起还价，不住地摸弄着那些美丽的樱桃和李子，最后，卖果品的妇女们以为他是个最热心的主顾，撺掇他买，他却乐呵呵地节制口腹之欲，使妇女们目瞪口呆地走开。

meifeng funu men dai zhe yingtao, lizi huozhe li dao gongchang lai mai, biede gongren dou mai xie lai jie chan, ta

---

[1] Keller, G., (1979): Die drei gerechte Kammacher, in: Sämtliche
Werke und ausgewählte Briefe, Band 2, 4. Auflage, München, S. 179.

ye chan de yaoming, que hui yong zheyang de banfa lai jie chan:
ju jing hui shen de gen dajia yiqi huanjia, bu zhu de monong zhe
na xie meili de yingtao he lizi, zuihou, mai guopin de funü men yi-
wei ta shi ge zui rexin de zhugu, cuanduo ta mai, ta que lehehe de
jiezhi koufu zhi yu, shi funü men mu deng kou dai de zou kai. [1)]

Wörtliche Rückübersetzung ins Deutsche:

"Wenn Weiber mit Kirschen, Pflaumen oder Birnen in die Werkstatt
kamen, kauften andere Arbeiter etwas davon, um ihre Gelüste zu befriedigen, er hatte auch tausend und ein Gelüste, konnte aber mit
folgender Methode das Gelüste befriedigen: (er) führte aufmerksam
die Verhandlung mit, streichelte und betastete die hübschen
Kirschen und Pflaumen, schließlich hielten ihn die Weiber, die Obst
verkauften, für den eifrigsten Käufer und veranlaßten ihn zu kaufen,
aber er beruhigte lächelnd das Gelüste, so daß die Weiber verblüfft
weggingen."

(2) "Statt, wie es sich für einen Gewerbsmann ziemt, und wie sein Vater
zeit Lebens getan, einen schwarzen Hut zu tragen, tat er einen
grünen auf, steckte noch alle bestehenden Federn darauf, und stolzierte mit ihm und mit dem kürzesten Lodenrocke, den es im Tale
gab, herum, während sein Vater immer einen Rock von dunkler wo möglich schwarzer Farbe hatte, der auch, weil er einem Gewerbsmanne
angehörte, immer sehr weit herab geschnitten sein müßte." [2)]

Chinesische Übersetzung von Yang, Wuneng:

可他不象一个手艺人该做的那样，戴上一顶他父亲戴过
一辈子的黑帽子；他的帽子是绿色的，还插上五颜六
色的羽毛。他就戴着这样顶帽子，穿着件在整个山谷
中最短最短的粗呢上衣，到处逛来逛去。可他父亲呢，
从前却总穿着件又宽又长的袍子，颜色都很深，要不
干脆就是黑的，真正象个手艺人的样子。

1) Tian, Dewang, (1984), in:DGZX, Band 1, S. 428, Vgl. Keller, G.,
   (1979).
2) Stifter, A.(1853), a.a. O., S. 171.

ke ta bu xiang yi ge shouyi ren gai zuo de nayang, dai shang
yi ding ta fuqin dai guo yi beizi de hei maozi; ta de maozi
shi lü se de, hai cha shang wu yan liu se de yumao. ta jiu
dai zhe zheyang ding maozi, chuan zhe jian zai zheng ge shan-
gu zhong zui duan zui duan de cu ni shangyi, daochu xue lai
xue qu. ke ta fuqin ne, congqian que zhong shi chuan zhe jian
you kuan you chang de paozi, yanse dou hen shen, yaobu gancui
jiu shi hei de, zhenzheng xiang ge shouyi ren de yangzi. [1]

Wörtliche Rückübersetzung ins Deutsche:

"Aber er tat nicht so, wie ein Gewerbsmann es tun soll, einen
schwarzen Hut zu tragen, den sein Vater zeit Lebens getragen
hat; sein Hut war von grüner Farbe, und (er) steckte noch
bunte Federn drauf. Er trug so einen Hut und hatte den kürzesten Lodenrocke an, den es im Tale gab, und stolzierte herum.
Aber sein Vater trug früher immer einen breiten und langen
Rock, die Farbe war dunkel oder gar schwarz, (er) sah wirklich
wie ein Gewerbsmann aus."

Ohne strukturelle Zerlegung der vielen deutschen Nebensätze in
einzelne chinesische Einfachsätze bzw. syntaktisch selbständige
Teilsätze und ohne ständige Hinzufügung von Satzeichen kann man
die meisten deutschen Satzperioden unmöglich durch einen einzigen
chinesischen Ganzsatz ausdrücken, deren Teilsätze wie im Deutschen
durch syntaktische Abhängigkeit miteinander verbunden sind. Der
hypotaktische Satzcharakter des Deutschen und der parataktische
Satzcharakter des Chinesischen lassen sich am deutlichsten beim
Vergleich der deutschen Satzperioden mit ihren chinesischen Übersetzungen erkennen.

4.2. Der deutsche Attributsatz und seine Übersetzungsmöglichkeiten im Chinesischen

Im Vergleich zu den anderen deutschen Nebensatzarten läßt sich der
deutsche Attributsatz, der meiner Meinung nach den Kernpunkt der

---

1) Wang, Yinqi, (1984), a.a. O, S. 656-657.

deutschen Hypotaxe, insbesondere der mehrfachen Hypotaxe bildet, am schwierigsten durch entsprechende chinesische einfache Attributsangaben ausdrücken. Angesichts der Tatsache, daß es im Chinesischen keinen Attributsatz gibt und demzufolge fast alle chinesischen Attributsangaben, ob einfach oder kompliziert, ausschließlich stellungsmäßig vor dem betreffenden Bezugswort festgelegt sind, muß man beim Übersetzen des deutschen Attributsatzes besonders darauf achten, um welche Art des deutschen Attributsatzes es dabei geht. Manche inhaltlich und strukturell relativ einfachen deutschen Attributsätze lassen sich ohne weiteres durch inhaltlich entsprechende chinesische Attributsangaben eines chinesischen Einfachsatzes ausdrücken, während viele andere inhaltlich und strukturell komplizierte deutsche Attributsätze schwer oder unmöglich als chinesische präpositive Attributsangaben von einem chinesischen Einfachsatz erfaßt werden können und zwangsläufig in Form eines chinesischen Einfachsatzes bzw. syntaktisch selbständigen Teilsatzes ausgedrückt werden müssen. Je nach unterschiedlicher Art des deutschen Attributsatzes und damit unterschiedlichen Übersetzungsmöglichkeiten kann man die vielfältigen deutschen Attributsätze im allgemeinen in zwei verschiedene Kategorien einteilen, und zwar in die Kategorie der Attributsätze, die problemlos durch die präpositiven Attributsangaben des chinesischen Einfachsatzes ausgedrückt werden können und in die Kategorie der Attributsätze, die wegen der Beschränkung des Aufnahmevermögens der chinesischen präpositiven Attributsangaben zwangsläufig in einzelne chinesische Einfachsätze bzw. syntaktisch selbständige Teilsätze zerlegt werden müssen. Im folgenden wird versucht, durch Vergleich zahlreicher deutscher Attributsätze aus verschiedenen deutschsprachigen literarischen Werken mit deren chinesischen Übersetzungen zu zeigen, welche deutschen Attributsätze ohne Probleme und welche schwer oder überhaupt nicht durch chinesische präpositive Attributsangaben ausgedrückt werden können.

4.2.1. Deutsche Attributsätze, die ohne grammatische Inkorrektheit und inhaltlichen sowie stilistischen Verlust durch präpositive Attributsangaben des chinesischen Einfachsatzes ausgedrückt werden können

Für den Fall, daß ein deutscher Attributsatz durch eine entsprechende chinesische präpositive Attributsangabe eines chinesischen Einfachsatzes oder durch einen Einfachsatz bzw. einen syntaktisch mit dem chinesischen Einfachsatz identischen Teilsatz ausgedrückt werden kann, ist häufig die inhaltliche und strukturelle Ungebundenheit des betreffenden deutschen Attributsatzes von entscheidender Bedeutung. Sie spielt für die richtige und angemessene Übersetzung eine sehr wichtige Rolle. In der Regel können diejenigen einfachen deutschen Attributsätze, die durch die Relativpronomen "der", "die", "das", bzw. "welcher", "welche" und "welches" in unterschiedlichen Kasusformen eingeleitet werden, ohne große Probleme in die entsprechenden chinesischen präpositiven Attributsangaben übersetzt werden. Das ist z.B. bei den folgenden zwei deutschen Attributsätzen der Fall:

(1) "... schließlich fand sich auch der erwünschte Partner, der mich zu einer Partie herausforderte." [1]

Chinesische Übersetzung von Zhang, Yushu:

最后我们如愿以偿,我到一个对手.他向我挑战.要我同他下一盘。

zuihou women ruyuanyichang, zhaodao yi ge duishou, ta xiang wo tiaozhan, yao wo tong ta xia yi pan. [2]

Andere Übersetzungsmöglichkeit:

最后我们如愿以偿,我到一个向我挑战,要我同他下一盘的对手.

zuihou women ruyuanyichang, zhaodao <u>yi ge xiang wo tiaozhan, yao wo tong ta xia yi pan de</u> duishou.

---

1) Zweig, S. (1981), a.a. O., S. 23.
2) Zhang, Yushu, (1984), a.a. O., S. 1144.

(2) "... denn dieser Mister Mc Connor gehörte zu jener Sorte selbstbesessener Erfolgsmenschen, die auch im belanglosesten Spiel eine Niederlage schon als Herabsetzung ihres Persönlichkeitsbewußtseins empfinden." [1]

Chinesische Übersetzung von Zhang, Yushu:

因为麦克诺尔先生属于这样一种自以为是，颇为得志的人，这种人即使在最无足轻重的比赛中，也把失败看作是降低自己的身份。

yinwei Maikenuoer xiansheng shuyu zheyang yi zhong zi yi wei shi, po wei de zhi de ren, zhe zhong ren jishi zai zui wu zu qing zhong de bisai zhong, ye ba shibai kan zuo shi jiangdi ziji de shenfen. [2]

Andere Übersetzungsmöglichkeit:

因为麦克诺尔先生属于这样一种自以为是，颇为得志即使在最无足轻重的比赛中，也把失败看作是降低自己身份的人。

yinwei Maikenuoer xiansheng shuyu zheyang yi zhong zi yi wei shi, po wei de zhi, jishi zai zui wu zu qing zhong de bisai zhong ye ba shibai kan zuo shi jiangdi ziji shenfen de ren.

Mit den inhaltlich bzw. strukturell einfachen Attributsätzen sind diejenigen deutschen Attributsätze gemeint, die strukturell nicht mit anderen Nebensätzen verkettet und inhaltlich recht eindeutig sind.

Sobald aber die jeweiligen deutschen Attributsätze nicht mehr allein auftreten, sondern mit anderen Attributsätzen bzw. anderen Nebensatzarten verbunden sind oder in dem betreffenden Attributsatz noch viele andere Satzkomponenten existieren, können sie nicht mehr einfach durch die präpositiven Attributsangaben eines chinesischen Einfachsatzes ausgedrückt werden, auch wenn sie durch die

---

1) Zweig, S. (1981), a.a. O., S. 23.
2) Zhang, Yushu, (1984), a.a. O., S. 1144.

oben genannten Relativpronomen eingeleitet werden. Der folgende
deutsche Attributsatz kann z.B. nicht durch eine chinesische präpositive Attributsangabe ausgedrückt werden:

"Dann geht die Tür auf, die Kleinen dürfen hinein, und bei dem
herrlichen schimmernden Lichterglanze sehen sie Dinge auf dem
Baume hängen oder auf dem Tisch herum gebreitet, die alle Vor-
stellungen ihrer Einbildungskraft weit übertreffen, die sie sich
nicht anzurühren getrauen, und die sie endlich, wenn sie sie be-
kommen haben, den ganzen Abend in ihren Ärmchen herumtragen, und
mit sich in das Bett nehmen." [1]

Chinesische Übersetzung von Wang, Yinqi:

终于，房门打开了，孩子们奔进屋中，在闪闪烁烁的迷人
烛光下一眼瞧见那么多礼品，要么挂在树枝间，要么摆在
树旁的桌子上，全都美好得远远超出了孩子们的想象，使
他们连碰都不敢去碰一下。后来终于得到了，就整个晚
上抱在小胳膊里跑来跑去，上床睡觉也不放开。

zhongyu fangmen da kai le, haizi men ben jin wuzhong, zai shan
shan shuo shuo de miren zhuguang xia yiyan chou jian name duo
lipin, yaome gua zai shuzhi jian, yaome bai zai shu pang de zhuozi shang, quan dou meihao de yuan yuan chao chu le haizi men de
xiangxiang, shi tamen lian peng dou bu gan qu peng yi xia. houlai zhongyu dedao le, jiu zheng ge wanshang bao zai xiao gebo
li pao lai pao qu, shang chuang shuijiao ye bu fang kai. [2]

Die Übersetzung solcher recht langen deutschen Attributsätze in
die chinesischen präpositiven Attributsangaben ist aus morphologisch-syntaktischen Gründen eigentlich nicht gestattet.

---

1) Stifter, A. (1853), a.a. O., S. 162.
2) Wang, Yinqi, (1984), a.a. O., S. 646.

4.2.2. Deutsche Attributsätze, die angesichts der morphologisch-syntaktischen Beschränkungen des Chinesischen statt durch präpositive Attributangaben durch chinesische Einfachsätze bzw. syntaktisch selbständige Teilsätze ausgedrückt werden müssen

Wie bereits erwähnt, gibt es keine absolut gültige Regel dafür, welche deutsche Attributsätze durch chinesische Attributangaben ausgedrückt werden können, welche aber in die inhaltlich entsprechenden chinesischen Einfachsätze bzw. Teilsätze übersetzt werden müssen. Neben den beiden oben genannten Kriterien der inhaltlichen Angemessenheit und strukturellen Ungebundenheit des deutschen Attributsatzes können folgende zwei Faktoren für die richtige Übersetzung von Wichtigkeit sein:

1. Wenn vor dem Bezugswort der jeweiligen deutschen Attributsätze noch weitere mehrgliedrige präpositive Attribute vorhanden sind, die aus Adjektiven oder Partizipien gebildet werden, müssen diese Attributsätze in der Regel durch chinesische Einfachsätze bzw. syntaktisch selbständige Teilsätze ausgedrückt werden, weil sie sonst kaum von den syntaktisch äußerst beschränkten chinesischen präpositiven Attributangaben erfaßt werden können. Vergleiche folgende zwei deutsche Beispielsätze mit ihren chinesischen Übersetzungen:

(1) "Sohn eines blutarmen südslavischen Donauschiffers, dessen winzige Barke eines Nachts von einem Getreidedampfer überrannt wurde, war der damals Zwölfjährige nach dem Tod seines Vaters vom Pfarrer des abgelegenen Ortes aus Mitleid aufgenommen worden." [1)]

Chinesische Übersetzung von Zhang, Yushu:

他父亲是多瑙河上一名极其贫苦的南斯拉夫族的船夫，他的小船一天夜里被一艘运粮食的货船撞沉了。父亲死后，他们那个偏僻小村子的神父出于恻隐之心，收养了这个十二岁的孤儿。

---
1) Zweig, S. (1981), a.a. O., S. 8.

ta fuqin shi Duonaohe shang yi ming jiqi pinku de Nansilafu zu
de chuanfu, ta de xiao chuan yi tian yeli bei yi sou yun liang-
shi de huochuan zhuang chen le. fuqin si hou, tamen na ge pian-
pi xiao cunzi de shenfu chuyu ceyin zhi xin, shouyang le zhe
ge shier sui de gu'er. [1]

Wörtliche Rückübersetzung ins Deutsche:

"Sein Vater war ein blutarmer südslavischer Donauschiffer,
seine winzige Barke wurde eines Nachts von einem Getreidedampfer überrannt. Nach dem Tod des Vaters hat der Pfarrer
ihres abgelegenen Dorfs aus Mitleid diesen Zwölfjährigen aufgenommen."

(2) "In einer höhlenartigen, künstlich erleuchteten Koje des inneren Raums, wohin Aschenbach sofort nach Betreten des Schiffes
von einem buckligen und unreinlichen Matrosen mit grinsender
Höflichkeit genötigt wurde, saß hinter einem Tische, den Hut
schief in der Stirn und einen Zigarettenstummel im Mundwinkel,
ein ziegenbärtiger Mann von der Physiognomie eines altmodischen
Zirkusdirektors, der mit grimassenhaft leichtem Geschäftsgebaren die Personalien der Reisenden aufnahm und ihnen die Fahrscheine ausstellte." [2]

Chinesische Übersetzung von Zhang, Yushu:

阿申巴赫一上船，就有一个肮脏的驼背船员满脸堆笑地
引他到船身深处一面洞穴状的小舱内，小舱有灯光
照明。在小舱的桌子后面，坐着一个嘴角叼着烟头，帽子
一直歪戴到脑后并且长着山羊胡子的人，他的脸象有几分
象旧时的马戏团老板。他用做生意的那种装腔作势的
姿态接待旅客，签发票证。

---

1) Zhang, Yushu, (1984), a.a. O., S. 1132.
2) Mann, Th., (1963), a.a. O., S. 368.

Ashenbache yi shang chuan, jiu you yi ge angzang de tuobei chuanyuan man lian dui xiao de yin ta dao chuanshen shen chu yi jian dongxue zhuang de xiao cang nei, xiao cang you dengguang zhaoming. zai xiao cang de zhuozi houmian, zuo zhe yi ge zuijiao diao zhe yantou, maozi yizhi wai dai dao naohou bingqie zhang zhe shanyang huzi de ren, ta de lianxiang you jifen xiang jiushi de maxituan laoban. ta yong zuo shengyi de na zhong zhuangqiang zuoshi de zitai jiedai lüke, qianfa piaozheng. [1)]

Wörtliche Rückübersetzung ins Deutsche:
"Sobald Aschenbach an Bord gekommen war, wurde er von einem unreinlichen und buckligen Matrosen mit grinsender Höflichkeit in eine höhlenartige Koje des inneren Raumes geführt, die Koje wurde künstlich erleuchtet. Hinter dem kleinen Tisch der Koje saß ein ziegenbärtiger Mann, der den Hut schief in der Stirn trug und einen Zigarettenstummel im Mundwinkel hielt. Sein Gesicht war einem altmodischen Zirkusdirektor ähnlich. Er nahm mit grimassenhaft leichtem Geschäftsgebaren die Personalien der Reisenden auf und stellte ihnen die Fahrscheine aus."

2. Manche deutsche Attributsätze, die durch Relativpronomen wie "der", "die", "das" usw. in unterschiedlichen Kasusformen jeweils mit Präpositionen eingeleitet werden, sollen durch chinesische Einfachsätze bzw. syntaktisch selbständige Teilsätze ausgedrückt werden, um inhaltliche Unverständlichkeit und stilistische Inakzeptanz zu vermeiden.

Da es sich bei solchen Attributsätzen in der Regel um eine relativ ausführliche inhaltliche Ergänzung bzw. zusätzliche Information zu bestimmten Bezugswörtern im Hauptsatz handelt, können sie durch die chinesischen präpositiven Attributsangaben meist nur schwer ausgedrückt werden. Häufiger erscheinen sie in Form eines chinesischen Einfachsatzes oder syntaktisch selbständigen Teilsatzes, z.B.:

(1) "Ich wurde nicht zu jenen Unglücklichen getrieben, an denen man mit körperlichen und seelischen Erniedrigungen ein lang aufgespartes

---

1) Qian, Hongjia, (1984), a.a. O., S. 1051.

Ressentiment austobte, sondern jener anderen, ganz kleinen
Gruppe zugeteilt, aus der die Nationalsozialisten entweder
Geld oder wichtige Informationen herauszupressen hofften." [1]

Chinesische Übersetzung von Zhang, Yushu:

我没有同那些不幸的人囚禁在一起，希特勒分子用尽一切办法折磨他们的心灵和肉体，把积聚起来的愤懑都发泄在他们身上。我是被列入另外一类人之中，这种人数目很少，国社党党徒指望从他们身上敲诈金钱或者勒索重要情报。

wo meiyou tong na xie buxing de ren qiujin zai yiqi, Xitele
fenzi yong jin yiqie banfa zhemo tamen de xinling he routi,
ba jiju qilai de fenmen dou faxie zai tamen shen shang. wo
shi bei lieru lingwai yi lei ren zhi zhong, zhe zhong ren
shumu hen shao, Guoshedang dangtu zhiwang cong tamen shen
shang qiaozha jinqian huozhe lesuo zhongyao qingbao. [2]

Wörtliche Rückübersetzung ins Deutsche:

"Ich wurde nicht zu jenen Unglücklichen getrieben, Hitler-
Faschisten quälten mit allen möglichen Methoden ihre Seele
und Körper und tobten an ihnen ihr lange aufgespartes Ressentiment aus. Ich wurde einer anderen Gruppe von Menschen
zugeordnet, diese Menschen sind zahlenmäßig sehr gering, die
Nationalsozialisten versuchten, aus ihnen Geld oder wichtige
Informationen herauszupressen."

(2) "Man war auf der Silderalphütte nicht gar weit von Gschaid
entfernt, aus dessen Fenster man im Sommer recht gut die
grüne Matte sehen konnte, auf der die graue Hütte mit dem
kleinen Glockentürmchen stand ..." [3]

---

1) Zweig, S. (1981), a.a. O., S. 47.
2) Zhang, Yushu, (1984), a.a. O., S. 1162.
3) Stifter, A., (1853), a.a. O., S. 207.

Chinesische Übersetzung von Wang, Yinqi:

山间牧场离格沙德村照说并不太远，夏天村中
的人们从窗口就看得清完那片茵绿的草毯，草毯
上的灰色小房以及一个小小的钟塔。

shanjian muchang li Geshade cun zhaoshuo bing bu tai yuan,
xiatian, cun zhong de ren cong chuangkou jiu kan de qing ta
na pian yinlü de caotan, caotan shang de hui se xiao fang
yiji yi ge xiao xiao de zhongta. [1)]

Wörtliche Rückübersetzung ins Deutsche:

"Die Silderalphütte war nicht gar weit von Gschaid, im Sommer
konnten die Menschen des Dorfs aus dem Fenster klar ihre grüne
Matte, die graue Hütte auf der grünen Matte sowie ein kleines
Glockentürmchen * sehen." (* inhaltliche Abweichung der Übersetzung vom deutschen Orginalsatz)

Anhand der Rückübersetzung der zwei deutschen Attributsätze kann
man sehen, daß alle beiden deutschen Attributsätze in entsprechende
chinesische Einfachsätze bzw. syntaktisch selbständige Teilsätze
zerlegt wurden, damit die Sätze möglichst den üblichen chinesischen
parataktischen Satzkonstruktionen gerecht werden. Trotz einiger
weniger inhaltlicher Ungenauigkeiten bzw. semantischer Verschiebungen gelten diese Übersetzungssätze, rein syntaktisch gesehen, als
gelungen, weil der Übersetzer solche deutschen Attributsätze, statt
alles in einer einzigen chinesischen präpositiven Attributsangabe
zu erfassen, relativ geschickt durch die für das Chinesische typischen
Satzkonstruktionen ausgedrückt hat.

Die folgenden Übersetzungen, in denen man die deutschen Attributsätze ins Chinesische übersetzt hat, gelten ebenfalls sowohl syntaktisch als auch stilistisch als gelungen, weil man je nach unterschiedlichen Übersetzungsmöglichkeiten verschiedene im Chinesischen
gewohnte syntaktische Mittel verwendet hat:

(1) "Wißt Ihr denn nicht, daß sie längst schläft, und daß ich sie
    um keinen Preis wecken werde aus dem ersten süßesten Schlummer,

---

1) Wang, Yinqi, (1984), a.a. O., S. 698.

dessen sie in ihren Jahren wohl bedarf?" [1)]

Chinesische Übersetzung von Chen, Shulin:

难道您不晓得吗,她早已上床睡觉。无论如何我不会把她从最甜蜜的微睡中叫醒的。她这个年纪,很需要这样的睡眠。

nadao nin bu xiaode ma, ta zao yi shang chuang shuijiao. wulun ruhe wo bu hui ba ta cong zui tianmi de weishui zhong jiao xing de. ta zhe ge nianji, hen xuyao zheyang de shuimian. [2)]

Wörtliche Rückübersetzung ins Deutsche:

"Wißt Ihr denn nicht? Sie schläft schon längst. Um keinen Preis werde ich sie aus dem ersten süßesten Schlummer wecken. Sie in ihrem Alter braucht solchen Schlaf."

(Der deutsche Attributsatz wurde durch einen chinesischen Einfachsatz ausgedrückt.)

(2) "Öffnet mir die Türe, fürchtet doch nur nichts von einem Elenden, der schutzlos, verlassen von aller Welt, verfolgt, bedrängt von einem ungeheuern Geschick Euer Fräulein um Rettung anflehen will aus drohender Gefahr!" [3)]

Chinesische Übersetzung von Chen, Shulin:

给我开开门吧,丝毫不必害怕一个不幸的人:他无人保护,为世人遗弃,被人追捕,为一种可怕的命运驱使,因而想要来求您的小姐把他从临头的大难中解救出来。

gei wo kaikai men ba, sihao bu bi haipa yi ge buxing de ren: ta wu ren baohu, wei shiren yiqi, bei ren zhuipu, wei yi zhong kepa de mingyun qushi, yin'er xiang yao yangqiu nin de xiaojie ba ta cong lintou de da nan zhong jiejiu chu lai. [4)]

---

1) Hoffmann, E.T.A., (1923), a.a. O., S. 8.
2) Chen, Shulin, (1985), a.a. O., S. 126.
3) Hoffmann, E.T.A., (1923), a.a. O., S. 8.
4) Chen, Shulin, (1985), a.a. O., S. 127.

Wörtliche Rückübersetzung ins Deutsche:

"Öffnet mir die Tür, fürchtet doch nur nichts von einem Unglücklichen: er ist schutzlos, verlassen von aller Welt, verfolgt von einem ungeheuern Geschick und will deshalb Euer Fräulein um Rettung aus drohender Gefahr anflehen."

(Der deutsche Attributsatz wurde in einen chinesischen Ganzsatz übersetzt, in dem der Attributsteil vom Bezugswort durch Doppelpunkt getrennt wurde.)

(3) "Die Scuderi, der auch viel daran gelegen, daß, sei es noch möglich, der Schmuck bald in die Hand des rechtmäßigen Eigentümers komme, meint ..." [1]

Chinesische Übersetzung von Chen, Shulin:

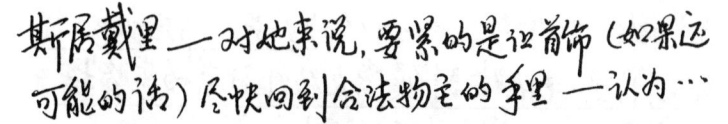

斯居戴里 —— 对她来说，要紧的是让首饰（如果还可能的话）尽快回到合法物主的手里 —— 认为...

Sijudaili ——— dui ta lai shuo, yaojin de shi rang shoushi (ruguo hai keneng de hua) jin kuai huidao hefa wuzhu de shouli ——— renwei, ... [2]

Wörtliche Rückübersetzung ins Deutsche:

"Scuderi ——— für sie ist es sehr wichtig, (wenn es noch möglich ist) daß der Schmuck baldmöglichst in die Hand des rechtmäßigen Eigentümers kommt ——— meint, ..."

(Der deutsche Attributsatz wurde durch einen chinesischen syntaktisch selbständigen Teilsatz ausgedrückt, der durch Gedankenstrich vom Bezugswort getrennt ist.)

Im Unterschied zu diesen meines Erachtens gelungenen Übersetzungssätzen kann man in manchen chinesischen Übersetzungen aus deutschen literarischen Texten Sätze finden, die zwar auch aus gleichartigen

---

1) Hoffmann, E.T.A. (1923), a.a. O., S. 48.
2) Chen, Shulin, (1985), a.a. O., S. 147.

deutschen Attributsätzen ins Chinesische übersetzt worden sind, die aber wegen der ungeschickten syntaktischen Zerlegung durch die jeweiligen Übersetzer den üblichen chinesischen Satzkonstruktionen nicht adäquat sind und den chinesischen Lesern ungewohnt und gar falsch erscheinen. Der folgende Satz, der aus einem deutschen Attributsatz übersetzt worden ist, gilt wegen seiner ungewöhnlich langen chinesischen präpositiven Attributsangaben grammatisch und stilistisch als anomal:

"Was um aller Heiligen willen ist Euch widerfahren," rief sie der armen beängsteten Dame entgegen, die ganz außer sich selbst, kaum imstande, sich aufrechtzuerhalten, nur schnell den Lehnsessel zu erreichen suchte, den ihr die Marquise hinschob." [1]

Chinesische Übersetzung von Chen, Shulin:

究竟是怎么一回事啊？她向这位完全失去常态，几乎不能說話，只想赶快坐到候爵夫人推过来的靠背椅子上的令人担心害怕的可怜女士问道。

jiujing shi zenme yi hui shi a? ta xiang zhe wei <u>wanquan shiqu changtai, jihu bu neng zhanli, zhi xiang gankuai zuo dao houjue furen tui guo lai de kaobei yizi shang de ling ren danxin haipa de kelian</u> nüshi wen dao. [2]

Im Vergleich zu den einheimischen chinesischen literarischen Texten findet man in den Übersetzungstexten aus dem Deutschen oder aus einer anderen europäischen Sprache mehr solche langen und ungewohnten präpositiven Attributsangaben. Gerade an solchen den chinesischen Lesern anomal und gar falsch erscheinenden Sätzen bzw. Satzkonstruktionen kann man einen einheimischen chinesischen Text von den Übersetzungen aus dem Deutschen oder anderen europäischen Sprachen, von semantischen und lexikalischen Faktoren ganz abgesehen, unterscheiden.

---

1) Hoffmann, E.T.A., (1923), a.a. O., S. 40.
2) Chen, Shulin, (1985), a.a. O., S. 143.

Aufgrund der Gegenüberstellung zahlreicher deutscher Attributsätze mit deren chinesischen Übersetzungen läßt sich folgendes zusammenfassen:

Da es kein absolut gültiges Kriterium dafür gibt, welche deutsche Attributsätze durch die entsprechenden chinesischen präpositiven Attributsangaben ausgedrückt werden können und welche in die inhaltlich entsprechenden Einfachsätze bzw. syntaktisch selbständige Teilsätze übersetzt werden müssen, muß man bei der Übersetzung des deutschen Attributsatzes ins Chinesische in vielen Fällen lediglich die Länge bzw. den Umfang der jeweiligen deutschen Attributsätze berücksichtigen. Sehr oft ist allein die Länge bzw. Kürze des betreffenden deutschen Attributsatzes entscheidend, ob er durch bestimmte Attributsangaben des chinesischen Einfachsatzes oder durch einzelne chinesische Einfachsätze bzw. Teilsätze ausgedrückt werden soll. Man kann allenfalls versuchen, die jeweiligen deutschen Attributsätze, insbesondere kürzere und einfachere Attributsätze, zunächst durch entsprechende chinesische präpositive Attributsangaben auszudrücken. Falls dies nicht möglich ist, und zwar, wenn die betreffenden chinesischen Übersetzungssätze wegen der zu langen Attributsangaben inhaltlich unüberschaubar und stilistisch schwerfällig sein sollten, muß man diese Attributsätze in einzelne chinesische Einfachsätze bzw. syntaktisch selbständige Teilsätze zerlegen. Es empfiehlt sich jedoch generell, daß man diejenigen relativ langen und inhaltlich komplizierten deutschen Attributsätze direkt durch einzelne chinesische Einfachsätze bzw. Teilsätze ausdrückt, um inhaltliche Unüberschaubarkeit sowie stilistische Inakzeptanz zu vermeiden.

4.3. Einige Überlegungen zu den syntaktisch bedingten semantischen Verschiebungen in chinesischen Übersetzungen

Wie aus dem Vergleich der chinesischen Übersetzungen mit deren deutschen Urfassungen deutlich geworden ist, bleibt den Übersetzern beim Transferieren der deutschen mehrfachen Hypotaxe ins Chinesische in den meisten Fällen nichts anderes übrig, als diese strukturell zu zerlegen und damit syntaktisch und inhaltlich überschaubar zu machen und durch angemessene Satzkonstruktionen nach dem chinesischen syntaktischen Regelsystem auszudrücken. Eine solche notwendige und umfangreiche syntaktische Umordnung hat aber oft unvermeidbare semantische Verschiebungen in den chinesischen Übersetzungen zur Folge. Mit der syntaktischen Zerlegung der Sätze im deutschen ausgangssprachlichen Text und mit der Neustrukturierung der Sätze nach dem chinesischen Regelsystem verschiebt sich die semantische Perspektive des jeweiligen Sachverhaltes von Fall zu Fall. Um diese syntaktisch bedingten semantischen Verschiebungen näher zu betrachten, nehmen wir hier einige chinesische Übersetzungen mehrfach hypotaktischer deutscher Sätze, vor allen Dingen deutscher Attributsätze als Beispiel. Wenn man die chinesischen Übersetzungssätze mit ihren deutschen Entsprechungen vergleicht, kann man unschwer bemerken, daß der semantische Schwerpunkt anders gesetzt wird als in den deutschen Urfassungen. Vergleiche die folgenden beiden deutschen Sätze mit ihren chinesischen Übersetzungen:

(1) " ..., es ist die rote Fahne, welche der fremde Herr, der mit dem jungen Eschjäger den Gars bestiegen hatte, auf dem Gipfel aufpflanzte, daß sie der Herr Pfarrer mit dem Fernrohre sähe, was als Zeichen gälte, daß sie oben seien, und welche Fahne damals der fremde Herr dem Herrn Pfarrer geschenkt hat." [1]

Chinesische Übersetzung von Wang, Yinqi:

从前，一位外来的绅士同那个年轻的猎人领着登嘎尔斯山，因在上面下不来，就竖起了这面红旗；神父先生用望远镜一下

---

1) Stifter, A., (1853), a.a. O., S. 205.

就把它给瞧见了。后来、外来的绅士便把红旗当作礼物，留给了神父先生。

congqian, yi wei wailai de shenshi you na ge nianqing de lie-
ren ling zhe deng Gaersi shan, kun zai shangmian xia bu lai,
jiu shu qi le zhe mian hongqi; shenfu xiansheng yong wangyuan-
jing yi xia jiu ba ta gei qiao jian le. houlai, wailai de shenshi bian ba hongqi dangzuo liwu, liu gei le shenfu xiansheng. [1]

Wörtliche Rückübersetzung ins Deutsche:

"Früher hat ein fremder Herr unter der Führung des jungen Esch-
jägers den Gars bestiegen und konnte nicht heruntergehen, so
wurde diese Fahne aufgepflanzt; der Herr Pfarrer hat sie mit
dem Fernrohre sofort entdeckt. Später hat der fremde Herr dem
Pfarrer diese rote Fahne als Geschenk hinterlassen."

(2) "In einer höhlenartigen, künstlich erleuchteten Koje des inneren
Raumes, wohin Aschenbach sofort nach Betreten des Schiffes von
einem buckligen und unreinlichen Matrosen mit grinsender Höflichkeit genötigt wurde, saß hinter einem Tisch, den Hut schief
in der Stirn und einen Zigarettenstummel im Mundwinkel, ein
ziegenbärtiger Mann von der Physiognomie eines altmodischen
Zirkusdirektors, der mit grimassenhaft leichtem Geschäftsgebaren die Personalien aufnahm und ihnen die Fahrscheine ausstellte.   (Die chinesische Übersetzung und wörtliche Rückübersetzung ins Deutsche s. S. 164-165)

Beim ersten deutschen Beispielsatz geht es semantisch im wesentlichen um die Darstellung der roten Fahne, deren Bedeutung bzw.
Funktion mit einigen Nebensätzen beschrieben wurde. Dagegen wurde
die "rote Fahne" in der chinesischen Übersetzung semantisch nicht
mehr als Zentrum des Sachverhaltes hervorgehoben, sondern nur ne-
benbei erwähnt. In der chinesischen Übersetzung läßt sich eine Ursache-Folge-Beziehung zwischen den einzelnen Sätzen bzw. Teilsätzen
feststellen. (Da der fremde Herr und der junge Eschjäger den Gars

---

1) Wang, Yinqi, (1984), a.a. O., S. 695.

bestiegen hatten und nicht heruntergehen konnten, haben sie die rote Fahne aufgepflanzt.) Diese Ursache-Folge-Beziehung ist in der deutschen Urfassung jedoch nicht zu erkennen.

Im zweiten deutschen Beispielsatz liegt der Schwerpunkt der semantischen Beschreibung beim "ziegenbärtigen Mann", dessen Umgebungsatmosphäre sowie dessen Aussehen relativ ausführlich jeweils durch erweiterte Partizipien und Nebensätze beschrieben worden sind. Der Sachverhalt, daß Aschenbach von einem buckligen und unreinlichen Matrosen in eine höhlenartige Koje des inneren Raumes genötigt wurde, ist semantisch gesehen, nicht gleichgewichtig wie die Beschreibung des ziegenbärtigen Mannes. Mit der ganzen Adverbialbestimmung hier, die von einem erweiterten Partizip und einem Nebensatz dargestellt wird, soll lediglich der Ort bzw. die Stimmung des Ortes, wo der ziegenbärtige Mann sich befindet, beschrieben werden. Die Absicht, daß der Autor statt mehrerer parataktischer Einfachsätze die Adverbialbestimmung durch einen Nebensatz zum Ausdruck gebracht hat, könnte darin bestehen, die Neugierde der Leser zu wecken, die wesentlichen Handlungen des Satzes zu erfahren: was ist nun in dem Raum passiert, der künstlich erleuchtet und in den Aschenbach genötigt wurde? Mit einer derartigen Satzkonstruktion erhält der Satz semantisch und stilistisch einen besonderen Effekt.

Im Unterschied dazu ist der semantische Schwerpunkt der chinesischen Übersetzung durch die strukturelle Zerlegung dieses relativ langen hypotaktischen Satzes in einige chinesische parataktische Sätze fast gleichmäßig auf einzelne Sätze bzw. Teilsätze verteilt. Jeder Satz bildet für sich eine strukturell unabhängige Satzkonstruktion und stellt jeweils einen relativ vollständigen Sachverhalt dar, so daß der semantische Schwerpunkt nicht mehr wie im Deutschen konzentriert hervorgehoben wird. Wenn man nur die chinesische Übersetzung liest, kann man nicht mit aller Sicherheit sagen, was das inhaltlich und semantisch Entscheidende in diesen Sätzen ist. Außerdem ist durch die strukturelle Zerlegung die stilistische Spezifik der deutschen Hypotaxe in der chinesischen Übersetzung nicht mehr zu spüren. Als Leser ist man nicht mehr gespannt zu erfahren, was nach der langen Adverbialbestimmung eigentlich geschieht, wie es beim Lesen der

deutschen Urfassung der Fall ist. Der Grund dafür ist, daß durch
die parataktische Satzkonstruktion der chinesischen Übersetzung
der semantische Schwerpunkt ziemlich gleichmäßig auf einzelne
Teilsätze verteilt und nicht mehr deutlich zu erkennen ist. Auch
der stilistische Effekt, den der Autor durch die deutsche lange
Hypotaxe erzielt hat, geht somit in der chinesischen Übersetzung
verloren. Im Vergleich zur deutschen Urfassung, in der die Beschreibung des ziegenbärtigen Mannes den semantischen Schwerpunkt bildet,
werden in der chinesischen Übersetzung vier verschiedene Schwerpunkte gleichzeitig und gleichrangig betont, und zwar: a) Aschenbach
wurde von einem buckligen und unreinlichen Matrosen in eine höhlenartige Koje genötigt. b) Die Koje wurde künstlich erleuchtet. c) Hinter dem Tisch des kleinen Raumes saß ein ziegenbärtiger Mann. d) Sein
Gesicht ähnelte einem altmodischen Zirkusdirektor.

Man kann beliebig viele ähnliche Beispiele finden, in denen man
die syntaktisch bedingten semantischen Verschiebungen leicht feststellen kann. In den oben gewählten beiden chinesischen Übersetzungssätzen handelt es sich grundsätzlich um semantische Verschiebungen,
die durch strukturelle Zerlegung der deutschen Hypotaxe in die chinesische Parataxe zustande gekommen sind. Wenn man all diese Sätze
strukturell und inhaltlich mit den deutschen Entsprechungen vergleicht,
würde man manche semantische Verschiebungen für unvermeidlich halten.
Wie allgemein bekannt, gibt es auch innerhalb einer Sprache gelegentlich syntaktisch bedingte semantische Verschiebungen. Ein und derselbe Sachverhalt kann z.B. im Deutschen, je nachdem, ob er durch
eine parataktische oder hypotaktische Satzkonstruktion ausgedrückt
wird, semantisch unterschiedlich akzentuiert werden. Das ist auch
der Grund dafür, warum viele deutschsprachige Autoren beim Schreiben
ihrer literarischen Werke gezielt bestimmte Satzkonstruktionen verwenden, um entsprechende semantische und stilistische Effekte zu
erzielen. Zu betonen ist hier nur, daß die Verwendung bzw. Nichtverwendung der Hypotaxe und Parataxe innerhalb der deutschen Sprache
je nach unterschiedlichen semantischen und stilistischen Überlegungen
der jeweiligen Autoren beliebig zu bestimmen ist, während diese Alternative für die Übersetzer bei ihren Übersetzungsvorgängen nur äußerst
beschränkt vorhanden ist. Wegen der notwendigen syntaktischen Zerlegung

der deutschen Hypotaxe, insbesondere der mehrfachen Hypotaxe, in
die chinesische Parataxe muß man oft die dadurch entstandenen semantischen Verschiebungen in Kauf nehmen.

Nun stellt sich naturgemäß die Frage, ob das Chinesische überhaupt
in der Lage ist, die semantische Spezifik der deutschen Hypotaxe in
irgendeiner analogen Weise wiederzugeben. Diese Frage kann leider
nicht global beantwortet werden. Wie bereits erwähnt, gibt es im
Chinesischen keine syntaktisch festlegbare Hypotaxe. Die chinesischen zusammengesetzten Sätze subordinierender Art, die fast ausschließlich mithilfe lexikalischer Mittel gebildet werden, können
deswegen nur als indirekte Entsprechung mancher deutschen hypotaktischen Sätze betrachtet werden. (Vgl. Kap. 3). Die chinesischen
Nebensätze werden im Unterschied zum Deutschen lediglich durch bestimmte subordinierende Konjunktionen eingeleitet und gekennzeichnet.
Es gibt außerdem keine weiteren syntaktischen Mittel mehr zur Bildung
bzw. Kennzeichnung der chinesischen Nebensätze. Der Umfang der chinesischen Nebensätze wird deswegen dadurch sehr beschränkt. Von daher kann man die deutsche mehrfache Hypotaxe rein syntaktisch nicht
ohne weiteres in vergleichbarer Form ins Chinesische übertragen.
Eine umfangreiche syntaktische Umordnung ist dementsprechend in vielen Fällen unerläßlich. Die durch strukturelle Zerlegung entstandenen semantischen Verschiebungen in den chinesischen Übersetzungen
können deswegen nicht vermieden werden. Nur bleibt das Problem der
semantischen Verschiebungen den meisten Übersetzern unbewußt. Kaum
ein Übersetzer macht sich Gedanken darüber, wie man die semantische
Spezifik vieler deutscher hypotaktischer Sätze in den chinesischen
Übersetzungen in irgendeiner Weise zum Ausdruck bringen soll bzw.
kann.Viele Übersetzer legen nur Wert darauf, einen deutschsprachigen
Text unter Wahrung der inhaltlichen Äquivalenz durch die für die
chinesischen Leser gewohnten Satzkonstruktionen auszudrücken, was
allerdings nicht unwichtig ist. Selbst diejenigen Übersetzer, die
sich um eine formale Identität des Satzumfangs zwischen der deutschen
Urfassung und der chinesischen Übersetung bemühen, indem sie die
gesamte Satzlänge eines hypotaktischen langen deutschen Satzes auch
im Chinesischen zu erhalten versuchen, tun dies nicht aus semantischen

Überlegungen. Insofern will ich die These wagen, daß das Chinesische nicht in der Lage ist, die semantische Spezifik der deutschen mehrfachen Hypotaxe in irgendeiner analogen Weise wiederzugeben.

4.4. Verdeutlichung der deutschen Hypotaxe und der chinesischen Parataxe anhand der Gegenüberstellung unterschiedlicher chinesischer Übersetzungen für denselben deutschen literarischen Text

Als inhaltliche Ergänzung und theoretische Untermauerung der These von der Unvermittelbarkeit der deutschen mehrfachen Hypotaxe in die chinesische Parataxe habe ich je zwei verschiedene chinesische Übersetzungen von Textstellen aus der deutschen Novelle "Der Tod in Venedig" von Th. Mann und dem deutschen Roman "Die Leiden des jungen Werthers" von Joh. Wolfg. Goethe in syntaktischer Hinsicht miteinander verglichen. Als Ergebnis habe ich folgende drei wichtige Unterschiede in bezug auf die syntaktischen Satzkonstruktionen und Inhaltserfassung der beiden chinesischen Übersetzungen festgestellt:

1. inhaltliche Differenzen zwischen beiden Übersetzungen derselben Sätze bzw. Textstellen in der deutschen Urfassung,

2. Differenzen bezüglich der Satzmenge zwischen Sätzen der beiden chinesischen Übersetzungen desselben deutschen Textes,

3. syntaktische Differenzen zwischen den beiden chinesischen Übersetzungen desselben deutschen Textes.

Zu 1. Inhaltliche Differenzen zwischen beiden Übersetzungen derselben Sätze bzw. Textstellen in der deutschen Urfassung

Beim Vergleich der beiden chinesischen Übersetzungen mit der deutschen Urfassung kann man recht viele inhaltliche Differenzen zwischen den Sätzen in beiden Übersetzungen feststellen. Sehr oft geht es in beiden Übersetzungen derselben deutschen Sätze um ganz unterschiedliche Sachverhalte, und zwar, ein und derselbe deutsche Satz oder ein und dieselbe deutsche Textstelle wird, je nachdem, was die Übersetzer syntaktisch und inhaltlich darunter verstehen, unter-

schiedlich ins Chinesische übersetzt. Manche Sätze der beiden
Übersetzungen für dieselben deutschen Textstellen haben sogar
inhaltlich überhaupt nichts miteinander zu tun. Bei der Gegenüberstellung solcher Sätze gewinnt man manchmal den Eindruck,
als würde man Übersetzungen von völlig verschiedenen deutschen
Urfassungen lesen. Der Grund für solche inhaltlichen Differenzen
zwischen beiden Übersetzungen läßt sich zunächst damit erklären,
daß die Übersetzer unterschiedliche deutsche Sprachkenntnisse und
damit ein unterschiedliches Verständnisvermögen für die deutschsprachige Literatur besitzen. Bei der Begegnung mit gewissen strukturell und inhaltlich komplizierten deutschen Texten haben sie dann
unterschiedliche Verständnisprobleme. Für manche Übersetzer sind
bestimmte komplizierte Satzkonstruktionen und die mit ihnen ausgedrückten Sachverhalte recht leicht zu verstehen und dementsprechend einfach ins Chinesische zu übersetzen, während das Verstehen
derselben Satzkonstruktionen für manche andere Übersetzer, deren
deutsche Sprachkenntnisse nicht ausreichend sind, eine schwer zu
überwindende Barriere darstellt. Die unterschiedlichen deutschen
Sprachkenntnisse der Übersetzer führen logischerweise zu inhaltlichen Differenzen zwischen den Übersetzungen. Das kann man z.B.
daran erkennen, daß die meisten inhaltlichen Differenzen zwischen
zwei verschiedenen Übersetzungen vor allen Dingen in Sätzen bzw.
Textstellen auftauchen, deren syntaktische Konstruktionen relativ
kompliziert sind und mit denen oft ein abstrakter Sachverhalt zum
Ausdruck gebracht wird. Das wird zusätzlich durch die Tatsache bestätigt, daß gegenüber den beiden Übersetzungen des Romans "Die
Leiden des jungen Werthers" zwischen den beiden Übersetzungen der
Novelle "Der Tod in Venedig" viel mehr inhaltliche Differenzen
festzustellen sind. Im Unterschied zu "Der Tod in Venedig" handelt
es sich beim Roman "Die Leiden des jungen Werthers" im allgemeinen
um recht einfache Satzkonstruktionen und um einen leicht verständ-
lichen und konkreten Sachverhalt. Es gibt relativ wenige schwer
überschaubare "Bandwurmsätze". Das Übersetzen derartiger deutscher
Texte bietet den Übersetzern in der Regel keine große Schwierigkeit.
Abgesehen von wenigen inhaltlichen Abweichungen und semantischen
Verschiebungen kann man beim Vergleich der Übersetzungen des Romans

"Die Leiden des jungen Werthers" nicht viele wesentliche Differenzen feststellen. Dagegen stößt man beim Lesen bzw. Übersetzen der deutschen Novelle "Der Tod in Venedig" fast ständig auf lange und komplizierte Satzkonstruktionen mit oft abstraktem Inhalt. Wie allgemein bekannt, hat der Schriftsteller Th. Mann in dieser Novelle zahlreiche lange und komplizierte Satzkonstruktionen, sowohl synthetische als auch analytische, als Stilmittel verwendet, um die vielfältigen, zum Teil widersprüchlichen Gedanken sowie die innere Gefühlswelt der Hauptfigur dieses Werks auszudrücken. Gerade beim Umgang mit solchen komplizierten Satzkonstruktionen stoßen die Übersetzer auf große Verständnisschwierigkeiten. Die folgenden inhaltlichen Differenzen zwischen Sätzen in beiden Übersetzungen, die dadurch entstanden sind, sind auch in ähnlicher Weise festzustellen:

Der deutsche Orginalsatz:

"Er hatte, zum mindesten seit ihm die Mittel zu Gebote gewesen waren, die Vorteile des Weltverkehrs beliebig zu genießen, das Reisen nicht anders denn als eine hygienische Maßregel betrachtet, die gegen Sinn und Neigung dann und wann hatte getroffen werden müssen. Zu beschäftigt mit den Aufgaben, welche sein Ich und die europäische Seele ihm stellten, zu belastet von der Verpflichtung zur Produktion, der Zerstreuung zu abgeneigt, um zum Liebhaber der bunten Außenwelt zu taugen, hatte er sich durchaus mit der Anschauung begnügt, die jedermann, ohne sich weit aus seinem Kreise zu rühren, von der Oberfläche der Erde gewinnen kann, und war niemals auch nur versucht gewesen, Europa zu verlassen." [1]

Übersetzung a) von Xuan Cheng aus Taiwan:

他已经能充分享受交通发达的乐趣，自他有足够的财力以来，旅行对他来说，除了感觉上的享受和私人的嗜好之外，也不失为一种调剂身心的方法。藉着旅行，他要把"自我"与"欧洲精神"当作他的使命，担负起文以载道的任务，又为了避免精神涣散，表失对多彩外界的爱好，他将

---

1) Mann, Th., (1963), a.a. O., S. 360.

所有的人们置于他所关怀的范围内，并以能穷尽世上的
见解为满足，他从未想离开欧洲。

ta yijing neng congfen xiangshou jiaotong fada de lequ, zi ta
you zugou de caili yilai, lüxing dui ta lai shuo, chule ganjue
shang de xiangshou he siren de shihao zhi wai, ye bu shi wei yi
zhong tiaoji shenxin de fangfa. jizhuo lüxing, ta yao ba "ziwo"
yu "Ouzhou jingshen" dangzuo ta de shiming, danfu qi wen yi zai
dao de renwu, you weile bimian jingshen huansan, sangshi dui duo
cai waijie de aihao, ta jiang suoyou de renmen zhi yu ta suo guan-
huai de fanwei nei, bing yi neng qiongjin shi shang de jianjie wei
manzu, ta cong wei xiang li kai Ouzhou. [1)]

Wörtliche Rückübersetzung ins Deutsche:

"Er kann schon die Freude des modernen Verkehrs genießen, seitdem er ausreichende Geldmittel hat, ist die Reise für ihn neben
dem Gefühlsgenuß und der persönlichen Vorliebe auch eine Methode
der körperlichen und seelischen Entspannung. Mit der Reise will
er das "Ich" und den "Europäischen Geist" als seine Mission betrachten und die Aufgabe wahrnehmen, daß man mit der Literatur
die Wahrheit und Ideologien zum Ausdruck bringen soll, und um
zu vermeiden, daß der Geist schlaff wird und daß er die Interes-
sen für die bunte Außenwelt verliert, setzt er alle Menschen in
den Bereich, um den er sich kümmert, er findet seine Zufrieden-
heit darin, die Meinungen und Ansichten auf der Welt zu erkennen,
er ist nie auf die Idee gekommen, Europa zu verlassen."

Übersetzung b) von Qian, Hongjia vom Festland:

过去一至少以他有机会能任意享受社交的种种好处时
起一他一直认为，旅行不过是一种养生之道，有时不得
不违背心愿去敷衍一下。他为他自己和欧洲广大人士
所提出的繁重任务忙得喘不过气来，他们的责任感

---

1) Xuan, Cheng, (1975): 魂断威尼斯 hun duan Weinisi, Taipei, S. 11,
Vgl, Mann, Th., (1963).

沉重地压在他的心头；他非常厌恶娱乐，以致对外
面的花花世界感不到任何兴趣。他已非常满足于那
些不必远离自己小天地的人们所能获得的世间各种
见识，因而离开欧洲的事，他一刻也不曾想过。

guoqu ——— zhishao cong ta you jihui neng renyi xiangshou shejiao
de zhong zhong haochu shi qi ——— ta yizhi renwei, lüxing buguo
shi yi zhong yang sheng zhi dao, youshi bu de bu weibei xinyuan qu
fuyan yi xia. ta wei ta ziji he Ouzhou guangda renshi tichu de fanzhong renwu mang de chuan bu guo qi lai, chuangzuo de zerengan chen-
zhong de ya zai ta de xintou; ta feichang yanwu yule, yizhi dui wai-
mian de huahua shijie gan bu dao renhe xingqu. ta yi feichang manzhu
yu na xie bubi yuan li ziji xiao tiandi de renmen suo neng huode de
shijian ge zhong jianshi, yin'er li kai Ouzhou de shi, ta yi ke ye
bu ceng xiang guo.[1)]

Wörtliche Rückübersetzung ins Deutsche:

"Früher ——— zumindest seitdem er Gelegenheit hat, verschiedene Vorteile des sozialen Kontaktes beliebig zu genießen ———
war er immer der Meinung, die Reise sei nichts anderes als
ein Weg zur Gesunderhaltung, manchmal muß man gegen seinen
Willen die Reise routinemäßig unternehmen. Er wurde von den
Aufgaben, die er sich selbst und die ihm die Massen in Europa
gestellt haben, schwer belastet. Das Verantwortungsgefühl gegenüber seinem literarischen Schaffen bedrückt ihn sehr. Er
hat großen Abscheu vor dem Vergnügen, so daß er sich nicht im
geringsten für die bunte Außenwelt interessiert. Er ist schon
sehr mit den Kenntnissen zufrieden, die jene Leute, die sich
nicht weit aus ihrem Kreise zu rühren brauchen, erworben haben.
Deswegen hat er nie daran gedacht, Europa zu verlassen."

Ein anderes Beispiel aus Th. Manns "Der Tod in Venedig":

"Aber es scheint, daß gegen nichts ein edler und tüchtiger Geist
sich rascher, sich gründlicher abstumpft als gegen den scharfen

---

1) Qian, Hongjia, (1984), a.a. O., S. 1038-1039.

und bitteren Reiz der Erkenntnis; und gewiß ist, daß die schwermütig gewissenhafteste Gründlichkeit des Jünglings Seichtheit bedeutet im Vergleich mit dem tiefen Entschlusse des Meister gewordenen Mannes, das Wissen zu leugnen, es abzulehnen, erhobenen Hauptes darüber hinwegzugehen, sofern es den Willen, die Tat, das Gefühl und selbst die Leidenschaft im geringsten zu lähmen, zu entmutigen, zu entwürdigen geeignet ist." [1]

Übersetzung a) von Xuan Cheng :

似乎没有一样事物比知识上尖锐而厉害的腐蚀更能磨钝一个高贵而坚定的心。的确,青年人意气般的激进表现,即使是最真诚的,若与此年巨匠的深刻决心相比,不过徒现浅薄而已,这是否认知识、拒绝知识,倘使昂然地置知识于不顾,即么意志,行为,感情,甚至热情,都将倾向于沮丧、麻醉与降格。

sihu meiyou yi yang shiwu bi zhishi shang jianrui er lihai de fushi geng neng mocun yi ge gaogui er jianding de xin. dique, qingnian ren yiqi ban de jijin biaoxian, jishi shi zui zhencheng de, ruo yu zhuangnian jujiang de shenke juexin xiang bi, buguo tuxian qianbo eryi, zhe shi foren zhishi, jujue zhishi, tangshi angran de zhi zhishi yu bu gu, name yizhi, xingwei, ganqing, shenzhi reqing, dou jiang qingxiang yu jusang, mazui yu jiangge. [2]

Wörtliche Rückübersetzung ins Deutsche:

"Es gibt anscheinend nichts anderes als das scharfe und schlimme Verderben des Wissens, das ein edles und festes Herz abhärtet. Wirklich, das radikale Verhalten der Jugendlichen wegen des Eigensinns, auch wenn sie am ehrlichsten wäre, scheint im Vergleich

---

1) Mann, Th., (1963), a.a. O., S. 365.
2) Xuan,Cheng, (1975), a.a. O., S. 22.

zur tiefen Entschlossenheit des Meisters zu oberflächlich zu
sein, das bedeutet, das Wissen abzuleugnen und abzulehnen, wenn
man das Wissen ignoriert, so tendieren der Willen, das Verhalten, das Gefühl und gar die Leidenschaft zu Deprimiertheit,
Stumpfheit und zum Herabsetzen des Maßstabs."

Übersetzung b) von Qian, Hongjia:

可是一颗崇高活泼的心灵，在知识尖利而严酷的锋芒面前似乎会比其它事物面前更加迅速，更加急剧地萎缩下去。确实，青年们一心所追求的目标哪怕如何苦心孤诣，诚心诚意，与大师深邃而果断的决心相比，就显得浅薄可笑。大师对知识即排斥又抗拒，掉头不屑一顾，唯恐知识会使他的意志，行动，感情甚至激情（哪怕是最低限度）变得麻木不仁，一文不值。

keshi yi ke conggao huobo de xinling, zai zhishi jianli er
yanku de fengmang mianqian sihu hui bi qita shiwu mianqian
gengjia xunsu, gengjia jiju de weisuo xia qu. queshi, qingnian men yixin suo zhuiqiu de mubiao napa ruhe kuxin guyi,
cheng xin cheng yi, yu dashi shensui er guoduan de juexin
xiang bi, jiu xian de qianbo kexiao. dashi dui zhishi ji
paichi you kangju, diao tou bu xue yi gu, weikong zhishi hui
shi ta de yizhi, xingdong, ganqing shenzhi jiqing (napa shi
zui di xiandu) bian de mamu buren, yi wen bu zhi. [1]

Wörtliche Rückübersetzung ins Deutsche:

"Aber eine edle und lebhafte Seele wird anscheinend vor der
Schärfe und Härte des Wissens viel rapider schrumpfen als
vor anderen Gegenständen. Tatsächlich, das Ziel, das die Jugendlichen unermüdlich verfolgen, auch wenn sie hingebungsvolle

---

1) Qian, Hongjia, (1984), a.a. O., S. 1046.

Anstrengungen machen und ehrlich sind, scheint im Vergleich
zur tiefen und festen Entschlossenheit des Meisters oberflächlich und lächerlich zu sein. Der Meister verdrängt und ver-
weigert das Wissen und weicht vom Wissen ab. Er hat große Angst,
daß das Wissen seinen Willen, sein Verhalten, sein Gefühl und
gar seine Leidenschaft (auch wenn es im geringsten Maße ist)
stumpf und wertlos macht."

Die Gegenüberstellung verdeutlicht, daß inhaltliche Abweichungen
bzw. Fehlübersetzungen im Grunde genommen in beiden Übersetzungen
zu finden sind. Bei manchen Textstellen findet man solche inhaltlichen Übersetzungsfehler nur in einer der beiden Übersetzungen,
während bei manchen anderen Textstellen beide Übersetzungen inhaltlich mehr oder weniger von der deutschen Urfassung abweichen.

Zu 2. Differenzen bezüglich der Satzmenge zwischen Sätzen der beiden chinesischen Übersetzungen desselben deutschen Textes

Neben vielen inhaltlichen Differenzen kann man bei der Gegenüberstellung zweier chinesischen Übersetzungen für denselben deutschen
Text auch ziemlich große Unterschiede in bezug auf die Satzmengen
feststellen. Wenn man einmal offen läßt, ob viele Sätze bei den
beiden Übersetzungen, die zwischen jeweiligen Satzzeichen wie Punkt,
Ausrufezeichen, Fragezeichen usw. stehen, sowohl syntaktisch als
auch inhaltlich überhaupt als Sätze zu bezeichnen sind und ob sie
von den Lesern als normal anerkannt werden, unterscheiden sich die
beiden chinesischen Übersetzungen der deutschen Novelle "Der Tod
in Venedig" zahlenmäßig deutlich voneinander. Die von Xuan Cheng
aus Taiwan durchgeführte Übersetzung hat etwa 400 und damit 30%
Sätze weniger als die Übersetzung seines Fachkollegen Qian, Hongjia
vom Festland. Erwähnenswert ist außerdem, daß die chinesische Übersetzung von Xuan Cheng sogar mehr als 100 Sätze weniger als die
deutsche Urfassung hat. Diese ungewöhnliche Erscheinung in bezug
auf die Satzmengen widerspricht zwar der allgemeinen Erkenntnis,
daß es generell mehr Sätze in der Übersetzung als in der Urfassung
gibt, kann aber keinesfalls als Argument gegen die These der Unvermittelbarkeit der deutschen mehrfachen Hypotaxe in die chinesische

Parataxe verwendet werden. Der Grund dafür ist einfach: wenn man die Sätze der beiden chinesischen Übersetzungen strukturell miteinander vergleicht, kann man leicht bemerken, daß die Sätze in beiden Übersetzungen große syntaktische Unterschiede aufweisen, die wiederum die unterschiedlichen Satzmengen bewirken. Folgende zwei Ursachen sind maßgebend für die unterschiedlichen Satzmengen der beiden Übersetzungen:

(1) Freies Übersetzungsverfahren in beiden chinesischen Übersetzungen

Bei der Gegenüberstellung kann man feststellen, daß beide Übersetzer gelegentlich ein freies Übersetzungsverfahren angewandt haben. In beiden Übersetzungen findet man Stellen, die ungeachtet der ursprünglichen Reihenfolge der Sätze in der deutschen Urfassung nur dem Kontext entsprechend ins Chinesische übersetzt wurden. Aufgrund der inhaltlichen Äquivalenz haben die beiden Übersetzer bestimmte Textstellen der deutschen Urfassung strukturell völlig neu ausgearbeitet und durch entsprechende chinesische Sätze ausgedrückt, die aber keine direkten wörtlichen Entsprechungen in der deutschen Urfassung finden. In diesem Fall läßt sich verständlicherweise auch kein Satz-für-Satz-Vergleichsverfahren mehr anwenden.

Außerdem werden gewisse Sätze der deutschen Urfassung von den Übersetzern ohne wesentliche Beeinträchtigung der inhaltlichen Äquivalenz weggelassen. Je nachdem, wie häufig ein solches freies Übersetzungsverfahren angewandt wird und wieviele Sätze der Urfassung eliminiert werden, sind selbstverständlich unterschiedliche Satzzahlen die Folge.

(2) Unterschiedliche Methoden der Zerlegung der deutschen Hypotaxe
    in die chinesische Parataxe

Wie eingangs erwähnt, wird ein langer deutscher hypotaktischer Satz gewöhnlich in jeweils mehrere inhaltlich entsprechende chinesische Einfachsätze bzw. syntaktisch selbständige Teilsätze zerlegt. Unter dieser Grundvoraussetzung differieren aber folgende zwei Zerlegungsmethoden:

a) Manche Übersetzer bemühen sich, einen langen deutschen Ganzsatz, insbesondere einen langen hypotaktischen Satz, je nach der semantischen, stilistischen und syntaktischen Notwendigkeit in mehrere chinesische kürzere Einfachsätze zu zerlegen, die durch entsprechende Satzzeichen wie Punkt, Ausrufezeichen usw. voneinander getrennt sind, während die anderen Übersetzer dazu neigen, die gesamte Satzlänge auch möglichst in der chinesischen Übersetzung beizubehalten, indem sie den betreffenden deutschen Satz in mehrere chinesische syntaktisch völlig voneinander unabhängige Teilsätze zerlegen, die fast ausschließlich durch Komma, Semikolon sowie Doppelpunkt voneinander getrennt sind, aber trotzdem von einem chinesischen langen "Satz" erfaßt werden. Dabei werden oft die syntaktischen Funktionen der oben genannten Satzzeichen total ignoriert. In manchen extremem Fällen werden sogar auf diese Weise nicht nur ein einziger deutscher langer Ganzsatz, sondern einige deutsche Ganzsätze in einen derartigen "unendlich" langen chinesischen "Satz" übersetzt. Von daher ist es kein Wunder, warum eine der beiden chinesischen Übersetzungen der Novelle "Der Tod in Venedig" eine noch deutliche geringere Satzzahl hat als die entsprechende deutsche Urfassung.

b) Gewisse deutsche hypotaktische Sätze bzw. Satzperioden werden manchmal von den Übersetzern gemäß dem chinesischen Regelsystem in mehrere Einfachsätze bzw. Teilsätze zerlegt, manchmal aber gegen die normalen chinesischen Satzkonstruktionen durch einen einzigen chinesischen Einfachsatz ausgedrückt, der oft wegen der zu vielen Satzkomponenten inhaltlich unverständlich, stilistisch inakzeptabel und sogar grammatisch inkorrekt ist. Die beiden unterschiedlichen Übersetzungsverfahren führen unter anderem auch zu unterschiedlichen Satzzahlen der betreffenden Übersetzungen. Im Vergleich zur Übersetzung von Qian, Hongjia findet man viel mehr solche grammatikwidrige und inhaltlich unverständliche Sätze in der Übersetzung von Xuan Cheng. Beispielsätze dafür werden zusammen mit den syntaktischen Differenzen im folgenden Abschnitt angeführt.

Zu 3. Syntaktische Differenzen zwischen den beiden chinesischen Übersetzungen desselben deutschen Textes

Im Vergleich zu den inhaltlichen Unterschieden und Unterschieden in bezug auf die Satzzahlen kann man den unterschiedlichen Satzcharakter des Deutschen und des Chinesischen noch deutlicher an unterschiedlichen Satzkonstruktionen der beiden chinesischen Übersetzungen erkennen. Obwohl die oben erwähnte strukturelle Zerlegungsmethode in beiden chinesischen Übersetzungen verwendet wurde, unterscheidet sie sich jedoch in der Häufigkeit. Im Unterschied zur Übersetzung von Xuan Cheng, der sich offensichtlich darum bemüht, die jeweiligen deutschen langen hypotaktischen Sätze durch entsprechende lange chinesische Sätze auszudrücken und demzufolge oft gegen das chinesische syntaktische Regelsystem verstoßen muß, hat Qian, Hongjia in seiner Übersetzung in relativ zufriedenstellender Weise die gleichen deutschen Sätze in inhaltlich analoge chinesische Einfachsätze bzw. syntaktisch selbständige Teilsätze zerlegt. Abgesehen von der inhaltlichen Richtigkeit gelten die Satzkonstruktionen der Übersetzung von Qian, Hongjia für die chinesischen Leser als typischer und leserfreundlicher als die der Übersetzung von Xuan Cheng.

Die zwangsläufig direkte Übertragung einer langen und komplizierten deutschen hypotaktischen Satzkonstruktion in einen entsprechenden langen chinesischen Einfachsatz führt dazu, daß der betreffende chinesische Einfachsatz wegen der zu vielen Satzkomponenten oft inhaltlich unüberschaubar, stilistisch schwerfällig und grammatisch inkorrekt wird. Solche anomalen Übersetzungssätze bereiten den chinesischen Lesern oft Kopfzerbrechen. Im folgenden werden ein paar chinesische Sätze aus den beiden Übersetzungen für dieselben Textstellen in der deutschen Urfassung miteinander verglichen, damit man den syntaktischen, semantischen und inhaltlichen Unterschied besser erkennen kann. Bei den Beispielsätzen aus beiden Übersetzungen des deutschen Romans "Die Leiden des jungen Werthers" handelt es sich hauptsächlich um stilistische bzw. semantische Unterschiede. Die Sätze in beiden Übersetzungen sind sowohl syntaktisch als auch inhaltlich richtig. Sie unterscheiden sich lediglich in ihren semantischen bzw. stilistischen Akzentuierungen. Dagegen geht es bei den Beispielsätzen aus den beiden Übersetzungen der deutschen Novelle "Der Tod in Venedig" fast nur um syntaktische und inhaltliche Unterschiede.

Beispielsätze aus den beiden Übersetzungen des deutschen Romans "Die Leiden des jungen Werthers":

(1) "Ich habe meine Tante gesprochen und bei weitem das böse Weib nicht gefunden, das man bei uns aus ihr macht." [1]

Übersetzung a) von Zhou, Xuepu aus Taiwan:

我已经和叔母面谈过了，她并不见得是个如同人家在我们那里谈论她那样的恶妇。

* wo yijing he shumu miantan guo le, ta bing bujiande shi ge rutong renjia zai women nali tanlun ta nayang de efu. [2]

(* Eine wörtliche Rückübersetzung der hier im Chinesischen verwendeten präpositionalen Attributsangaben ist nicht möglich, ohne daß diese Konstruktion wieder in deutsche Nebensätze aufgelöst würde. Daraus wäre aber die enorme syntaktische Differenz zum deutschen Ausgangstext nicht mehr ersichtlich.)

Übersetzung b) von Hou, Junji vom Festland:

我已经和婶母谈过话，发现她根本不象家里人说的，是个恶妇。

wo yijing he shenmu tan guo hua, faxian ta genben bu xiang jiali ren shuo de, shi ge efu. [3]

Wörtliche Rückübersetzung ins Deutsche:

"Ich habe schon mit meiner Tante gesprochen, (ich) habe gemerkt, daß sie überhaupt nicht, wie man in der Familie sagt, ein böses Weib ist."

(2) "... wie ich, in den herrlichen Sinn ihrer Rede ganz versunken, oft gar die Worte nicht hörte, mit denen sie sich ausdrückte ——

---

1) Goethe, Joh. Wolfg. (1906): Die Leiden des jungen Werthers, in: Goethes Werke, Band 16, Stuttgart u. Berlin, S. 4.
2) Zhou, Xuepu, (1979): 少年维特的烦恼 shaonian Weite de fannao, Taipei, S. 20.
3) Hou, Junji, (1982): 少年维特的烦恼 shaonian Weite de fannao, Shanghai, S. 2.

davon hast du eine Vorstellung, weil du mich kennst." [1]

Übersetzung a) von Zhou, Xuepu:

* 我如何专心地在体味她话中的意义而往往完全没有听到她用以表达情意的那些话呀！你是深知我的,定能想见这种情形吧。

* wo ruhe zhuanxin de zai tiwei ta hua zhong de yiyi er wangwang wanquan meiyou ting dao ta yongyi biaoda qingyi de na xie hua ya! ni shi shen zhi wo de, ding neng xiangjian zhe zhong qingxing ba. [2]

Übersetzung b) von Hou, Junji:

我完全陶醉在她谈话的精彩的韵味中了,她到底表达了些什么,我多半没有听进!——这景象你当然想象得出,因为你是了解我的。

wo wanquan taozui zai ta tanhua de jingcai de yunwei zhong le, ta daodi biaoda le xie shenme, wo duoban meiyou tingjin! —— zhe jingxiang ni dangran xiangxiang de chu, yinwei ni shi liaojie wo de. [3]

Wörtliche Rückübersetzung ins Deutsche:

Ich bin ganz in den herrlichen Sinn ihrer Rede versunken, was sie eigentlich ausgedrückt hat, habe ich zum großen Teil nicht gemerkt —— Das kannst du dir sicherlich vorstellen, weil du mich kennst."

(* Hier gilt für eine Rückübersetzung dasselbe wie bei Text (1))

Im Vergleich zu Übersetzung b) sind die Sätze der Übersetzung a) weniger typisch und elegant, weil sie wegen relativ vieler Satzkomponenten sowohl syntaktisch als auch inhaltlich nicht verständlich genug sind.

---

1) Goethe, Joh. Wolfg., (1906), a.a. O., S. 23.
2) Zhou, Xuepu, (1979), a.a. O., S. 42.
3) Hou, Junji, (1982), a.a. O., S. 18

Beispielsätze aus den beiden Übersetzungen der deutschen Novelle "Der Tod in Venedig" von Th. Mann:

(1) "Wie dem auch sei! Eine Entwicklung ist ein Schicksal; und wie sollte nicht diejenige anders verlaufen, die von der Teilnahme, dem Massenzutrauen einer weiten Öffentlichkeit begleitet wird, als jene, die sich ohne den Glanz und die Verbindlichkeiten des Ruhmes vollzieht? Nur ewiges Zigeunertum findet es langweilig und ist zu spotten geneigt, wenn ein großes Talent dem libertinischen Puppenstande entwächst, die Würde des Geistes ausdrucksvoll wahrzunehmen sich gewöhnt und die Hofsitten einer Einsamkeit annimmt, die voll unberatener, hart selbständiger Leiden und Kämpfe war und es zu Macht und Ehren unter den Menschen brachte." [1]

Übersetzung a) von Xuan Cheng:

* 发展是被命定的、为什么他人生的发展——为大众的信心所支持的——无法逾越于名声和光荣的轨迹之外,只有长年的漂泊流浪才会使一个人觉得乏味和嘲弄——当他看到一个伟大的天才在度过了浪子如佣的成长时期后,学习如何攫获和表述他心智上的尊贵,而使过去充满未加磨炼的,平苦地孤立的遭受和奋斗的孤独生活转变成合于世俗的礼仪,并且经由这样,而在人们之间建立起力量和光荣。

* fazhan shi bei mingding de, weishenme ta rensheng de fazhan ——
  wei dazhong de xinxin suo zhichi de —— wufa yuyue yu mingsheng
  he guangrong de guiji zhi wai, zhiyou changnian de piaobo liulang
  cai hui shi yi ge ren juede fawei he chaonong —— dang ta kandao
  yi ge weida de tiancai zai duguo le langzi ru yong de chengzhang
  siqi hou, xuexi ruhe juehuo he biaoda ta xinzhi shang de zungui,

---

1) Mann, Th., (1963), a.a. O., S. 366.

er shi guoqu chongman wei jia molian de, yanke de guli de zao-
shou he fendou de gudu shenghuo zhuanbian cheng heyu shisu de
liyi, bingqie jingyou zheyang, er zai renmen zhijian jianli qi
liliang he guangrong. [1]

Wörtliche Rückübersetzung ins Deutsche:

* "Die Entwicklung ist vom Schicksal bestimmt, warum kann die
  Entwicklung seines Lebens ─── von der Zuversicht der Massen
  unterstützt ─── nicht über den Ruf und die Ehre hinausgehen,
  nur das langjährige Vagabundieren kann dazu führen, daß jemand
  sich langweilig fühlt ─── als er sieht, daß ein großes Talent
  nach der Zeit des Heranwachsens, in der es zahlreiche Müßig-
  gänger gibt, lernt, wie er die Ehrenhaftigkeit seiner Seele
  erobert und ausdrückt und somit das strenge und unabgehärtete
  Leiden der Isolierung sowie das kämpfende, einsame Leben in
  das Ritual, das den Sitten und Gebräuchen entspricht und dadurch Kräfte und Ehren zwischen den Menschen herstellt."

Übersetzung b) von Qian, Hongjia:

不管怎么样，发展的本身就是一种命运；那么博得广大公众同情和信赖的那些人，在行动方面为什么不该与那些默默无闻的人们有别呢？当一个伟大的天才气概脱颖而出，能经常明确地意识到他才智的价值，但同时却装出一副孤芳自赏的姿态——其实内心充满着无法排遣的痛苦与斗争——而且还设法让世人也知道他的才智和名声时，只有冥顽不灵的吉普赛人才感到无聊，会发出嘲笑之声。此外，在天才的自我形成过程中，有多少喜怒哀乐和恶风逆浪啊！

---

1) Xuan Cheng, (1975), a.a. O., S. 23.

buguan zenmeyang, fazhan de benshen jiu shi yi zhong mingyun;
name, bode guangda gongzhong tongqing he xinlai de na xie ren,
zai xingdong fangmian weishenme bu gai yu na xie momo wuwen de
renmen youbie ne? dang yi ge weida de tiancai yi cheng tuo ying
er chu, neng jingchang mingque de yishi dao ta caizhi de jia-
zhi, dan tongshi que zhuang chu yi fu gu fang zi shang de zitai
—— qishi neixin congman zhe wufa paiqian de tongku yu douzheng —— erqie hai shefa rang shiren ye zhidao ta de caizhi
he mingsheng shi, zhiyou mingwan bu ling de Jipusai ren cai
gandao wuliao, hui fa chu chaoxiao zhi sheng. Ciwai, zai tiancai de ziwo xingcheng guocheng zhong, you duoshao xi nu ai le
he e feng ni lang a! [1]

Wörtliche Rückübersetzung ins Deutsche:

"Wie dem auch sei! Die Entwicklung ist selbst ein Schicksal;
warum sollten sich diejenigen, die die Teilnahme und Zutrauen
der Massen gewinnen, in ihrem Verhalten nicht von denjenigen unterscheiden, die völlig unbekannt sind? Als ein großes Talent dem
libertinischen Puppenstande entwächst und sich oft über die
Werte seiner Begabung im klaren ist und gleichzeitig selbstge-
fällig tut —— in Wirklichkeit herrschen in seinem Inneren
volle unverdrängbare Leiden und Kämpfe —— und versucht zu
erreichen, daß alle Menschen auf der Welt von seiner Begabung
und seinem Ruf wissen, werden nur die dummen und unvernünftigen
Zigeuner sich langweilen und spötteln. Wieviele Freude, Em-
pörung, Trauer und Glück sowie böse Gegenströmungen hat man
außerdem bei der Selbstgestaltung des Talents!"

(2) "Der wohlige Gleichtakt dieses Daseins hatte ihn schon in seinen
Bann gezogen, die weiche und glänzende Milde dieser Lebensfüh-
rung ihn rasch bedrückt. Welch ein Aufenthalt in der Tat, der
die Reize eines gepflegten Badelebens an südlichem Strande mit
der traulich bereiten Nähe der wunderlich-wundersamen Stadt verbindet!" [2]

---

1) Qian, Hongjia, (1984), a.a. O.,S. 1048.
2) Mann, Th., (1963), a.a. O., S. 391.

Übersetzung a) von Xuan Cheng:

* 这种舒适的生活已使得阿申巴赫深深着迷了。他很快地就沉醉在这种温柔而又绚丽的生活方式里。真的,这种在南方海滨休养的刺激生活,再加上对这个奇妙亲切的城市的熟悉,是个多么美好的逗留之地啊!

* zhe zhong shushi de shenghuo yi shide Ashenbache shenshen zhaomi le. ta hen kuai de jiu chenzui zai zhe zhong wenrou er you xuanli de shenghuo fangshi li. zhen de, zhe zhong zai nanfang haibin xiuyang de ciji shenghuo, zai jiashang dui zhe ge qimiao qinqie de chengshi de shuxi, shi ge duome meihao de douliu zhi di a! [1)]

Wörtliche Rückübersetzung ins Deutsche:

* "Dieses angenehme Leben hat Aschenbach tief fasziniert. Er ist schnell von diesem sanften und wunderschönen Lebensstil mitgerissen. Wirklich, dieses reizvolle und erholsame Leben an südlichem Strande, und hinzukommt noch, daß er diese wunderbare und liebevolle Stadt gut kennt, ist (bietet) ein wunderschöner Aufenthaltsort!"

(*ein grammatisch fehlerhafter Satz)

Übersetzung b) von Qian, Hongjia:

这种愉快而单调的生活已在他身上产生了魔力,这种恬静安闲而别有风味的生活方式很快使他着了迷。这儿有非常讲究的浴场,南面是地中海湾,海滩旁边就是风光秀丽的威尼斯城——这一切都是那么引人入胜,住在这里确实太美了。

zhe zhong yukuai er dandiao de shenghuo yi zai ta shen shang

---

1) Xuan Cheng, (1975), a.a. O., S. 58.

chansheng le moli, zhe zhong tianjing anxian er bie you feng-
wei de shenghuo fangshi hen kuai shi ta zhao le mi. zher you
feichang jiangjiu de yuchang, nanmian shi yi pian haitan, haitan pangbian jiu shi fengguang xiuli de Weinisicheng —— zhe
yiqie dou shi name yin ren ru sheng, zhu zai zheli queshi tai
mei le. [1]

Wörtliche Rückübersetzung ins Deutsche:

"Dieses fröhliche und einsame Leben hat bei ihm an Zauberkraft
gewonnen. Ein derartiger ruhiger Lebensstil von eigenartigem
Reiz hat ihn fasziniert. Hier gibt es einen besonders eleganten Badestrand. Im Süden ist ein Meeresstrand. Am Strand liegt
die wunderschöne Stadt Venedig —— Das alles ist so zauberhaft. Es ist wirklich sehr schön, hier zu wohnen."

Abgesehen von den inhaltlichen und semantischen Unterschieden unterscheiden sich die Übersetzungssätze a) rein syntaktisch deutlich von
den Übersetzungssätzen b). Da letztere von der Konstruktion und vom
Umfang her fast alle kürzer und anschaulicher sind, entsprechen sie
mehr den normalen chinesischen Sprachgewohnheiten als die Sätze a).
Somit wirken die Sätze b) syntaktisch leserfreundlicher als die Sätze a).

Dieses Ergebnis des Vergleichs soll zusätzlich die These untermauern,
daß angesichts der typologischen Unterschiede und der dadurch bedingten unterschiedlichen syntaktischen Mittel des Deutschen und des Chinesischen eine direkte Übertragung der deutschen mehrfachen Hypotaxe
in einen formal entsprechenden chinesischen langen Einfachsatz nur
äußerst bedingt möglich ist.

Dieser syntaktische Vergleich möge dazu beitragen, statt ausführlich auf die inhaltlichen Abweichungen und semantischen Verschiebungen der beiden chinesischen Übersetzungen einzugehen, die ohnehin
leicht festzustellen sind, die syntaktischen Unterschiede der beiden
Übersetzungen sowie die direkte strukturelle Übertragbarkeit bzw.
Unübertragbarkeit der deutschen Hypotaxe in die chinesische Parataxe
zu demonstrieren und aufgrund dessen die typologischen Unterschiede

---

1) Qian, Hongjia, (1984), a.a. O., S. 1083.

des Deutschen und des Chinesischen noch deutlicher zu erkennen.

Abschließend sei nur noch ergänzt, daß der syntaktische Vergleich der beiden chinesischen Übersetzungen oft dadurch erschwert wird, daß die zwei Übersetzer a. relativ viel freie Übersetzungsverfahren angewandt und b. bestimmte komplizierte Satzkonstruktionen mit recht abstraktem Sachverhalt in der deutschen Urfassung unterschiedlich verstanden und dementsprechend verschiedene Übersetzungen zustande gebracht haben. So sah ich mich gezwungen, beim syntaktischen Vergleich möglichst diejenigen Sätze bzw. Textstellen aus den beiden chinesischen Übersetzungen auszuwählen, bei denen man ein Satz-für-Satz-Vergleichsverfahren anwenden kann.

Zusammenfassung

Aufgrund der Gegenüberstellung der analogen Spracheinheiten sowie der teils ähnlichen, teils unterschiedlichen grammatischen Mittel und Satzkonstruktionen des Deutschen und des Chinesischen haben wir die Spezifik der beiden Sprachen und Übersetzungsprobleme, die daraus resultierten, näher kennengelernt.

Eine kontrastive Syntax der typologisch weit entfernten Sprachen wie des Deutschen und des Chinesischen unterscheidet sich in vielerlei Hinsicht von dem Syntaxvergleich zwischen den typologisch näher liegenden und gar verwandten Sprachen wie dem Deutschen und dem Englischen sowie dem Deutschen und dem Niederländischen. Hier ergeben sich spezifische Probleme. Zunächst hat man es beim Vergleich oft mit strukturell ganz verschiedenen grammatischen Systemen zu tun. Es fehlt ein einheitliches Beschreibungsmodell, mit dem die Grammatiksysteme der zu kontrastierenden Sprachen auf der gleichen Ebene beschrieben werden können. Trotz einiger formal identischen Spracheinheiten wie Morphem, Wort, Wortgruppe bzw. Syntagma und Satz stehen das deutsche und das chinesische Grammatiksystem nicht in symmetrischen oder analogen Verhältnissen zueinander. Es gibt Spracheinheiten, die nur in einer der beiden Sprachen vorhanden sind. Selbst unter den gleichen Termini werden in beiden Sprachen oft ganz unterschiedliche Sprachkomponenten verstanden. Die Funktionsweise des chinesischen Subjektes unterscheidet sich z.B. in nicht geringem Maße von der des deutschen. Besonders zu erwähnen sind die reziproken Verhältnisse zwischen der Morphologie und Syntax in beiden Sprachen. Die meisten Probleme des Vergleichs tauchen in diesem Bereich auf.

Die deutsche Sprache hat im Vergleich zum Chinesischen ein relativ komplexes Morphologiesystem. Das hängt stark von der synthetischen Bauweise der deutschen Wörter ab. Einige grammatische Kategorien, wie z.B. Kasus, Genus, Numerus, Tempus usw., können im Deutschen fast allein mithilfe der Morphologie zum Ausdruck gebracht werden. Außerdem lassen sich im Deutschen einige Wortarten rein morphologisch bestimmen. Das ist z.B. bei der Wortart-Klassifikation des deutschen Substantivs, Verbs und eines großen Teils des Adjektivs der Fall.

Im deutlichen Unterschied zum Deutschen ist der Funktionsbereich der chinesischen Morphologie wesentlich beschränkter. Wegen der Nichtflektierbarkeit der chinesischen Wörter kann die chinesische Morphologie nur in wenigen Fällen für die Wortart-Klassifikation bzw. Wortart-Unterscheidung verwendet werden. Eine ganze Reihe von grammatischen Kategorien wie die oben genannten, die im Deutschen fast ausschließlich durch die Morphologie ausgedrückt werden, ist im Chinesischen völlig unbekannt. Um diese grammatischen Kategorien im Chinesischen zu realisieren, werden sowohl lexikalische als auch syntaktische Mittel verwendet.

Die unterschiedlichen grammatischen Funktionen der deutschen und chinesischen Morphologie drücken sich namentlich bei der Bestimmung und Identifizierung der jeweiligen Spracheinheiten und Wortarten aus. Im Deutschen kann man relativ einfach die vier Spracheinheiten Morphem, Wort, Wortgruppe bzw. Syntagma und Satz sowie die Wortarten Substantiv, Verb und Adjektiv voneinander unterscheiden, weil sie durch unterschiedliche morphologische, phonologische und graphematische Merkmale gekennzeichnet sind. Dabei spielt die deutsche Morphologie eine ganz bedeutende Rolle. Um beispielsweise ein deutsches Kompositum von einer inhaltlich vergleichbaren Wortgruppe unterscheiden zu können, müssen morphologische, phonematische und graphematische Besonderheiten der beiden Spracheinheiten berücksichtigt werden. Eine kategoriale Verwechslung der jeweiligen deutschen Spracheinheiten ist nur selten, weil ihnen unterschiedliche Bestimmungs-bzw. Unterscheidungskriterien zugrunde liegen.

Im Gegensatz dazu ist eine eindeutige Bestimmung bzw. Unterscheidung der verschiedenen chinesischen Spracheinheiten sowie der Wortarten oft mit großen Problemen verbunden. Ohne syntaktischen Kontext kann man oft nicht genau feststellen, ob ein bestimmtes Sprachelement ein Morphem, ein Wort, eine Wortgruppe oder gar ein Satz ist und wie es, falls es ein Wort ist, wortartmäßig zu klassifizieren ist. Ein Zentralproblem, das der Schwierigkeit der Bestimmung und Unterscheidung der chinesischen Spracheinheiten und Wortarten zugrunde liegt, ist die grammatische Mehrdeutigkeit der chinesischen Wörter, die wiederum morphologisch zu begründen ist.

Viele chinesische Sprachelemente lassen sich, da sie durch keine äußerlich erkennbaren morphologischen Merkmale gekennzeichnet sind, wortartmäßig unterschiedlich definieren. Außerdem kann man oft nicht ohne weiteres ein zweisilbiges Wort von einer äußerlich identischen Wortgruppe unterscheiden. Die genaue Feststellung, ob ein bestimmtes Sprachelement ein Wort oder eine Wortgruppe ist, kann im Chinesischen in vielen Fällen nur mithilfe des syntaktischen Kontextes gemacht werden. Auf ähnliche Weise wird die Wortart-Klassifikation und

Identifikation im Chinesischen wegen der mangelnden morphologischen Markierung der Wörter überwiegend unter dem syntaktischen Gesichtspunkt unternommen. Die Wortart-Modifizierung kann im Chinesischen ebenfalls durch keinerlei morphologische Kennzeichen markiert werden.

Die großen typologischen Unterschiede des Deutschen und des Chinesischen sowie die davon abhängigen unterschiedlichen grammatischen Mittel bestimmen im wesentlichen die Länge bzw. den Umfang des deutschen und des chinesischen Satzes. Die synthetische Eigenschaft der deutschen Sprache ermöglicht, einen Satz auf der syntaktischen Basis auszubauen. Mithilfe der vielfältigen morphologischen Formen der deutschen Wörter sowie einiger spezifischer grammatischer Mittel kann man im Deutschen je nach den inhaltlichen, semantischen und stilistischen Überlegungen der Autoren und unterschiedlichen Textsorten sowohl lange hypotaktische als auch lange parataktische Satzkonstruktionen bilden. Sehr oft dient die Verwendung beider Satzkonstruktionen nur als ein stilistisches Mittel.

Obwohl das heutige Deutsch zur Abnahme der Hypotaxe und zur Entfaltung der Parataxe, und zwar der gradlinigen Satzkonstruktion, tendiert, läßt sich keineswegs daraus schlußfolgern, daß sich das gesamte syntaktische Regelsystem des Deutschen ändert. Die syntaktischen Neuerungen und Wandlungen im heutigen Deutsch bedeuten nicht eine Abschaffung der früheren syntaktischen Satzkonstruktionen, sondern eine Bereicherung des Sprachsystems durch neue Ausdrucksmöglichkeiten und durch Zuwachs im Bereich der Synonymik. 1) Wie Admoni festgestellt hat, ist die deutsche Sprache von heute noch das Neuhochdeutsch, allerdings eine besondere Etappe in seiner Entwicklung. 2) "Die Grammatik der deutschen Gegenwartssprache unterscheidet sich in ihren syntaktischen und morphologischen Möglichkeiten kaum von der Schriftsprache, wie sie deutsche Klassiker gegen Ende des 18. Jahrhunderts zur Norm erhoben haben. Der Unterschied liegt, von Wandlungen im Wortschatz abgesehen, vor allem in der Auswahl, die die damaligen und die heutigen Sprachteilhaber aus den angebotenen Sprachmitteln treffen." 3)

Im Deutschen ist bei der Einteilung bzw. Unterscheidung der Subordination und Koordination des zusammengesetzten Satzes und bei der Definition der

---

1) Vgl. Admoni, W. (1973), a.a. O., S. 98.
2) Vgl. Admoni, W. (1973), a.a. O., S. 98.
3) Admoni, W. (1973), a.a. O., S. 100.

Hypotaxe und Parataxe allein das syntaktische Merkmal relevant. Den Begriffen "Hypotaxe" und "Parataxe" liegen völlig unterschiedliche Bedingungen zugrunde. Die deutsche Hypotaxe ist im wesentlichen durch die strukturelle Ungleichwertigkeit oder Unselbständigkeit zweier sich kommunikativ aufeinander beziehender Sätze, und zwar durch Dominanz eines Satzes gegenüber einem anderen durch Unumkehrbarkeit der Beziehungen, gekennzeichnet, während die Parataxe im Gegensatz dazu durch Beiordnung oder Nebenordnung von Sätzen, die gleichberechtigt durch koordinierende Konjunktionen (syndetisch) miteinander verbunden oder unverbunden (asyndetisch) nebeneinander stehen können, bestimmt ist. 1) Die Hypotaxe stellt die Grundlage der syntaktischen Ausbaumöglichkeit des deutschen Satzes dar. Ohne Hypotaxe kann man im Deutschen aufgrund des Substantivgruppe-Blocks zwar auch inhaltlich relativ komplizierte gradlinige Einfachsätze konstruieren, aber die Länge solcher gradlinigen Satzkonstruktionen ist trotz der inhaltlichen Vielfalt sehr begrenzt. Dank der Wechselwirkung von Hypotaxe und Parataxe kann man im Deutschen einen Satz rein syntaktisch vielfältig gestalten. Ein und derselbe Sachverhalt kann im Deutschen sowohl durch hypotaktische als auch parataktische Satzkonstruktion ausgedrückt werden. Der Unterschied liegt oft in den semantischen und stilistischen Akzentuierungen.

Im Vergleich zum Deutschen ist die syntaktische Ausbaumöglichkeit des chinesischen Satzes angesichts des analytischen Sprachcharakters und der davon abhängigen grammatischen Mittel ziemlich begrenzt. Es wird im Chinesischen zwar ähnlich wie im Deutschen zwischen der Koordination und der Subordination des zusammengesetzten Satzes unterschieden, aber anders als im Deutschen werden bei der Einteilung bzw. Unterscheidung der Koordination und der Subordination überwiegend semantische Kriterien verwendet. Statt des syntaktischen Merkmals werden im chinesischen zusammengesetzten Satz subordinierender Verbindung die semantische bzw. inhaltliche Abhängigkeit zwischen den einzelnen Teilsätzen betont. In der Regel wird ein zusammengesetzter chinesischer Satz als Satz der Koordination bezeichnet, wenn die einzelnen Teilsätze gleichwertige Sachverhalte ausdrücken. Semantisch/logisch gesehen, soll keiner der Teilsätze von einem anderen abhängig sein. Das umfaßt sowohl die syndetische Konstruktion, d.h. Teilsätze, die durch bestimmte Konjunktionen, Adverbien sowie andere Verknüpfungselemente miteinander verbunden sind, als auch die asyndetische Konstruktion, und

---

1) Vgl. Lewandowski, Th. (1973), a.a. O., S. 471.

zwar Teilsätze ohne formal erkennbare Verknüpfungselemente. Die Beschränkung des syntaktischen Ausbaus des chinesischen Satzes ist hauptsächlich morphologisch-syntaktisch bedingt. Angesichts der Tatsache, daß die chinesischen Wörter keine Flexionsformen besitzen und demzufolge die syntaktischen Beziehungen der einzelnen Teilsätze zueinander durch keine äußerlich erkennbaren morphologisch-syntaktischen Merkmale wiedergegeben werden können, kann man im Chinesischen nicht wie im Deutschen ein syntaktisches Einbettungsverhältnis zwischen den einzelnen Teilsätzen der Subordination, und zwar zwischen dem Hauptsatz und dem Nebensatz sowie dem übergeordneten und untergeordneten Nebensatz, herstellen. So kann man auch im Chinesischen nicht wie im Deutschen gewisse Satzglieder mithilfe morphologisch-syntaktischer Mittel zu entsprechenden Gliedsätzen ausbauen. Eine ganze Reihe von deutschen Nebensatzformen wie z.B. Subjektsatz, Objektsatz, Temporalsatz usw. ist im Chinesischen nicht vorhanden. Die oben erwähnten deutschen Gliedsätze werden im Chinesischen entweder durch entsprechende Satzglieder eines chinesischen Einfachsatzes, falls dies möglich ist, oder direkt durch inhaltlich entsprechende Einfachsätze oder syntaktisch selbständige Teilsätze ausgedrückt.

Die Einteilung der Koordination und Subordination des chinesischen zusammengesetzten Satzes rein nach dem semantisch-logischen Verhältnissen zwischen den einzelnen Teilsätzen führt oft dazu, daß ein und derselbe Satz von manchen chinesischen Grammatikern als Sätze der Koordination, von anderen aber als Sätze der Subordination betrachtet wird.

Aus den oben genannten Gründen wird in der vorliegenden Arbeit die These gewagt, daß im Chinesischen keine Hypotaxe im syntaktischen Sinne gebildet werden kann. Der Begriff "Hypotaxe" läßt sich deswegen nur bedingt auf das Chinesische übertragen. Man kann ihn verwenden, wenn zwei oder mehrere Teilsätze inhaltlich einander untergeordnet sind und diese inhaltliche Ungleichwertigkeit bzw. Abhängigkeit zwischen den einzelnen Teilsätzen durch bestimmte subordinierende Konjunktionen zum Ausdruck gebracht wird. Eine derartige chinesische Hypotaxe hat in Wirklichkeit mehr Gemeinsamkeit mit der deutschen Parataxe als mit der Hypotaxe. Somit fehlt im Chinesischen die Alternative der Wechselwirkung von Hypotaxe und Parataxe.

Die großen typologischen Unterschiede der beiden Sprachen und die eng damit verbundenen unterschiedlichen syntaktischen Ausbaumöglichkeiten des deutschen und chinesischen Satzes drücken sich naturgemäß in der Über-

setzungspraxis aus. Wie wir im vierten Kapitel festgestellt haben, sind
viele Probleme der Übersetzung vom Deutschen ins Chinesische rein syntaktisch zu begründen. Angesichts der spezifischen grammatischen Mittel und
morphologisch-syntaktisch bedingten relativ kurzen Satzkonstruktionen
des Chinesischen müssen viele lange deutsche Kettensätze bei der Übersetzung
ins Chinesische zwangsläufig in mehrere kürzere chinesische Einfachsätze
oder syntaktisch selbständige Teilsätze zerlegt werden. Unterschiedliche
Satzmengen sind dabei zunächst die Folge. Die syntaktische Zerlegung beeinträchtigt zwar manchmal bis zu einem bestimmten Grad die inhaltlichen,
semantischen und stilistischen Absichten mancher deutschsprachiger Autoren,
und zwar die Absicht, bestimmte literarische Effekte durch differenzierte
Verwendung syntaktischer Mittel zu erzielen, läßt sich aber keinesfalls
vermeiden. Der Grund dafür ist, daß die meisten komplizierten deutschen
hypotaktischen Sätze bzw. Satzperioden unmöglich von einem einzigen chinesischen zusammengesetzten Satz erfaßt werden können. Der Versuch, die
langen deutschen Satzperioden durch nur einen einzigen chinesischen Satz
auszudrücken, indem man die vielen Nebensätze verschiedenen Grades in entsprechende chinesische Satzglieder verwandelt, kann nur selten zum Erfolg
führen, weil die dadurch zustande gekommenen chinesischen Sätze bzw. Satzkonstruktionen in der Regel den chinesischen syntaktischen Normen nicht
entsprechen und von den chinesischen Rezipienten als anomal empfunden werden.
Wenn man mehrere chinesische Übersetzungen mit deren deutschen Orginaltexten vergleicht, kann man unschwer feststellen, daß unter dem syntaktischen Gesichtspunkt immer diejenigen chinesischen Übersetzungen als gelungen gelten, in denen die vielen langen deutschen Satzperioden in mehrere inhaltlich entsprechende chinesische Einfachsätze bzw. syntaktisch
selbständige Teilsätze zerlegt worden sind. Dagegen werden viele chinesische Übersetzungssätze, die von manchen chinesischen Übersetzern ohne
jegliche syntaktische Umordnung direkt aus den jeweiligen deutschen Satzperioden übersetzt worden sind, von den chinesischen Lesern bzw. Zuhörern
syntaktisch für anomal oder gar inkorrekt gehalten. Dies kann man in der
vorliegenden Arbeit beim Vergleich vieler chinesischer Beispielsätze mit
deren entsprechenden deutschen Orginalsätzen erkennen. Fast alle grammatischen Fehler der chinesischen Übersetzungssätze, die in der vorliegenden
Arbeit zitiert werden, sind syntaktisch zu erklären.

Um das Mißverständnis zu vermeiden, daß eine syntaktische Zerlegung nur
bei der Übersetzung der typologisch weit entfernten Sprachen wie hier bei

der Übersetzung des Deutschen ins Chinesische verwendet wird, soll hier nur noch hinzugefügt werden, daß eine syntaktische Zerlegung wohl auch bei der Übersetzung innerhalb der typologisch verwandten Sprachen nicht zu vermeiden ist. Dabei handelt es sich lediglich um einen quantitativen nicht aber qualitativen Unterschied. Allerdings muß hervorgehoben werden, daß die typologisch bedingten syntaktischen Unterschiede zwischen dem Deutschen und dem Chinesischen oft aus anderen Bedingungen der Übersetzungspraxis folgen als die der Übersetzung innerhalb der indoeuropäischen Sprachen. Im Vergleich zur Übersetzung innerhalb indoeuropäischer Sprachen spielt die syntaktische Zerlegung bei der Übersetzung vom Deutschen ins Chinesische eine viel wichtigere Rolle.

Ausgehend von der Auffassung, daß bei der Übersetzung in erster Linie die zielsprachliche Akzeptanz berücksichtigt werden soll und die Sätze bzw. Satzkonstruktionen der Übersetzungen zunächst den syntaktischen Normen der Zielsprache gerecht werden müssen, und insbesondere aufgrund dessen, daß man im Chinesischen wegen der morphologisch-syntaktischen Beschränkung kein syntaktisches Einbettungsverhältnis zwischen den einzelnen Teilsätzen eines zusammengesetzten Satzes herstellen kann, empfiehlt es sich generell, die mehrfache deutsche Hypotaxe in die chinesische Parataxe zu zerlegen. Man soll sich möglichst bemühen, die mehrgliedrigen deutschen Satzperioden durch passende kürzere chinesische Satzkonstruktionen auszudrücken. Die Beeinträchtigung der inhaltlichen, semantischen und stilistischen Überlegungen vieler deutschsprachiger Autoren sowie die häufigen semantischen Verschiebungen in den chinesischen Übersetzungen, die durch syntaktische Zerlegung entstanden sind, müssen jedoch in Kauf genommen werden.

Anhang 1: Zur Identifikation von Wortgruppe und Satz

Trotz der identischen Konstruktionsweise mit einem chinesischen Einfachsatz wird eine derartige chinesische Subjekt-Prädikat-Konstruktion ohne syntaktischen Kontext in fast allen chinesischen modernen Grammatikbüchern der Kategorie der Wortgruppe zugeordnet. Sie wird im allgemeinen Subjekt-Prädikat-Wortgruppe genannt. Nach den Definitionen in den meisten chinesischen Grammatikbüchern besteht eine Subjekt-Prädikat-Wortgruppe aus zwei Teilen. Das inhaltliche Verhältnis zwischen den beiden Teilen sei ein Verhältnis zwischen dem Darstellen und Dargestelltwerden. Der erste Teil sei der Teil, der dargestellt wird, während der zweite Teil den ersten Teil darstellt. Diese Art von den chinesischen Wortgruppen fungiert nur als Satzglied. [1]

Tatsächlich werden die meisten chinesischen Einfachsätze auch aus einem Subjektteil und einem Prädikatteil gebildet. Von daher lassen sich eine chinesische Subjekt-Prädikat-Wortgruppe und ein von der Konstruktion her identischer Einfachsatz ohne syntaktischen Kontext nicht voneinander unterscheiden.

Wie man bei der Identifizierung bzw. Unterscheidung einer deutschen Wortgruppe und eines deutschen Satzes festgestellt hat, besteht das entscheidende Kriterium zur Unterscheidung der beiden oben genannten Spracheinheiten darin, daß der durch den Satz ausgedrückte Sachverhalt durch den im Verbum finitum enthaltenen Zeitbezug Aktualität besitzt, der durch die Wortgruppe ausgedrückte nicht.[2] Weniger problematisch bei der Unterscheidung einer deutschen Wortgruppe und eines inhaltlichen vergleichbaren deutschen Satzes ist, daß man außer der oben genannten "Aktualität" des Sachverhaltes auch noch unterschiedliche Konstruktionsweisen der beiden Spracheinheiten berücksichtigen kann.

Grundsätzlich gilt dieses Unterscheidungsprinzip auch für das Chinesische. Um beispielsweise eine chinesische Subjekt-Prädikat-Wortgruppe von einem gleichförmigen Einfachsatz zu unterscheiden, ist auch die Aktualität bzw. Nichtaktualität des Sachverhaltes relevant. Bei der Unterscheidung der Wörter sowie Wortgruppen von den Einfach-

sätzen muß nach Meinung mancher chinesischen Grámmatiker darauf
geachtet werden, ob die jeweiligen Spracheinheiten beim Ausdruck
des Sachverhaltes in einem "dynamischen Zustand" oder "statischen
Zustand" sind. Ein Wort sei in dynamischem Zustand ein Satz, während
eine inhaltlich komplizierte Wortgruppe im statischen Zustand
immer eine Wortgruppe bleibt und nie ein Satz wird. [3] Komplizierterweise
kann man den dynamischen und statischen Zustand des Sachverhaltes
der jeweiligen chinesischen Spracheinheiten erst durch den syntaktischen
Kontext erkennen, was meines Erachtens auf den Mangel an
morphologisch-syntaktischen Mitteln zurückzuführen ist.

Im Unterschied zu Wort und Wortgruppe habe der Satz eine bestimmte
Satzmelodie und könne einen relativ vollständigen Sinn ausdrücken.
Ein und dieselbe Wortgruppe könne sowohl als Satz wie auch als Satzglied
bzw. Satzgliedteil fungieren. [4] Um den sogenannten dynamischen
und statischen Zustand des Sachverhaltes in den folgenden Subjekt-
Prädikat-Konstruktionen zu ermitteln, kann man sich nur auf den syntaktischen
Kontext stützen, z.B.:

我住在北京   wo zhu zai Beijing
(Ich wohne in Peking oder daß ich in Peking wohne)

我国人多   wo guo ren duo
(Unser Land hat viele Menschen oder daß unser Land viele Menschen hat) [5]

宋师付病了   Song shifu bing le
(Meister Song ist krank oder daß Meister Song krank ist) [6]

Wenn diese Subjekt-Prädikat-Konstruktionen allein verwendet werden
und in der gesprochenen Sprache eine bestimmte Satzmelodie haben
und in der geschriebenen Sprache mit bestimmten Interpunktionen, wie
Punkt, Fragezeichen oder Ausrufezeichen, versehen werden, handelt es
sich dabei um Einfachsätze. Dagegen werden die gleichen Subjekt-Prädikat-Konstruktionen
in einem größeren bzw. erweiterten Kontext nur
als Wortgruppen, nicht aber als Sätze (auch nicht Teilsätze!) betrachtet,
z.B:

他不知道我住在北京。 ta bu zhidao wo zhu zai Beijing.
(Er weiß nicht, daß ich in Peking wohne.)

我国人多是好事。　　wo guo ren duo shi hao shi.
(Daß unser Land viele Menschen hat, ist eine gute Sache.)

宋师付病了的消息,　Song shifu bing le de xiaoxi hen
很快全村人都知道了。kuai quan cun ren dou zhidao le.
(Die Nachricht, daß Meister Song krank ist, hat sich rasch im Dorf
verbreitet.)

Der Grund dafür ist, daß die gleichen Subjekt-Prädikat-Konstruktionen
in den letzten drei Sätzen nur einen Teil der Sätze darstellen und
jeweils als Objekt, Subjekt und Attribut fungieren. Im Unterschied
zu den ersten drei Subjekt-Prädikat-Konstruktionen drücken sie keinen vollständigen Sinn aus und bleiben nach Meinung der meisten chinesischen Grammatiker nur Wortgruppen bzw. Satzglieder oder Satzgliedteile.

Da eine derartige chinesische Subjekt-Prädikat-Wortgruppe sehr oft
in einem größeren Kontext, und zwar in einem langen Satz, enthalten
ist, wird der betreffende Satz auch "Enthaltungssatz" genannt. [7]
P. Kupfer hält diese Übersetzung von Qian, Wencai, für unglücklich
und bezeichnet solchen Satz als "Einbettungssatz" [8]

Ich bin der Auffassung, daß man bei der Kontrastierung der Grammatiksysteme verschiedener Sprachen von den in diesen Sprachen allgemein
anerkannten grammatischen Modellen ausgehen soll. Zu vermeiden ist,
daß man bei der Grammatikkontrastierung zweier bzw. mehrerer Sprachen
nur vom Grammatikmodell einer einzigen Sprache ausgeht und die
Grammatiken anderer Sprachen beschreibt. Dadurch kommt man zu keinem
sinnvollen Ergebnis. Daß manche ausländischen Sinologen die chinesische spezifische Subjekt-Prädikat-Wortgruppe in den obigen Beispielsätzen statt Wortgruppen bzw. Satzglieder als Sätze bzw. Teilsätze
und Gliedsätze bezeichnen, könnte folgende Gründe haben:

1. Sie haben lediglich die früheren chinesischen Grammatiken, und
   zwar die Grammatiken zwischen den 20er und 50er Jahren, berücksichtigt. In einigen wichtigen grammatischen Büchern und Abhand-
   lungen in der damaligen Zeit, wie z.B. 新著国语文法 xin zhu

guoyu wenfa (Neue Grammatik der Nationalsprache) [9)] 中国文法
要略 Zhongguo wenfa yaolüe (Abriß der chinesischen
Grammatik) [10)] usw. wurden derartige chinesische Einfachsätze bzw. Einbettungssätze tatsächlich der Kategorie des
zusammengesetzten Satzes zugeordnet. Sie wurden entweder
包孕句 baoyun ju (Enthaltungssatz) oder 子母句 zi mu ju
(Kinder-Mutter-Satz) genannt. Man kann z.B. in der Grammatik
新著国语文法 xin zhu guoyu wenfa (Neue Grammatik der
Nationalsprache) folgende Definition für solchen Satz finden:
"Die zusammengesetzten Sätze, die mehr als zwei Einfachsätze
haben, von denen ein ´Muttersatz` andere ´Kindersätze` enthält,
werden ´Enthaltungssätze` oder ´Kinder-Mutter-Satz` genannt.
Der enthaltene ´Kindersatz` wird nur als ein Wort des ´Mutter-
satzes` angesehen." [10)]

Nach mehrjähriger Diskussion über die chinesische Grammatik
in den 50er Jahren sind die meisten chinesischen Grammatiker
darin einig, solche chinesischen Enthaltungssätze generell in
die Kategorie des Einfachsatzes einzuordnen. Das Problem gilt
somit als gelöst. Selbst in den späteren Grammatikbüchern oder
grammatischen Veröffentlichungen derjenigen Grammatiker, die
früher die Enthaltungssätze als zusammengesetzte Sätze bezeichnet haben, werden die Enthaltungssätze nur noch als Einfachsätze
betrachtet. Unter den modernen chinesischen Grammatikern findet
man kaum noch jemanden, der solchen Satz als zusammengesetzten
Satz bezeichnet. In den gegenwärtigen chinesischen Grammatikbüchern für den Schul-bzw. Hochschulunterricht ist der Begriff
包孕句 baoyun ju (Enthaltungssatz) auch verschwunden.

2. Manche ausländische Sinologen gehen von den europäischen Gram-
matikmodellen aus und versuchen, mit den in den europäischen
Sprachen üblichen Terminologien bestimmte grammatische Erscheinungen des Chinesischen zu beschreiben.

Wie allgemein bekannt ist, sind Begriffe wie "Gliedsätze",
"Subjektsätze", "Objektsätze", "Temporalsätze" usw. in den
modernen chinesischen Grammatikbüchern nicht geläufig. Im Gegenteil wird bei der Unterscheidung des chinesischen einfachen

und zusammengesetzten Satzes ausdrücklich darauf hingewiesen, daß "kein Teilsatz als Satzglied eines anderen Satzes fungieren darf". [11] Somit wird die Existenz sämtlicher Gliedsätze und Gliedteilsätze im Chinesischen ausgeschlossen. Alle derartigen chinesischen Subjekt-Prädikat-Konstruktionen, ungeachtet, wie lang und wie kompliziert sie sind, werden ohne syntaktischen Kontext als Wortgruppen angesehen. Wenn eine solche spezifische Subjekt-Prädikat-Wortgruppe in einem größeren Kontext als Bestandteil eines Satzes erscheint, wird sie nur als Satzglied, nicht aber als Gliedsatz anerkannt. Der entsprechende Satz gilt somit auch nur als ein Einfachsatz. Diese spezifische grammatische Erscheinung soll bei der Grammatikkontrastierung beachtet und akzeptiert werden.

Anmerkungen

1) Vgl. Shi, Xirao, Yang, Qinghui, (1984), a.a. O., S. 374.
2) Sommerfeldt, K.-E., Starke, G., Nerius, D., (1985), a.a. O., S. 206.
3) Vgl. Lü, Jiping, 吕冀平 (1983): 汉语语法基础 Hanyu yufa jichu (Die grundlegende Grammatik des Chinesischen), Heilongjiang, S. 31.
4) Vgl. Huang, Borong, Liao, Xudong, 黄伯荣廖序东 (1981): 现代汉语 xiandai Hanyu (Modernes Chinesisch), 2. Auflage, Gansu, S. 287.
5) Vgl. Lü, Jiping, (1983), a.a. O., S. 185.
6) Vgl. Shi, Xirao, Yang, Qinghui, (1984), a.a. O., S. 275.
7) Qian, Wencai, (1985), a.a. O., S. 308.
8) Kupfer, P., (1979), a.a. O., S. 66.
9) Vgl. Wang, Songmao, (1983), a.a. O., S. 432.
10) Vgl. Wang, Songmao, (1983), a.a. O., S. 432.
11) Shi, Xirao, Yang, Qinghui, (1984), a.a. O., S. 374.

Anhang 2: Zur Wortartenbestimmung von 子 zi und 儿 er

Wie bereits auf der Seite 18 in der Fußnote erläutert wurde, waren ein großer Teil der chinesischen wortbildenden Morpheme, ob stellungsgebunden oder ungebunden, ob mit oder ohne eindeutige lexikalische Bedeutungen, selbständige Wörter im klassischen Chinesisch, die allein als Satzglieder verwendet werden konnten. Das gilt selbstverständlich auch für die Morpheme 子 zi und 儿 er, die im modernen Chinesisch kaum noch lexikalische Bedeutungen haben und hauptsächlich als grammatisches Mittel verwendet werden. Man kann mit 子 zi und 儿 er manche Wörter bilden, deren Wortart als Substantiv durch beide wortbildende Morpheme gekennzeichnet wird.

Im klassischen Chinesisch waren 子 zi und 儿 er auch selbständige Wörter gewesen. 子 zi bedeutete etwa "Baby" oder "Sohn", z.B. 虽我之死, 有子存焉。 sui wo zhi si, you zi cun yan (Obwohl ich sterbe, leben meine Kinder weiter.) 儿 er hieß etwa "Kind" oder "junge Männer", z.B. 闻秦人爱小儿。 wen Qin ren ai xiao er (Man erfährt, daß die Menschen des Qin-Reiches kleine Kinder lieben.) [1] usw.

Durch den sich Jahrhunderte, gar Jahrtausende, vollziehenden Sprachwandel sind aus vielen einsilbigen Wörtern des klassischen Chinesisch gleichförmige unselbständige wortbildende Morpheme bzw. Affixe entstanden, die z.T. noch gewisse lexikalische, z.T. fast gar keine lexikalische Bedeutung mehr haben. Im Vergleich zu einigen anderen wortbildenden Morphemen bzw. Affixen haben 子 zi und 儿 er kaum noch lexikalische Bedeutung und werden fast ausschließlich als wortbildende Suffixe verwendet.

Ein analoges Beispiel zu dieser Erscheinung gibt es nach Ansicht mancher chinesischen Grammatiker auch im Englischen. Das englische Sprachzeichen "able" sei z.B. im Englischen sowohl ein Wort als auch ein Suffix. Als Adjektiv bedeute "able" etwa "fähig" (z.B. able lawyer). Gleichzeitig kann man mit "able" als Suffix zahlreiche neue Wörter bilden, z.B. "eatable", "peaceable" usw. [2] Nach Meinung dieser Grammatiker ist das Suffix "able" aus dem Wort hergeleitet worden. Die beiden Sprachelemente existieren zusammen in der heutigen englischen Sprache und fungieren jeweils als Wort und Suffix. (Vgl. im Deutschen

- schaft, - heit, - keit, - bar u.ä.)

Daß die gleiche Spracherscheinung im Englischen keine Meinungsauseinandersetzung ausgelöst hat, hängt nach diesen Grammatikern damit zusammen, daß das Englische im Unterschied zum Chinesischen eine Buchstabenschrift hat und dementsprechend die Wörter und gleichförmige Affixe rein orthographisch leicht voneinander zu unterscheiden seien.

Bei der Beurteilung solcher Sprachelemente gibt es heutzutage allerdings immer noch Meinungsverschiedenheiten. Handelt es sich um Wörter bzw. Wurzelmorpheme oder Affixe? Einige chinesische Grammatiker sind der Meinung, daß sie sowohl Wörter als auch Affixe sind. Ihre konkreten Funktionen, ob als Wort oder als Affix, lassen sich erst im Kontext feststellen.

Anmerkungen

1) Shi Dong, 史东 (1985): 简明古汉语词典 jianming Guhanyu cidian (Kleines Wörterbuch des klassischen Chinesisch), Yunnan, S. 657 u. 110.
2) Vgl. Ren, Xueliang, 任学良 (1981): 汉语造词法 Hanyu zaocifa (Wortbildungslehre des Chinesischen), Beijing, S. 28.

Anhang 3: Zu 着 zhe, 了 le und 过 guo als Aspekt-Partikel

Da das Chinesische die grammatische Kategorie "Tempus" des Verbs nicht kennt, werden "Zeit" und "Aspekt" im Chinesischen in vielen Fällen durch einige sogenannte Hilfswörter, und zwar temporale Hilfswörter, ausgedrückt. Es handelt sich dabei im wesentlichen um die drei Hilfswörter 着 zhe, 了 le und 过 guo.

Wie einige andere Hilfswörter, wie z.B. strukturelle Hilfswörter und sämtliche grammatische Wörter wie Präposition, Konjunktion sowie einige lautmalende Wörter, werden 着 zhe, 了 le und 过 guo in fast allen chinesischen Grammatikbüchern der Kategorie "Leerwort" zugeordnet; ihre gemeinsame Aufgabe besteht darin, grammatische Funktionen auszuüben und grammatische Bedeutungen auszudrücken.

Im Vergleich zu einigen anderen Leerwortarten, wie z.B. Präpositionen und Konjunktionen, haben die Hilfswörter 着 zhe, 了 le und 过 guo keine lexikalische Bedeutung und sind strukturell abhängig von den anderen Wörtern. Sie müssen immer mit anderen Wörtern bzw. Wortgruppen (meist Verb, Adjektiv oder verbale Wortgruppe) zusammen verwendet werden und drücken dabei eine bestimmte Zeit und einen bestimmten Aspekt aus, in denen die jeweiligen Handlungen bzw. Tätigkeiten stattfinden.

Trotz der strukturellen Abhängigkeit werden 着 zhe, 了 le und 过 guo in allen chinesischen Grammatikbüchern als temporale Hilfswörter 时态助词 shitai zhuci anerkannt. Somit ist ihr Status als Wort (auch wenn als Hilfswort) festgelegt. <u>Sie sind grammatische Wörter, die bestimmte grammatische Funktionen ausüben.</u>

Mit 着 zhe wird meist die ablaufende Phase der Tätigkeit bzw. dauernder Zustand des Verbs ausgedrückt, während 了 le den Vollendungsaspekt des Verbs bezeichnet. Im Vergleich zu 着 zhe und 了 le wird mit 过 guo immer ein Vorgang, der in der Vergangenheit liegt, zum Ausdruck gebracht.

Angesichts der grammatischen Funktion von 着 zhe, 了 le und 过 guo, bestimmte Zeit und Aspekte des Verbs im Chinesischen wiederzugeben, werden sie von den chinesischen Grammatikern fast ausnahmslos als temporale Hilfswörter bezeichnet. Von den deutschen Sinologen sowie von den chinesischen Germanisten werden sie aber unterschiedlich benannt. Die häufig anzutreffenden Bezeichnungen von 着 zhe, 了 le und 过 guo sind "Aspekthilfswort",[1] "Partikel",[2] "Aktionspartikel",[3] "Aspekt-Partikel",[4] "Verbalpartikel" oder "Vollendungspartikel",[5] "Verb-Suffix", "Adjektiv-Suffix" oder "Verbsuffix".[6]

Wie man sieht, werden die Hilfswörter 着 zhe, 了 le und 过 guo überwiegend als Zeit bzw. Aspekt bezeichnende Partikel angesehen. Aus folgenden Gründen ziehe ich den Begriff "Aspekt-Partikel" dem Begriff "Verbsuffix" oder "Aspektsuffix" vor:

1. Die Hilfswörter 着 zhe, 了 le und 过 guo stellen nur eine der verschiedenen Möglichkeiten zum Ausdruck der Zeit und des Aspektes im Chinesischen dar. Neben ihnen gibt es eine ganze Reihe von sogenannten Zeitnomen, Zeitadverbien, Modalverben, Partikel 呢 ne sowie Komplement 完 wan usw., die Zeit und Aspekt im Chinesischen wiedergeben können. Im folgenden einige Beispiele zur Veranschaulichung:

(1) 上星期四他在中国。
shang xingqisi ta zai Zhongguo. (Zeitnomen)

(Am letzten Donnerstag war er in China.)

(2) 去年他在柏林学习音乐。
qunian ta zai Bolin xuexi yinyue. (Zeitnomen)

(Im letzten Jahr studierte er Musik in Berlin.)

(3) 他现在躺在医院里。
ta xianzai tang zai yiyuan li. (Zeitadverb)

(Er liegt jetzt im Krankenhaus.)

(4) 他以前在一家制药厂工作。
ta yiqian zai yi jia zhiyao chang gongzuo. (Zeitadverb)

(Er arbeitete früher in einer pharmazeutischen Fabrik.)

(5) 我们正在讨论。
women zhengzai taolun (Zeitadverb)

(Wir diskutieren gerade.)

(6) 他给孩子们带来很多礼物。
ta gei haizi men dai lai hen duo liwu. (Richtungsadverb)

(Er hat den Kindern viele Geschenke mitgebracht.)

(7) 同学们听录音呢。
tongxue men tīng luyīn ne. (Partikel)

(Die Studenten hören gerade ein Tonband.)

2. Bei weitem nicht alle chinesischen Verben können beim Ausdruck der Zeit und des Aspektes die Hilfswörter 着 zhe und 了 le annehmen. Insbesondere unterliegt die Verwendung von 着 zhe vielen Einschränkungen;"für Verben, die keine Tätigkeit bezeichnen, und für Verben, die selber schon einen Zustand ausdrücken, ist 着 zhe unanwendbar",[7] z.B. 是 shi (sein), 在 zai (sich befinden), 知道 zhidao (wissen), 了解 liaojie (begreifen), 相信 xiangxin (glauben), 害怕 haipa (fürchten) usw. (Weitere Einschränkungen für die Verwendung von 着 zhe sowie konkrete Beispiele dafür s. Song, Changlien (1984): Grammatik der chinesischen Umgangssprache, Walter de Gruyter . Berlin . New York. S. 91-92).

3. Einige chinesische Adverbien wie z.B. 经常 jingchang (oft), 永远 yongyuan (ewig) usw. können mit den drei Hilfswörtern nicht kombiniert werden, d.h., wenn in einem Satz solche Adverbien verwendet werden, dürfen dem betreffenden Verb die Hilfswörter 着 zhe, 了 le und 过 guo nicht mehr hinzugefügt werden. Sonst handelt es sich um einen grammatisch inkorrekten Satz. Man kann z.B. nicht sagen:

* 那时候他经常听着（了、过）音乐。
* na shihou ta jingchang ting zhe (le, guo) yinyue.
(Damals hörte er oder hat er oft Musik gehört.)

In diesem Satz ist keines von den drei Hilfswörtern anwendbar.

4. Neben der grammatischen Funktion "Zeit" und "Aspekt" der mit den jeweiligen chinesischen Verben ausgedrückten Handlungen bzw. Tätigkeiten wiederzugeben, werden 着 zhe, 了 le und 过 guo auch für andere Zwecke verwendet:

a. Man kann z.B. 了 le neben dem Ausdruck der Vollendung einer Handlung oder Tätigkeit auch noch als sogenannte Intonationspartikel [8] oder Satzpartikel [9] verwenden. Die Handlungen bzw. Tätigkeiten in den betreffenden Sätzen haben dann nicht mehr mit der Vollendung oder Nichtvollendung zu tun, z.B.:

(1) 我现在可以照顾自己了，你不用总来看我了。
wo xianzai keyi zhaogu ziji le, ni bu yong zong lai kan wo le.
(Ich kann mich jetzt um mich selbst kümmern, du brauchst nicht mehr immer zu kommen.)

(2) 你们洗洗手，我们可以吃饭了。
nimen xixi shou, women keyi chifan le.
(Wascht mal die Hände, wir können essen.)

(3) 你们不要争吵了，我要睡觉了。
nimen bu yao zhengchao le, wo yao shuijiao le.
(Streitet doch bitte nicht mehr, ich will jetzt schlafen.)

Allerdings ist es oft nicht unproblematisch, wie man die Aspekt-Partikel von der Satzpartikel unterscheiden soll. Das ist insbesondere bei den Sätzen ohne bestimmte Zeitangaben der Fall. Manche ausländische Sinologen sind der Meinung, daß mit der Satzpartikel 了 le die Feststellung eines neuen Sachverhaltes ausgedrückt wird, während das Verbsuffix 了 le die Vollendung einer Handlung bezeichnet. Als Beispiel werden folgende Sätze genannt:

(1) 他学习汉语了。
ta xuexi Hanyu le.

(2) 他学习了汉语。
ta xuexi le Hanyu.

Nach Meinung von P. Kupfer geht es im ersten Satz um die Feststellung eines neuen Sachverhaltes, während mit 了 le im zweiten Satz eine vollendete Handlung zum Ausdruck gebracht wird. Dementsprechend hat er die beiden Sätze folgendermaßen übersetzt. (1) "Er lernt (jetzt) Chinesisch. (Früher hat er nicht bzw. eine andere Sprache gelernt.)" (2) "Er hat Chinesisch gelernt. (Das Studium ist abgeschlossen.)" Diese Unterscheidung bzw. Begründung ist leicht anfechtbar, weil man im Chinesischen gerade oft mit dem ersten Beispielsatz eine vollendete Handlung bzw. Tätigkeit ausdrückt. Die Bedeutung einer vollendeten Handlung ist dann noch deutlicher zu erkennen, wenn dieser Satz als Antwort einer Frage wie 你做什么了？ ni zuo shenme le? (Was hast du gemacht?) folgt. Auf eine derartige Frage soll man in der Regel statt des zweiten Satzes mit dem ersten Satz antworten. Die Antwort mit dem zweiten Satz in diesem Kontext würde den Chinesen ungewöhnlich erscheinen. Der zweite Satz wird im Chinesischen dann oft verwendet, wenn einige aufeinander folgende Handlungen der Reihe nach aufgezählt werden, z.B. 我学习了汉语又学习音乐 wo xuexi le Hanyu you xuexi yinyue (Ich habe Chinesisch und dann wieder Musik studiert.) Sonst kommt der Satz den Lesern bzw. Hörern unvollendet vor. Außerdem wird der erste Satz ohne nähere Einschränkung durch gewisse Zeitangaben von den Chinesen eher als eine Handlung in der Vergangenheit als in der Zukunft oder Gegenwart betrachtet. Das gleiche gilt auch für andere Sätze dieser Art, z.B.:

(1) 他通过考试了。
ta tongguo kaoshi le.

(Er hat die Prüfung bestanden.)

(2) 我们到邮局去了。
women dao youju qu le.

(Wir sind zur Post gegangen.)

(3) 我们吃饭了。
women chifan le.

(Wir haben gegessen.)

Solche Sätze lassen sich alle mehrdeutig verstehen. Ohne situativen Kontext wird darunter meist eine vollendete Handlung, nicht aber eine Handlung in der Gegenwart bzw. in der Zukunft verstanden. Man kann 了 le nur erst dann eindeutig als Satzpartikel bestimmen, wenn in betreffenden Sätzen bestimmte Zeitangaben oder andere Mittel zur Einschränkung vorhanden sind, z.B.:

(1) 我们现在到邮局去了，你想一起去吗？
women xianzai dao youju qu le. ni xiang yiqi qu ma?

(Wir gehen jetzt zur Post. Willst du mitgehen?)

(2) 我们马上吃饭了，你和我们一块儿吃吧。
women mashang chifan le. ni he women yi kuair chi ba.

(Wir essen gleich. Iß doch mit uns zusammen.)

b. Mit 着 zhe kann man neben dem Ausdruck des ablaufenden Aspektes einer Handlung oder einer Tätigkeit auch noch die Art und Weise der jeweiligen Handlungen bzw. Tätigkeiten hervorheben. Das ist insbesondere in Sätzen mit mehreren Prädikaten der Fall, z.B.:

(1) 他披着大衣出去了。
ta pi zhe dayi chu qu le.

(wörtliche Übersetzung: Den Mantel tragend ist er ausgegangen.)

(2) 你弟弟骑着自行车走了。
ni didi qi zhe zixingche zhou le.

(Dein Bruder ist mit dem Fahrrad weggefahren.)

In solchen Sätzen werden statt des ablaufenden Aspektes viel mehr die Art und Weise der Handlungen betont.

5. Der entscheidende Grund dafür, daß 着 zhe, 了 le und 过 guo nicht als Verbsuffix, sondern lediglich als Aspekt-Partikel betrachtet werden sollen, besteht darin, daß es im Chinesischen in der Regel nicht möglich ist, eine unter dem Vollendungsaspekt vor sich gehende Tätigkeit zu verneinen, [10] d.h. wenn man eine abgeschlossene Handlung in der Vergangenheit negieren will, muß man unbedingt auf 了 le verzichten. Die Verneinung einer mit der Aspekt-Partikel 了 le ausgedrückten Handlung oder Tätigkeit erfolgt dann dadurch, daß dem Verb das Negationswort 没 mei oder 没有 meiyou (nicht) vorangestellt wird und man die Aspekt-Partikel 了 le wegläßt, z.B.:

我没有吃饭。
wo meiyou chifan.

(Ich habe nicht gegessen.)

Wenn in diesem Satz 了 le nicht weggelassen wird, gilt der Satz dann für Chinesen als ein grammatisch falscher Satz.

Aus den oben genannten Gründen bin ich der Meinung, daß 着 zhe, 了 le und 过 guo nicht als Verbsuffix sondern nur als Aspekt-Partikel bezeichnet werden sollen, mit denen, <u>wenn es notwendig ist,</u> Zeit und Aspekt ausgedrückt werden.

Was die Schreibweise von 着 zhe, 了 le und 过 guo in der chinesischen Pinyin-Umschrift angeht, bin ich der Ansicht, daß sie angesichts der oben genannten Gründe getrennt von den jeweiligen Verben geschrieben werden sollen. Sie sind keinesfalls notwendige Bestandteile des chinesischen Verbs. Außerdem ist die Schreibweise von 着 zhe, 了 le und 过 guo im Chinesischen kein Diskussionsthema, weil jedes Zeichen im Chinesischen, völlig abgesehen davon, ob es ein Wort oder ein Teil des Wortes ist, ohnehin von den anderen Zeichen getrennt geschrieben wird. Das ist wiederum ein Grund dafür, warum man im Chinesischen manche Spracheinheiten, insbesondere gleichförmige Spracheinheiten, wie z.B. homonyme Morpheme und homonyme Wörter oder gar homonyme Wortgruppen, rein orthographisch nicht ohne weiteres voneinander unterscheiden kann.

Anmerkungen

1) Ma Jia, (1984), a.a. O., S. 29.
2) Tang, Weiming, (1984): Satzstrukturen im Deutschen und im Chinesischen anhand der Dependenzgrammatik, in: Kontrastive Linguistik Deutsch-Chinesisch von Fluck, H.R., Li, Z.Z., Zhao, Q.C., 1984, S. 263.
3) Qian, Wencai, (1985), a.a. O., S. 82.
4) Sprachhochschule Beijing, (1981), 基础汉语课本 jichu Hanyu keben (Grundkurs der chinesischen Sprache), Beijing, S. 66.
5) Song, Changlien, (1984), a.a. O., S. 75, 83 u. 85.
6) Kupfer, P., (1980), a.a. O., S. 56.
7) Song, Changlien, (1984), a.a. O., S. 91.
8) Song, Changlien, (1984), a.a. O., S.79 .
9) Kupfer, P., (1987): Nin hao (Guten Tag) - Ein praktischer Chinesischkurs für Anfänger, Übungsbuch, S. 50.
10) Song, Changlien, (1984), a.a. O., S. 74.

Anhang 4: Zahl- und Zähleinheitswörter als morphologische Kennzeichen

Eine absolut gültige Antwort auf die Frage, ob die chinesischen Zahlwörter und Zähleinheitswörter zur Morphologie oder zur Syntax gehören, setzt eine relativ klare Grenzlinie zwischen der Morphologie und der Syntax voraus. Es ist im Chinesischen aber oft sehr schwer, eine eindeutige Unterscheidung zwischen der Morphologie und der Syntax zu unternehmen.

Wie bereits erwähnt wurde, stellt der Begriff "Morphologie" im Chinesischen ein viel diskutiertes und bis heute nicht zufriedenstellend gelöstes Thema dar. Angesichts der Flexionslosigkeit der chinesischen Wörter kann man bei der Wortart-Identifikation im Chinesischen meist nur die wortexternen Merkmale berücksichtigen. Das umfaßt sowohl die Berücksichtigung der Wortumgebung, und zwar die Begleitelemente eines Wortes, als auch die unterschiedlichen Abänderungsmöglichkeiten der chinesischen Wörter (z.B. unterschiedliche Verdopplungsformen des chinesischen Verbs und Adjektivs).

Man kann das chinesische Substantiv als Beispiel nehmen. Außer einigen wenigen Substantiven, die im übertragenen Sinne gewisse wortinterne morphologische Merkmale haben, besitzen die meisten chinesischen Substantive kein formal erkennbares Merkmal, womit man sie ohne weiteres als Substantiv identifizieren kann. Man kann zwar mithilfe des semantischen Kriteriums die gewisse Dinge, Sachen, Gegenstände sowie Lebewesen bezeichnenden Wörter wortartmäßig als Substantiv bestimmen, aber das betrifft nur einen Teil der chinesischen Substantive. Eine Menge von Wörtern, die vom Denken als Dinge abgebildet werden, können im Chinesischen nicht eindeutig als Substantive erkannt werden, weil im Chinesischen wegen des fehlenden Zusammenwirkens von Bedeutung und Form die Substantivierung anderer Wortarten durch keinerlei wortinterne morphologische Merkmale gekennzeichnet wird. Um trotzdem den Wortart-Charakter vieler substantivierter Wörter im Chinesischen festzustellen, sind die chinesischen Grammatiker im allgemeinen darin einig, sich mancher wortexterner morphologischer Merkmale zu bedienen. Eines der wichtigsten wortexternen morphologischen Merkmale besteht z.B. darin, daß das chinesische Substantiv direkt durch die Zahl- und Zähleinheitswörter bestimmt werden kann. In der Regel wird ein chinesisches Substantiv zusammen mit den ihm entsprechenden Zahl- und Zähleinheitswörtern verwendet und bildet mit ihnen eine Substantivgruppe (In seltenen Fällen und unter bestimmtem Kontext können Zahl- und Zähleinheitswörter allein verwendet werden.). In gewissem Sinne sind die chinesischen Zahl- und Zähleinheitswörter mit dem deutschen Artikelwort zu vergleichen, weil sie beide die Wortart der durch sie eingeleiteten Wörter als Substantiv signalisieren. Wenn direkt hinter den chinesischen Zahl- und Zähleinheitswörtern ein Wort steht, wird dieses Wort als Substantiv betrachtet. Allerdings ist es im Chinesischen, ähnlich wie im Deutschen, auch möglich, daß zwischen den jeweiligen Zahl- und Zähleinheitswörtern und den entsprechenden Substantiven Wörter anderer Wortarten stehen, wie z.B. Adjektiv oder überhaupt eine lange verbale Wortgruppe usw. In diesem Fall wird das Bezugswort dieser Substantivgruppe als Substantiv bezeichnet.

Durch Gebrauch von Zahl- und Zähleinheitswörter läßt sich im Chinesischen eine sonst nicht erkennbare Substantivierung feststellen. Das ist insbesondere bei der Substantivierung chinesischer Verben und Adjektive der Fall. Viele chinesische Wörter, wie z.B. 工作 gongzuo (arbeiten), 学习 xuexi (lernen oder studieren), 讨论 taolun (diskutieren), 研究 yanjiu (untersuchen), 困难 kunnan (schwierig), 努力 nuli (fleißig) usw. werden von den Chinesen im allgemeinen als Verben bzw. Adjektive betrachtet, weil sie nach dem semantischen Kriterium jeweils bestimmte Handlungen, Tätigkeiten oder Eigenschaften ausdrücken. Wenn solche Wörter allein direkt hinter den jeweiligen Zahl- und Zähleinheitswörtern stehen, gelten sie dann eindeutig als Substantive. Die Wortart-Modifizierung dieser Wörter wird hier einzig durch Zahl- und Zähleinheitswörter zum Ausdruck gebracht, z.B. 一个工作 yi ge gongzuo (eine Arbeit), 一项研究 yi xiang yanjiu (eine Untersuchung), 一种困难 yi zhong kunnan (eine Art Schwierigkeit) usw.

Somit gelten die Zahl- und Zähleinheitswörter als ein typisches wortexternes morphologisches Kennzeichen des chinesischen Substantivs. Aus folgenden zwei wichtigen Gründen läßt sich meines Erachtens die Feststellung des chinesischen Substantivs durch Berücksichtigung der Zahl- und Zähleinheitswörter morphologisch begründen:

1. In fast allen chinesischen Grammatiken werden die Zahl- und Zähleinheitswörter im Bereich der Wortlehre 词法 cifa, nicht aber im

Bereich der Satzlehre 句法 jufa behandelt. Im Bereich der Wortlehre werden alle Wortarten im Chinesischen sowie deren Bedeutungen und grammatische Funktionen erläutert, während im Bereich der Satzlehre im wesentlichen die Satzanalyse durchgeführt und Satzglieder sowie Satzgliedfunktionen behandelt werden.

2. Mithilfe der Zahl- und Zähleinheitswörter kann man die Wortart des mit ihnen verbundenen Wortes ohne Berücksichtigung der syntaktischen Funktion eindeutig als Substantiv identifizieren. Man kann z.B. durch die jeweiligen Zahl- und Zähleinheitswörter viele Wörter anderer Wortarten als Substantiv bestimmen, ohne deren Satzglied- bzw. Satzgliedteilfunktionen zu berücksichtigen.

Sollte man die Zahl- und Zähleinheitswörter sowie einige andere wortexterne Veränderungsformen als morphologische Kennzeichen zur Identifikation der chinesischen Wortarten leugnen, würde bedeuten, daß die Wortart-Identifikation im Chinesischen nur unter dem syntaktischen Gesichtspunkt durchzuführen ist, was der Realität nicht entspricht.

Anhang 5: Zu Gebrauch und Schreibung von 们 men

Das chinesische wortbildende Morphem 们 men hat zwar die Funktion, die Mehrzahl des mit ihm gebildeten Substantivs zu kennzeichnen, ist aber kein wortinternes morphologisches Merkmal. Diese Behauptung basiert auf den folgenden Tatsachen:

1. Die Verwendung von 们 men beim Ausdruck der Mehrzahl beschränkt sich lediglich auf die Personen bezeichnenden Substantive. Alle anderen Substantive, die Dinge, Sachen oder Lebewesen bezeichnen, dürfen beim Ausdruck der Mehrzahl das Suffix 们 men nicht annehmen.

2. Selbst die Personen bezeichnenden Substantive müssen dann auf das Suffix 们 men verzichten, wenn ihre Mehrzahlbedeutung bereits durch andere Sprachelemente wie z.B. Zahl -und ZEW, Adverbien oder überhaupt durch den Kontext verdeutlicht wird. (Vgl. Beispielsätze auf der Seite 60)

3. Im Unterschied zu den wenigen chinesischen wortinternen morphologischen Kennzeichen, und zwar zu den Suffixen 子 zi, 员 yuan, 者 zhe usw., deren Eliminierung oft nicht nur die inhaltliche Bedeutung, sondern auch die Wortart des betreffenden Wortes modifiziert (solche Suffixe sind meistens feste Bestandteile der jeweiligen Wörter; man kann sie ohne wesentliche Änderung der Wort- bzw. Wortartbedeutung nicht weglassen.), kann man (in manchen Fällen muß man) das Suffix 们 men beim Ausdruck der Mehrzahlbedeutung weglassen. Es ist im Unterschied zu den oben genannten Suffixen kein notwendiger Bestandteil der jeweiligen chinesischen Substantive.

4. Bei den Pronomen 我们 women (wir), 你们 nimen (ihr), 您们 ninmen (Sie), 他们 tamen (sie) läßt sich 们 men nicht als gleiches Suffix wie bei manchen Substantiven, sondern als ein fester Bestandteil dieser Pronomen, und zwar als untrennbares Wortbildungsmorphem, erklären. Der Grund dafür ist, daß 们 men in diesen Pronomen niemals weggelassen werden darf. Bei der Eliminierung von 们 men handelt es sich um eine totale Bedeutungsänderung bzw. um vier völlig andere Wörter. Ohne 们 men würden die vier Pronomen jeweils "ich",

"du", "Sie" (Singl.), "sie" (Singl.) heißen.

Aus diesem Grund bin ich der Ansicht, daß die Schreibweise von 们 men in der Pinyin-Umschrift ähnlich wie 着 zhe, 了 le und 过 guo behandelt werden soll. Außer 我们 women, 你们 nimen 您们 ninmen und 他们 tamen soll das Morphem 们 men von den jeweiligen Substantiven getrennt geschrieben werden.

Literaturverzeichnis

Abkürzungen

BDX = Beijing daxue xuebao
(Fachzeitschrift der Pekinger Universität)
DGZX = Deyu guojia zhongpian xiaoshuoxuan
(Sammlung der Novellen der deutschsprachigen Länder)
FDX = Fudan daxue xuebao
(Fachzeitschrift der Fudan-Universität)
HCW = Hanyu de cilei wenti
(Probleme der chinesischen Wortarten)
LDX = Liaoning daxue xuebao
(Fachzeitschrift der Liaoning-Universität)
SSDX = Shanghai shifan daxue xuebao
(Fachzeitschrift der Pädagogischen Universität Shanghai)
XDX = Xiamen daxue xuebao
(Fachzeitschrift der Xiamen-Universität)
YJY = Yuwen jiaoxue yu yanjiu
(Unterricht und Erforschung der Sprache und Schrift)
YL = Yuyanxue luncong
(Die Reihe der Besprechungen der Sprachwissenschaft)
YX = Yuwen xuexi
(Das Lernen der Sprache und Schrift)
YYJ = Yufa he yufa jiaoxue
(Grammatik und Grammatikunterricht)
YYL = Yuyan yanjiu luncong
(Die Reihe der Besprechungen der Spracherforschung)
ZSDX = Zhejiang shifan daxue xuebao
(Fachzeitschrift der Pädagogischen Universität Zhejiang)
ZY = Zhongguo yuwen
(Chinesische Sprache und Schrift)
ZYJ = Zhongxue yuwen jiaoxue
(Unterricht der Sprache und Schrift in der Mittelschule)

I Deutsche literarische Texte

Böll, H. (1974): Die verlorene Ehre der Katharina Blum oder: wie Gewalt entstehen und wohin sie führen kann, Erzählung, Köln.
Die chinesische Übersetzung 丧失了名誉的卡塔琳娜·勃罗姆 sangshi le mingyu de Katalinna Boluomu von 孙坤荣, 孙凤城 Sun, Kunrong und Sun, Fengcheng, Beijing, 1980.

Fontane, Th. (1958): Schach von Wuthenow, in: Fontane Werke, Band 1 - Gedichte-Romane-Erzählungen, Berlin u. Darmstadt.
Die chinesische Übersetzung 沙赫·封·武特诺夫 Shahe feng Wutenuofu von 赵登荣 Zhao, Dengrong in: DGZX, Band 1, 1984, S. 471-641.

Goethe, Joh. Wolfg. (1906): Die Leiden des jungen Werthers, in: Goethes sämtliche Werke, Band 16, Stuttgart u. Berlin.
Die chinesische Übersetzung a) 少年维特的烦恼 shaonian Weite de fannao von 周学普 Zhou, Xuepu, Taipei, 1979.
Die chinesische Übersetzung b) 少年维特的烦恼 shaonian Weite de fannao von 侯俊吉 Hou, Junji, Shanghai, 1982.

Hauptmann, G. (1967): Der Ketzer von Soana, in: Große Erzählungen von G. Hauptmann, Zürich.
Die chinesische Übersetzung 索阿那的异教徒 Suoana de yijiaotu von 蔡佳辰 Cai, Jiachen, in: DGZX, Band 2, S. 929-1031, 1984.

Hoffmann, E.T.A. (1923): Das Fräulein von Scuderi, in: Ausgewählte Erzählungen von E.T.A. Hoffmann - Menschen und Mächte, München.
Die chinesische Übersetzung 斯居戴里小姐 Sijudaili xiaojie von 陈恕林 Chen, Shulin, in: 霍夫曼志异小说选 Huofuman Zhiyi xiaoshuoxuan (Sammlung der Erzählungen von E.T.A. Hoffmann) Jiangsu, 1985, S. 125-196.

Keller, G. (1979): Die drei gerechten Kammacher, in: Sämtliche Werke und ausgewählte Briefe, Band 2, 4. Auflage, München.
Die chinesische Übersetzung 三个正直的制梳匠 san ge zhengzhi de zhishujiang von 田德望 Tian, Dewang, in: DGZX, Band 1, S. 419-470, 1984.

Kleist, H. (1985): Die Marquise von O ..., in: Ein Lesebuch für unsere Zeit von H. Kleist, 9. neubearbeitete Auflage, Berlin und Weimar.
Die chinesische Übersetzung 侯爵夫人封·O houjue furen feng.Ou

von 杨武能　　Yang, Wuneng, in: DGZX, Band 1, S. 157-207, 1984.

Kleist, H. (1985): Brief eines Malers an seinen Sohn, in: Ein Lesebuch für unsere Zeit von H. Kleist, 9. neubearbeitete Auflage, Berlin und Weimar.

Mann, Th. (1963): Der Tod in Venedig, in: Sämtliche Erzählungen von Th. Mann, Frankfurt.
Die chinesische Übersetzung a) 魂断威尼斯　hun duan Weinisi von 宣诚　Xuan, Cheng, Taipei, 1975.
Die chinesische Übersetzung b) 死于威尼斯　si yu Weinisi von 钱鸿嘉　Qian, Hongjia, in: DGZX, Band 2, S. 1033-1128, 1984.

Stifter, A. (1853): Bergkristall, in: Bunte Steine und Erzählungen, München.
Die chinesische Übersetzung 山中水晶　shan zhong shuijing von 王莆祺　Wang, Yinqi, in: DGZX, Band 2. 643-702, 1984.

Zweig, S. (1981): Schachnovelle, Frankfurt/M.
Die chinesische Übersetzung 象棋的故事　Xiangqi de gushi von 张玉书　Zhang, Yushu, in: DGZX, Band 2, S. 1129-1199, 1984.

II. Deutsche linguistische Arbeiten

Admoni, W. (1973): Die Entwicklungstendenzen des deutschen Satzbaus von heute, in: Linguistische Reihe 12, 1. Auflage, München.

Admoni, W. (1970): Der deutsche Satzbau, 3. Auflage, München.

Bausch, K.H. (1979): Modalität und Konjunktivgebrauch in der gesprochenen deutschen Standardsprache, München.

Bergenholtz, H., Mugdan, J. (1979): Einführung in die Morphologie, Stuttgart Berlin Köln Mainz.

Bondzio, W. (1984): Einführung in die Grundfragen der Sprachwissenschaft 2. Auflage, Leipzig.

Braun, P. (1980): Tendenzen in der deutschen Gegenwartssprache, Stuttgart.

Bünting, K.D. (1983): Einführung in die Linguistik, 10. Auflage, Königstein/Ts.

Chao, J.L./Kunig, Philip/Saban, Annette (1979): Chinesisch für Deutsche - Einführung in die chinesische Umgangssprache, 2. Auflage, Hamburg.

Duden, (1973): Grammatik der deutschen Gegenwartssprache, Band 4, 3. Auflage, Mannheim.

Ebneter, Th. (1979): Einführung in die Übersetzungswissenschaft, Heidelberg.

Eichbaum, G.H. (1976): Zur Einteilung der Nebensätze, in: Deutsch als Fremdsprache, H. 6, S. 344-351.

Eichler, W., Bünting, K.D. (1978): Deutsche Grammatik. Form, Leistung und Gebrauch der Gegenwartssprache, 2. Auflage, Kronberg/Ts.

Engel, U. (1977): Syntax der deutschen Gegenwartssprache, Berlin.

Erben, Joh. (1972): Deutsche Grammatik. Ein Abriß, München.

Flämig, W. (1962): Zum Konjunktiv in der deutschen Sprache der Gegenwart - Inhalte und Gebrauchsweisen, 2. Auflage, Berlin.

Flämig, W. (1966): Probleme und Tendenzen der Schulgrammatik, in: Deutschunterricht 6/1966.

Fluck, H.R., Li, Z.Z., Zhao, Q.C. (1984): Kontrastive Linguistik Deutsch-Chinesisch, Heidelberg.

Fluck, H.R. (1987): Kontrastive Linguistik Deutsch-Chinesisch - Stand und Aufgaben, in: Muttersprache 97. (H.1).

Jäger, S. (1971). Der Konjunktiv in der deutschen Sprache der Gegenwart. Untersuchung an ausgewählten Texten, München.

Jung, W. (1973): Grammatik der deutschen Sprache, Leipzig.

Koller, W. (1979): Einführung in die Übersetzungswissenschaft, Heidelberg.

Kupfer, P. (1979): Die Wortarten im modernen Chinesischen, Dissertation, Bonn.

Kupfer, P. (1980): Morphemklassen und Wortstrukturen im modernen Chinesischen, in: Sprachwissenschaft 5, S. 53-72.

Kupfer, P. (1987): Nin hao! (Guten Tag!) - Ein praktischer Chinesischkurs für Anfänger, Bonn-Bad Godesberg.

Lewandowski, Th. (1973): Linguistisches Wörterbuch, Heidelberg.

Liu, Cunde, (1982): Einige Überlegungen zum gegenwärtigen Deutschunterricht in China, in: Zielsprache-Deutsch 4/1982, S. 29-39.

Ma, Jia, (1984): Möglichkeiten, Probleme und Methoden des deutsch-chinesischen Grammatikvergleichs, in: Fluck, H.R., Li, Z.Z., Zhao, Q.C., "Kontrastive Linguistik Deutsch-Chinesisch", 1984, S. 22-75.

Mangold, M. (o.J.): Sprachwissenschaft, Darmstadt.

Moser, H. (1970): Sprachökonomie im heutigen deutschen Satz, in: Studien zur Syntax des heutigen Deutsch. Düsseldorf, S. 9-25.

Neumann, W. (1967): Rezension von W. Jung - Grammatik der deutschen
Sprache, in: Zeitschrift für Phonetik, Sprachwissenschaft und Kommunikationsforschung.

Neuner, G. (1983): Deutschlernen in China - Zur Situation des Deutschunterrichts und der Germanistik in der Volksrepublik China, in: Informationen Deutsch als Fremdsprache (H. 3), S. 48-57.

Nickel, G. (1971): Kontrastive Sprachwissenschaft und Fehleranalyse, in: Hans Eggers u.a. (Hrsg.) Fragen, Düsseldorf.

Paul, H. (1954): Deutsche Grammatik, Band 3, Halle (Saale).

Peck, A. (1979): Die Bedeutung der kontrastiven Analyse für den Fremdsprachenunterricht, in: Hans Eggers u.a. (Hrsg.) Fragen, Düsseldorf.

Qian, Wencai: (1985): Chinesisch-deutsche kontrastive Syntax, Hamburg.

Rein, K. (1983): Einführung in die Linguistik, Darmstadt.

Schmidt, W. (1977): Grundfragen der deutschen Grammatik. Eine Einführung in die funktionale Sprachlehre. Berlin.

Schulz, D., Griesbach, H. (1976): Grammatik der deutschen Sprache, München.

Sommerfeldt, K.-E., Stark, G., Nerius, D. (1985): Einführung in die Grammatik und Orthographie der deutschen Gegenwartssprache, 3. unveränderte Auflage, Leipzig.

Song, Changlien, (1984): Grammatik der chinesischen Umgangssprache, Walter de Gruyter. Berlin. New York.

Stepanowa, M.D., Helbig, G. (1981): Wortarten und das Problem der Valenz in der deutschen Gegenwartssprache, Leipzig.

Stepanowa, M.D., Fleischer, W. (1985): Grundzüge der deutschen Wortbildung, Leipzig.

Sternemann, R. (1983): Einführung in die kontrastive Linguistik, Leipzig.

Sütterlin, L. (1900): Die deutsche Sprache der Gegenwart, Leipzig.

Wandruszka, M. (1979): Interlinguistik. Umriß einer neuen Sprachwissenschaft, München.

Wilss, W. (1977): Übersetzungswissenschaft - Probleme und Methoden, Stuttgart.

Wilss, W. (1990): Textuelle Aspekte des Übersetzens - Zur Einführung, in: Der Deutschunterricht, 1/1990.

Yang, Wenliang, (1988): Hauptschwierigkeiten für Deutsche beim Erlernen der chinesischen Sprache, in: Muttersprache 4/1988.

Zabrocki, L. (1969): Grundfragen der konfrontativen Grammatik, in: Hugo, Moser (Hrsg.), Probleme der kontrastiven Grammatik, Jahrbuch IdS, S. 31-52.

III. Chinesische linguistische Arbeiten

Bo, Hui, 伯晦 (1957): 我对划分汉语词类的看法 wo dui huafen Hanyu cilei de kanfa (Meine Ansichten über die Klassifikation der chinesischen Wortarten) in: HCW, Band 2.

Chen, Jianmin, 陈建民 (1960): 论兼语式和一些有关句子分析法的问题 lun jianyushi he yixie youguan juzi fenxifa de wenti (Über den chinesischen Jianyu-Satz = Satz mit Doppelfunktionswort und manche Methoden zur Analyse des Satzes) in: ZY, Nr. 3.

Chen, Wangdao, 陈望道 (1976): 修辞学发凡 xiucixue fafan (Einführung in die Stilistik), Shanghai.

Chen, Wangdao, 陈望道 (1979): 修辞学中的几个问题 xiucixue zhong de ji ge wenti (Einige Probleme in der Stilistik), in: FDX, Nr. 1, 1979.

Ding, Mianzai, 丁勉哉 (1957): 谈复句的紧缩 tan fuju de jinsuo (Über die Reduzierung des zusammengesetzten Satzes) in: ZY, Nr. 12.

Fan, Fanglian, 范方莲 (1963): 存在句 cunzaiju (Der Existenzsatz), in: ZY, Nr. 5.

Fu, Jing, 傅婧 (1954): 副词跟形容词的界线问题 fuci gen xingrongci de jiexian wenti (Fragen über die Grenze zwischen dem Adverb und dem Adjektiv), in: ZY, Nr. 11.

Gao, Mingkai, 高名凯 (1953): 关于汉语的词类分别 guanyu Hanyu de cilei fenbie (Über die Unterscheidung der chinesischen Wortarten), in. ZY, Nr. 10.

Gao, Mingkai, 高名凯 (o.J.): 汉语里的单部句 Hanyu li de danbuju (Über den Einfachsatz im Chinesischen), in: YYJ.

Gao, Mingkai, Shi, Anshi, 高名凯 石安石 (1963): 语言学概论 yuyanxue gailun (Grundriß der Sprachwissenschaft), Beijing.

He, Zhong, 贺重 (1952): 词的分类有哪些不同 ci de fenlei you na xie bu tong (Welche Unterschiede gibt es bei der Wortart-Klassifikation?), in: YX, Nr. 4.

Hong, Duren, 洪笃仁 (1961): 句子的分析和词组的再认识 juzi de fenxi he cizu de zai renshi (Die Analyse des Satzes und die Wiedererkennung der Wortgruppe), in: XDX, Nr. 2.

Hong, Xinheng, 洪心衡 (1980): 汉语词法句法阐要 Hanyu cifa jufa chanyao (Grundriß der chinesischen Wortlehre und Satzlehre), Jilin.

Hu, Mingyang, 胡明扬 (1958): 语法形式和语法意义 yufa xingshi he yufa yiyi (Die Formen und Bedeutungen der Grammatik), in: ZY, Nr. 3.

Hu, Yushu, 胡裕树 (1962): 现代汉语 xiandai Hanyu (Modernes Chinesisch), Shanghai.

Hu, Yushu, 胡裕树 (1982): 现代汉语参考资料 xiandai Hanyu cankao ziliao (Informationsmaterialien des modernen Chinesischen), Band 3, Shanghai.

Huang, Borong, 黄伯荣 (1956): 形容词和副词的界线 xingrongci he fuci de jiexian (Die Grenze zwischen dem Adjektiv und Adverb), in: YX, Nr. 7.

Huang, Borong, Liao, Xudong, 黄伯荣 廖序东 (1981): 现代汉语 xiandai Hanyu (Modernes Chinesisch), 2. Auflage, Gansu.

Huang, Borong, 黄伯荣 (o.J.): 关于词类问题的考察 guanyu cilei wenti de kaocha (Untersuchung der Klassifikationsprobleme der Wortarten), in: YL, Nr. 1.

Jiang, Tian, 江天 (1978): 谈主谓词组作谓语 tan zhuwei cizu zuo weiyu (Über Subjekt-Prädikat-Wortgruppe als Prädikat), in: LDX, Nr. 10.

Li, Jinxi, 黎锦熙 (1955): 主宾小集 zhubin xiaoji (Sammlung der Aufsätze über das Subjekt und Objekt), in: YX, Nr. 9.

Li, Jinxi, Liu, Shiru, 黎锦熙 刘世儒 (1957) 汉语介词的新体系 Hanyu jieci de xin tixi (Das neue System der chinesischen Präposition), in: ZY, Nr. 2.

Liao, Xudong, 廖序东 (1958): 复句的分析 fuju de fenxi (Analyse des zusammengesetzten Satzes), in: YX, Nr. 3.

Lin, Yuwen, 林裕文 (1958): 谈结构助词"的" tan jiegou zhuci "de" (Über die strukturelle Partikel 的 de), in: YX, Nr. 11.

Liu, Jian, 刘坚 (1960): 谈助动词 tan zhudongci (Über das Hilfsverb), in: ZY, Nr. 1.

Liu, Shiru, 刘世儒 (1957): 试论汉语单句复句的区分标准 shilun Hanyu danju fuju de qufen biaozun (Über die Unterscheidungskriterien hinsichtlich des chinesischen einfachen und zusammengesetzten Satzes), in: ZY, Nr. 5.

Lu, Zhiwei, 陆志韦 (1961): 试谈汉语语法学上的"形式与意义相结合" shitan Hanyu yufaxue shang de "xingshi yu yiyi xiang jiehe" (Über die Verbindung der Form und der Bedeutung in der chinesischen Grammatiklehre), in: ZY, Nr. 6.

Luo, Changpei, Lü, Shuxiang, Wang, Li, 罗常培 吕叔湘 王力 (1982):
现代汉语资料选编 xiandai Hanyu ziliao xuanbian (Sammlung
der Informationsmaterialien des modernen Chinesisch), Gansu.

Lü, Jiping, 吕冀平 (1983): 汉语语法基础 Hanyu yufa
jichu (Die grundlegende Grammatik des Chinesischen), Heilongjiang.

Lü, Jiping, 吕冀平 (1955): 主语和宾语的问题 zhuyu he
binyu de wenti (Die Fragen über das Subjekt und Objekt), in: YX,
Nr. 7.

Lü, Shuxiang, 吕叔湘 (1978): 漫谈语法研究 mantan yufa yanjiu (Diskussion über die Grammatikforschung), in: ZY, Nr. 1.

Lü, Shuxiang, 吕叔湘 (1962): 关于语言单位的同一性"等等
guanyu "yuyan danwei de tongyixing" dengdeng (Über die Identität der
Spracheinheiten usw.), in: ZY, Nr. 11.

Lü, Shuxiang, 吕叔湘 (o.J.): 关于汉语词类的一些原则性问题
guanyu Hanyu cilei de yixie yuanzexing wenti (Über einige prinzi-
pielle Fragen der chinesischen Wortarten), in: HCW, Band 1, S. 131-
173.

Peng, Chunan, 彭楚南 (1957): 语法范畴 yufa fanchou (Grammatische Kategorien), in: ZY, Nr. 5 u. 7.

Rao, Chanrong, 饶长溶 (1963): 主谓句主语前的成分 zhuweiju
zhuyu qian de chengfen (Die Elemente vor dem Subjekt in dem Subjekt-
Prädikat-Satz), in: ZY, Nr. 3.

Rao, Jiting, 饶继庭 (1961): "很" + 动词结构 "hen" + dongci
jiegou ("hen" + Verbkonstruktion), in: ZY, Nr. 8.

Ren, Mingshan, 任铭善 (1957): 试论句子的逻辑因素和语法因素
shilun juzi de luoji yinsu he yufa yinsu (Über die logischen und
grammatischen Faktoren des Satzes), in: ZSDX, Nr. 1.

Ren, Mingshan, 任铭善 (1956): 主语宾语的问题是怎样的问题
zhuyu binyu de wenti shi zenyang de wenti (Was für Fragen sind die
Fragen über das Subjekt und Objekt), in: YX, Nr. 3.

Ren, Xueliang, 任学良 (1981): 汉语造词法 Hanyu zaocifa
(Wortbildungslehre des Chinesischen), Beijing.

Shi, Anshi, 石安石 (o.J.): 汉语词类划分问题的再探讨 Hanyu
cilei huafen wenti de zai tantao (Nachuntersuchung der Fragen über
die chinesischen Wortarten), in: YYL.

Shi, Xirao, Yang, Qinghui, 史锡尧 杨青蕙 (1984) 现代汉语
xiandai Hanyu (Modernes Chinesisch), Beijing.

Song, Yuzhu, 宋玉柱 (1979): 泛论语法形式和语法意义相结合 fanlun yufa xingshi he yufa yiyi xiang jiehe (Allgemeine Diskussion über die Verbindung der grammatischen Formen und grammatischen Bedeutungen), in: ZYJ, Nr. 4.

Song, Zhenhua, Liu, Ling, 宋振华 刘伶 (1983): 语言理论 yuyan lilun (Sprachtheorie), Liaoning.

Sprachenhochschule Beijing, 北京语言学院 (1981): 基础汉语课本 jichu Hanyu keben (Grundkurs der chinesischen Sprache), Beijing.

Su, Fu, 肃父 (1955): 谈动词句 tan dongciju (Über den verbalen Satz), in: YX, Nr. 11.

Tian, Xiaolin, 田小琳 (1981): 大于句子的语言片段 da yu juzi de yuyan pianduan (Phrasen, die größer als Sätze sind), in: YJY, Nr.1.

Wang, Li, 王力 (1956): 语法的民族特点和时代特点 yufa de minzu tedian he shidai tedian (Die nationalen und zeitlichen Besonderheiten der Grammatik), in: ZY. Nr. 10.

Wang, Li, 王力 (1955): 关于汉语有无词类的问题 guanyu Hanyu you wu cilei de wenti (Über die Frage, ob es im Chinesischen Wortarten gibt), in BDX, Nr. 2.

Wang, Li, 王力 (1953): 词和仂语的界线问题 ci he leyu de jiexian wenti (Frage über die Grenze zwischen dem Wort und der Wortgruppe), in: ZY, Nr. 9.

Wang, Liaoyi, 王了一 (1956): 主语的定义及其在汉语中的应用 zhuyu de dingyi jiqi zai Hanyu zhong de yingyong (Die Definition des Subjektes sowie deren Verwendung im Chinesischen), in: YX, Nr. 1.

Wang, Liaoyi, 王了一 (1957): 汉语语法纲要 Hanyu yufa gangyao (Grundriß der chinesischen Grammatik), Shanghai.

Wang, Songmao, 王松茂 (1983): 汉语语法研究参考资料 Hanyu yufa yanjiu cankao ziliao (Informationsmaterialien zur Untersuchung der chinesischen Grammatik), Beijing.

Wang, Zhenkun, Xie, Wenqing, Liu, Zhenduo, 王振昆 谢文庆 刘振铎 (1983): (1983): 语言学资料选编 Yuyanxue ziliao xuanbian (Sammlung der Materialien über die Sprachwissenschaft), Band 1. Beijing.

Wang, Zhenkun, Xie, Wenqing, Liu, Zhenduo, 王振昆 谢文庆 刘振铎 (1983): 语言学基础 yuyanxue jichu (Grundlage der Sprachwissenschaft), Beijing.

Wen, Lian, 文炼 (1960): 论语法学中形式和意义相结合的原则 lun yufaxue zhong xingshi he yiyi xiang jiehe de yuanze (Über das Prinzip der Verbindung von Form und Bedeutung in der Grammatiklehre), in: SSDX, Nr. 1.

Wen, Lian, Hu, Fu, 文炼 胡附 (1954): 谈词的分类 tan ci de fenlei (Über die Wortart-Klassifikation), in: ZY, Nr. 3.

Wu, Jingcun, Hou, Xuechao, 吴竞存 候学超 (1988): 现代汉语句法分析 xiandai Hanyu jufa fenxi (Syntaxanalyse des modernen Chinesisch), 3. Auflage, Beijing.

Xing, Fuyi, 邢福义 (1962): 关于副词修饰名词 guanyu fuci xiushi mingci (Über die Bestimmung des Substantivs durch Adverb), in: ZY, Nr. 5.

Xing, Gongwan, 邢公晼 (1979): 语法和语法学 yufa he yufaxue (Grammatik und Grammatiklehre), in: ZY, Nr. 2.

Xu, Zhonghua, 徐仲华 (1955): 分析句子应该从语法标志出发 fenxi juzi yinggai cong yufa biaozhi chufa (Bei der Satzanalyse soll man von den grammatischen Kennzeichen ausgehen), in: YX, Nr. 9.

Xu, Siyi, 徐思益 (1961): 谈意义和形式相结合的语法研究原则 tan yiyi he xingshi xiang jiehe de yufa yanjiu yuanze (Über Forschungsprinzip der Grammatik, in dem die Bedeutung und Form miteinander verbunden werden), in: ZY, Nr. 6.

Xu, Tongqiang, Ye, Feisheng, 徐通锵 叶蜚声 (1979): "五四"以来汉语语法研究评述 "wusi" yilai Hanyu yufa suping (Besprechung der chinesischen Grammatikforschung seit dem "Vierten Mai"), in. ZY, Nr. 3.

Zhang, Shoukang, 张寿康 (1978): 说"结构" shuo "jiegou" (Über die Struktur), in: ZY, Nr. 4.

Zhang, Jing, 张静 (1961): 关于汉语副词的范围 guanyu Hanyu fuci de fanwei (Über den Bereich des chinesischer Adverbs), in: ZY, Nr. 8.

Zhang, Zhigong, 张志公 (1957): 语法研究的理论意义和实用意义 yufa yanjiu de lilun yiyi he shiyong yiyi (Die theoretischen und praktischen Bedeutungen der Grammatikforschung), in: ZY, Nr. 1.

Zhao, Youzong, 赵佑宗 (1954): 句子的分类有哪些不同 juzi de fenlei you na xie bu tong (Welche Unterschiede gibt es bei der Einteilung des Satzes), in: YX, Nr. 7.

Zhao, Yuanren, 赵元任 (1980): 语言问题 yuyan wenti (Problme der Sprache), Beijing.

Zhongguo yuwen bianjibu 中国语文编辑部 (1955) 关于汉语有没有词类问题的讨论 guanyu Hanyu you meiyou cilei wenti de taolun (Diskussion über die Existenz der Wortarten im Chinesischen), in: ZY, Nr. 7.

Zhongshan daxue yuyanxue xi yufa jiaoxue zu, 中山大学语言学系语法教学组 (1953): 汉语语法学的主要任务——发现并掌握汉语的结构规律 Hanyu yufaxue de zhuyao renwu —— faxian bing zhangwo Hanyu de jiegou guilü (Die Hauptaufgabe der chinesischen Grammatiklehre —— Entdecken und Beherrschen der Strukturregel der chinesischen Sprache), in: ZY, Nr. 10.

Zhou, Zumo, 周祖谟 (1955): 关于主语和宾语的问题 guanyu zhuyu he binyu de wenti (Über die Fragen des Subjektes und Objektes), in: YX, Nr. 12.

Chor-Shing Li

Beiträge zur kontrastiven Aspektologie
Das Aspektsystem im Modernen Chinesisch

Frankfurt/M., Bern, New York, Paris, 1991. VIII, 320 S.
Europäische Hochschulschriften: Reihe 21, Linguistik. Bd. 102
ISBN 3-631-44176-2   br. DM 89.--

Ziel der vorliegenden Arbeit ist es, die Grundfunktionen der vier chinesischen Aspektgrammeme *-le, -guo, -zhe* und *zai-* und die der aspektrelevanten Modalpartikel *le* aus ihren jeweiligen Teilfunktionen abzuleiten. Diese ergeben sich hauptsächlich aus dem Zusammenwirken von grenzorientierten Sachverhaltstypen und den Aspektgrammemen. Der gegenwärtige Forschungsstand der chinesischen Aspektologie ist zwei Faktoren wegen unbefriedigend: zum einen wegen der fehlenden Distinktion zwischen Aspekt und Aktionsart, zum anderen wegen der unzulänglichen Berücksichtigung der Verbsemantik und anderer aspektrelevanter Elemente im Satz. Die typologische Stellung der Aspektgrammeme wird, wo möglich, durch Kontrastierung mit funktional naheliegenden Ausdrucksmitteln (Perfektiv, Imperfektiv, Perfekt, Progressiv, Resultativ, usw.) in anderen Sprachen (insb. Russisch, Französisch, Englisch, Samoanisch, guyanesische Kreolsprache) näher bestimmt.

Aus dem Inhalt: Chinesische Aspektologie – Kontrastive Aspektologie – Perfektiv – Inzidenzschema – Aspekt und Diskurs – Erfahrungsaspekt (Experientialis) – Deresultativ ('Handlung mit rückgängig gemachtem Resultat') – Perfekt (synchron und diachron) – Resultativ – Stativ

Verlag Peter Lang Frankfurt a.M. · Berlin · Bern · New York · Paris · Wien
Auslieferung: Verlag Peter Lang AG, Jupiterstr. 15, CH-3000 Bern 15
Telefon (004131) 9411122, Telefax (004131) 9411131
– Preisänderungen vorbehalten –